本译著为国家社会科学基金青年项目"新世纪以来英美马克思主义政治哲学基本问题研究"（20CZX009）的阶段性成果。

世界马克思主义研究文库

马克思的自由伦理学

[美] 乔治·G.布伦克特◎著
曲　轩◎译

天津出版传媒集团
天津人民出版社

图书在版编目(CIP)数据

马克思的自由伦理学 /(美)乔治·G.布伦克特著；
曲轩译. -- 天津：天津人民出版社, 2023.3
(世界马克思主义研究文库)
书名原文：Marx's Ethics of Freedom
ISBN 978-7-201-19252-9

Ⅰ.①马… Ⅱ.①乔… ②曲… Ⅲ.①马克思主义—伦理学—研究 Ⅳ.①B82

中国国家版本馆 CIP 数据核字(2023)第 110243 号

Marx's Ethics of Freedom / by George G Brenkert / ISBN 9780710094612.
Copyright © 2009 by Routledge.
Authorized translation from English language edition published by Routledge, part of Taylor & Francis Group LLC; All Rights Reserved. 本书原版由 Taylor & Francis 旗下 Routledge 出版公司出版，并经其授权翻译出版。版权所有，侵权必究。
Tianjin People's Publishing House Co.Ltd.is authorized to publish and distribute exclusively the Chinese (Simplified Characters) language edition. This edition is authorized for sale throughout Mainland of China. No part of the publication may be reproduced or distributed by any means, or stored in a database or retrieval system, without the proir written permission of the publisher. 本书中文简体翻译版授权由天津人民出版社有限公司独家出版并仅限在中国大陆地区销售，未经出版者书面许可，不得以任何方式复制或发行本书的任何部分。
Copies of this book sold without a Taylor & Francis sticker on the cover are unauthorized and illegal.
本书封面贴有 Taylor & Francis 公司防伪标签，无标签者不得销售。
著作权合同登记号：图字 02-2018-270

马克思的自由伦理学
MAKESI DE ZIYOU LUNLI XUE

出　　版	天津人民出版社
出 版 人	刘　庆
地　　址	天津市和平区西康路35号康岳大厦
邮政编码	300051
邮购电话	(022)23332469
电子信箱	reader@tjrmcbs.com
策划编辑	王　康
责任编辑	王佳欢
特约编辑	郭雨莹
封面设计	回归线 视觉传达
印　　刷	天津海顺印业包装有限公司
经　　销	新华书店
开　　本	710毫米×1000毫米 1/16
印　　张	22
插　　页	6
字　　数	220千字
版次印次	2023年3月第1版 2023年3月第1次印刷
定　　价	98.00元

版权所有 侵权必究
图书如出现印装质量问题，请致电联系调换(022-23332469)

世界马克思主义研究文库

马克思的自由伦理学

［美］乔治·G.布伦克特◎著

曲　轩◎译

天津出版传媒集团

天津人民出版社

图书在版编目(CIP)数据

马克思的自由伦理学 / (美) 乔治·G.布伦克特著；曲轩译. -- 天津：天津人民出版社，2023.3
(世界马克思主义研究文库)
书名原文: Marx's Ethics of Freedom
ISBN 978-7-201-19252-9

Ⅰ.①马… Ⅱ.①乔… ②曲… Ⅲ.①马克思主义—伦理学—研究 Ⅳ.①B82

中国国家版本馆 CIP 数据核字(2023)第 110243 号

Marx's Ethics of Freedom / by George G Brenkert / ISBN 9780710094612.
Copyright ⓒ 2009 by Routledge.
Authorized translation from English language edition published by Routledge,part of Taylor & Francis Group LLC;All Rights Reserved.本书原版由 Taylor & Francis 旗下 Routledge 出版公司出版，并经其授权翻译出版。版权所有，侵权必究。
Tianjin People's Publishing House Co.Ltd.is authorized to publish and distribute exclusively the Chinese (Simplified Characters)language edition.This edition is authorized for sale throughout Mainland of China.No part of the publication may be reproduced or distributed by any means,or stored in a database or retrieval system,without the proir written permission of the publisher.本书中文简体翻译版授权由天津人民出版社有限公司独家出版并仅限在中国大陆地区销售，未经出版者书面许可，不得以任何方式复制或发行本书的任何部分。
Copies of this book sold without a Taylor & Francis sticker on the cover are unauthorized and illegal. 本书封面贴有 Taylor & Francis 公司防伪标签，无标签者不得销售。
著作权合同登记号：图字 02-2018-270

马克思的自由伦理学
MAKESI DE ZIYOU LUNLI XUE

出　　版	天津人民出版社
出 版 人	刘　庆
地　　址	天津市和平区西康路35号康岳大厦
邮政编码	300051
邮购电话	(022)23332469
电子信箱	reader@tjrmcbs.com
策划编辑	王　康
责任编辑	王佳欢
特约编辑	郭雨莹
封面设计	回归线 视觉传达
印　　刷	天津海顺印业包装有限公司
经　　销	新华书店
开　　本	710毫米×1000毫米 1/16
印　　张	22
插　　页	6
字　　数	220千字
版次印次	2023年3月第1版 2023年3月第1次印刷
定　　价	98.00元

版权所有　侵权必究
图书如出现印装质量问题，请致电联系调换(022-23332469)

献给我的父母及安托瓦内特、尤尔根和汉娜

"世界马克思主义研究文库"学术委员会

主　任：季正聚
副主任：冯　雷
委　员（以姓氏笔画为序）：
　　丁立群　丰子义　王建民　王南湜　艾四林
　　白暴力　冯　雷　冯颜利　乔瑞金　仰海峰
　　刘森林　吴晓明　佘双好　辛向阳　汪信砚
　　张　雄　张异宾　陈学明　林进平　季正聚
　　段忠桥　侯　才　俞良早　秦　刚　商志晓
　　梁树发　韩　震

"世界马克思主义研究文库"编辑委员会

主　编：季正聚　王　康
副主编：冯　雷　吕增奎
委　员（以姓氏笔画为序）：
　　王　康　王佳欢　冯　雷　吕增奎　刘　庆
　　孙乐强　纪秀荣　李怀涛　张忠胜　季正聚
　　郑　玥　黄　沛　鲁绍臣

"世界马克思主义研究文库"总序

习近平同志指出,在人类思想史上,就科学性、真理性、影响力、传播面而言,没有一种思想理论能达到马克思主义的高度,也没有一种学说能像马克思主义那样对世界产生了如此巨大的影响。这体现了马克思主义的巨大真理威力和强大生命力,表明马克思主义对人类认识世界、改造世界、推动社会进步具有不可替代的作用。

从1848年《共产党宣言》的发表标志着马克思主义诞生,至今已经170年了。尽管时代和环境条件发生了很大变化,但马克思主义像燧石一样,历经千磨万击,更加焕发出真理的光辉,其基本原理依然是科学真理,我们依然处在马克思主义所指明的历史时代。坚持马克思主义和发展马克思主义相辅相成。发展21世纪马克思主义、当代中国马克思主义,必须立足于中国,以宽广的世界眼光,深刻认识马克思主义的历史意义、世界意义、时代意义和现实意义。

当前世界形势正在发生深刻复杂的变化,世界正处在百年一遇的历史大变局之中,产生了大量错综复杂的现实难题和全球性问题,提出了大量亟待回答的理论课题。这就需要我们加强对时代和当代世界的研究,分析把握其出现的各种变化及其本质,深化对资本主义和国际政治经济关系深刻复杂变化的规律性认识，把握全球化发展的趋势和新科技革命的机遇及挑战，探寻世界和平与人类发展进步的可靠路径。马克思主义是正确揭示人类历史发展规律、实现无产阶级和人类解放、追求人的自由而全面发展的科学理论，具有与时俱进的理论品质。坚持和发展马克思主义，必须用宽广的世界视野，全面把握世界马克思主义发展的历史和整体现状，及时跟踪当代世界马克思主义思潮，密切关注和把握国内外马克思主义研究新成果，从而推动我们对当代世界与中国发展中的重大理论和重大实践问题进行系统的、全面的、深入的研究，进一步坚定"四个自信"。

综观当代世界马克思主义思潮，不少学者对资本主义体制性危机困境、结构性矛盾，以及生产方式矛盾、阶级矛盾、社会矛盾、治理困境等进行了多层次、多角度的批判性揭示，对资本主义危机、资本主义演进过程、资本主义新形态及本质进行了深入分析，对社会主义制度的发展和完善、社会主义现代化的实现路径、人类命运共同体的构建进行了积极探索，对中国特色社会主义思想进行了深入研究，对各马克思主义流派之间的对话和批判进行了科学探讨。这些研究有助于我们正确认识资本主义的发展趋势和命运，准确把握当代资本主义的新变化、新特征，加深对当代资本主义变化趋势的理解，同时也能彰显社会主义制度的优越性，推进马克思主义中国化时代化大众化。学习研究当代世界马克思主义思潮，有利于我们立足于时代特征，更好地运用马克思主义观察时代、解读时代、引领时代，真正搞懂面临的时代课题，深刻把握世界历史的脉络和走向；有利于我们以正在做的事情为中心，深入总结中国特色社会主义实践，更好地实现马克思主义基本原理同当代中国具体实际相结合。

在具体实践中，马克思主义在西方文化语境中已经与各种批判理论相结合，我们应当对其进行批判性认识。20世纪70年代以后，西方马克思主义涌现出众多与特定的批判理论相结合的流派，主要包括分析的马克思主义、生态学马克思主义、女权主义马克思主义、文化的马克思主义、发展理论的马克思主义、后马克思主义,等等。这些流派研究方法各异,立场也不尽相同,甚至存在着对马克思主义的误解、误读与曲解。对此,我们既不能不加甄别地囫囵吞枣,也不能囿于教条故步自封,而是要放眼世界,对世界马克思主义研究成果概而观之,才能对其优劣长短作出富有说服力的判断,从而做到吸收其精华,剔除其糟粕。马克思主义已深深嵌入当代世界文明的发展之中,经过一代又一代学者的传承,成为把握时代精神并且引领世界思想潮流的话语体系。随着中国经济的迅速崛起及2008年资本主义金融危机的爆发和蔓延,我们在新时代面临的诸多问题使国际思想界更加重视对马克思主义的研究,马克思主义已经成为国内外学者,尤其是左翼学者理论建构的重点。这为在全球化的背景之下,深入研究新时代中国特色社会主义的理论与实践提供了更丰富的思想资源。

基于新时代所提出的新要求及马克思主义理论发展本身所蕴含的实践性和开放性研究要求,为推动马克思主义研究,特别是世界马克思主义思潮的研究,我们决定编译出版"世界马克思主义研究文库"。本文库从国内外马克思主义研究的经典文献和最新成果中,选择具有重要理论和现实意义的作品,持续推出系列成果,其中的部分作品将在已有译介的成果基础之上重新加以整理和译校。

本文库秉承经典与前沿并重的原则,内容涵盖以下四个专题:

一是"马克思主义经典文献系列"。我们将通过对一些原始文献进行权威而准确的翻译,适当填补国内相关文献译介的空白。这一方面可以推进我们对马克思主义发展史的研究,彰显马克思主义理论的连续性和丰富性;另一方面也有助于我们回顾历史,反思社会主义发展过程中的经验和教训,进一步坚定马克思主义信仰和社会主义信念。

二是"西方马克思主义经典系列"。西方马克思主义包括由卢卡奇等人开创的解释路向及其后获得发展的诸流派，是在当时的历史背景下对西方社会主义道路的理论探索，为马克思主义的发展提出了一系列重大理论和实践问题。这些思考无疑推进了马克思主义的理论阐发，并且彰显了马克思主义理论内在的生命力。回归相关经典，有利于我们理解西方马克思主义与马克思主义之间的关系，也有利于推进对马克思主义传播的研究。

三是"马克思主义的当代阐释系列"。一方面，西方资本主义出现了许多新现象、新变化，2008年爆发的金融危机使世界上很多有识之士深刻反思当代资本主义的危机和弊端；另一方面，中国作为世界上最大的发展中国家，在经济快速崛起的同时，也在走近世界舞台的中央，在全球治理中发挥越来越重要的积极作用。因此，关注国内外学者关于马克思主义的新近研究成果，了解他们如何看待资本主义的危机，以及如何回应新自由主义的挑战，将有助于我们在把握资本主义新变化的同时，推进对马克思主义经典文本的当代解读，进而更好地回答一系列人类所共同面对的全球性问题。

四是"马克思思想研究系列"。马克思、恩格斯科学理论的创立，对各理论学科和专业，以及世界社会主义运动产生了广泛而深刻的影响。当我们在新的时代背景下再次回到马克思的经典思想，我们仍能深刻感受到马克思与时代同行的脚步。马克思的理论无疑是一座博大精深的思想"富矿"，通过引介当前国外学者对这一思想"富矿"不断深入挖掘所取得的理论成果和收录国内权威、新锐学者的经典或前沿作品，借以呈现其对马克思思想阐发的多重视角，将有助于我们拓宽研究视野，进一步推进马克思主义及其中国化的理论创新。

在选编和选材的过程中，我们力求体现出以下三个特点：

一是理论性。我们将选取具有重要理论意义和学术价值的研究成果。

尽管研究者运用的方法、材料和数据不同，一些观点和理论也不尽相同，甚至相反，但都充满着理论逻辑和理论探讨的火花和灵感。当然，书中的观点和立场并不代表选编者的观点和立场，相信学术同人自有正确的慧眼和判断。

二是综合性。世界马克思主义流派纷繁复杂，国内外研究马克思主义的相关成果涉及方方面面，包括经济、政治、文化、社会、生态等各领域，我们力求选取有代表性的研究成果。

三是前沿性。正确的理论是对历史、时代、实践提出的问题的科学回答。实践的变化发展必然会提出新问题，产生新情况，这就要求马克思主义者必须站在时代前列，反映时代进步的要求，必须抓住时代主题，回答时代提出的问题。我们将选取具有理论创新性、学术前瞻性、反映当前热点和焦点问题的一些研究成果。

党中央高度重视马克思主义理论研究和建设工作。随着中国特色社会主义进入新时代，随着马克思主义理论研究和建设工程的纵深推进，中国共产党不断开辟马克思主义理论发展的新境界。马克思主义理论研究不断取得新成就，学科体系、教材体系、话语体系建设不断取得重要成果，国内外学术交流日趋活跃，研究成果不断涌现且质量日益提高。本文库由中央编译局的有关专家学者和相关高校、科研院所的专家学者通力合作，编译出版国内外研究马克思主义的代表性成果，力求为推进马克思主义事业做出应有的贡献。

季正聚
2017年12月写于北京

中文版序

在过去两个世纪里,人们对马克思的兴趣起伏不定。19世纪和20世纪初,不论是从积极的还是消极的层面看,马克思的思想都备受世界瞩目。到了20世纪后期,西方对马克思的兴趣急转直下。不过,那些力图基于马克思的早期著作来重新解读其思想的人属于例外。本书即为此所尽的一份绵薄之力。如今到了21世纪初,人们对马克思的热情已在中国被重新燃起,越来越多的人呼吁回到马克思、阅读马克思,希望把他置于中国的语境中,更新对他的理解。

那么21世纪初的中国读者能够从这部《马克思的自由伦理学》中读到些什么?来自世界各地的读者又会读到什么?

对于当前这个时代,我们从马克思的著述中所能汲取的启示涉及诸多重要领域。马克思早期著作的一个主旨即呼吁"要对现存的一切进行无情的批判"。我认为这对理解马克思的思想至关重要。由此,我们不应认为,马克思是在为一系列重要的具体问题提供最终答案;他只是提出了某种一般性框架,以助于求解其所应对的以及我们如今所面对的诸多问题。马克思没有为我们提供任何教义问答式的东西,即通过记忆和重申去回应社会目前所面临的问题;他给予我们的只是一系列的挑战,以及为确认最佳解决方案所需要继续探索的思考方式。简言之,我们不应把马克思变成我们要学习甚至膜拜的一位圣人,对其思想不加反思、不断重复、拿来就用，而应将其视为一位富有革命精神的批判者，他的论著及思想应该激励我们对其发起挑战，促使我们从中受益。

关于马克思的批判思想及其所提供的思考框架，《马克思的自由伦理学》为我们呈现的如下两方面内容值得特别关注。

其一，伦理思想的基础是什么，如何才能改变它们？伦理观同历史唯物主义及马克思的意识形态理论是怎样关联起来的？

其二，马克思思想中蕴含的实质性规范伦理思想是什么？针对资本主义及马克思的理想生活和理想社会的本质，其核心的伦理批判是什么？

只要有理由认为马克思的思想仍然与当今社会密切相关，只要有人坚持对其进行批判性思考，这些重要问题就会始终存在。马克思提出的及其予以辩护的相关论点，都是当代马克思思想的学习者推进理论阐发和诠释的宝贵起点。

例如，马克思考察了伦理思想的基础。关于个人、资本主义、正义、自由等的基本道德观念是如何变化的，或者能够对其作出怎样的改变？改变它们需要哪些条件？这些条件源于宗教，还是魅力型个人的宣言，是基于某组织或政党，抑或有何其他基础？这些都是伦理学家、政治家和社会科学家必须思考的基本问题。

西方典型的思考进路素来是普遍主义的、理性主义的和非历史的。似乎通过合理论证的道德原则，就可以改变个人行为和社会。仅凭理性的对话就能改变人们对主要的社会问题和政治问题的看法和相应的行为，这种观点由来已久。然而这种看法本身似乎并非充分自足的。就美国种族关系发生的重要变化来看，还需要联合抵制、街头游行、静坐及选民向立法机关施压，推动出台新的法律。

马克思彻底颠覆了传统的理性进路，并极力主张我们要对现有的历史性和物质性考量进行批判性审视。我们经常看到，正是环境的改变引发人们思想的改变。马克思在鼓励我们关注生产方式对这一切产生的关键作用时，也为我们朝正确的方向努力提供了有益的思想支撑和建议。人类赖以生存的道德原则并非来自某一超验的领域，或是源于上帝。它们源于人类自身，与人们基本的生产和实践活动密切相关。尽管某种机构组织可能有助于确定这些道德要素，但（一种马克思主义的）伦理学的基础仍然是生活条件的实际现实。马克思要求对现实存在的问题进行无情的批判。基于我在书中阐发的观点来看，道德价值和结构关乎人对劳动力的运用和社会变革。不过，道德劝诫本身在社会中所能发挥的作用微乎其微。尽管如此，道德价值和道德要求对于一个社会的走向实际上仍然具有重要作用。这是马克思所辩护的一个有趣且重要的观点，但他并没有就此展开充分的论述。关于这些问题，今天还有很多工作有待完成。

在这一思考框架内，马克思以自由作为其规范性思想的基础。我认为，马克思的伦理学是一种自由的伦理学。他对资本主义的批判针对的是资本主义使人变得不自由（参见原著第88页）。对于某些生活在资本主义条件下的人们而言，这貌似属于奇谈怪论，因为人们明明能够自由地参与各种经济交易，自由地决定工作去向，自由地选择购买产品。然而马克思会争辩道，这只是对资产阶级意义上的自由（参见原著第89页）的应用。

他会反驳道，人们不是在能够积累越来越多商品的同时就实现自由的。这是一种包含异化的毫无意义的追求。它只会导致人们越来越沉溺于消费主义，也愈加丧失自我。

那些力图理解马克思思想的人需要应对的挑战包括，判定马克思关于人的自我发展及人与人之间和谐稳定的关系，将会包容怎样的深入阐释和评价。这就需要特别关注他的正义观和暴力革命观。即使到了21世纪，我们也仍然需要特别重视马克思的思想富矿及其理论贡献，因为这是一个四处高扬着自由、正义和暴力革命旗帜的时代。虽然马克思在某些（革命的）情势下承认（和容忍）暴力的存在，但他并非不分场合都是如此。他甚至指出，有些国家可能会以和平方式实现革命。对于如今生活在任何一个社会(如中国或美国)中的人们来说,这都蕴含着重要洞见和指引作用。

通过马克思的自由观可见,不同的社会面临着不同的挑战。西方(例如美国)面临的挑战是,鉴于马克思对利己主义、个人主义思想和异化的批判,应当如何应对个人主义的强劲势头。中国的情形或许恰好相反:鉴于马克思的自由观涵盖个人成长和个人能力的发展及其所需的环境条件,马克思主义者应当如何回应集中领导、团结一致、保障安全这些方面的诉求。

另外,还有很多对当下的我们至关重要的具体问题,是马克思没有也不可能论及的。这不足为奇,因为马克思生活在19世纪,即便借助19世纪的技术手段和道德想象力,20世纪和21世纪的许多变化也是难以设想的。

马克思非常了解他那个时代的技术变革,它们给马克思留下了深刻印象。对此,只要读一读《共产党宣言》就可见一斑。同时,他也意识到技术进步所蕴含的危险,但是他无法知晓控制论、人工智能、面部识别、核能,以及对动植物和人类基因结构的操控这些技术进步可能带来的影响。

他也注意到民族主义和部落主义,但我认为,寄望于国际主义时代的他会惊讶于民族主义、民粹主义和地方主义如今向政治生活的回归。政府、政党和大型商业组织对民众关于未来的担忧可能发挥多大作用,对此他将毫无概念。

他能观察到制造业对环境的影响,但如今的环境问题——气候变化、全球变暖、海平面上升、人口增长——正在以马克思所无法预见的方式为我们带来挑战。

最后,在消费主义的问题上,马克思的确很有说服力。然而他的论述还是没能充分考虑到消费主义对环境的影响!在他的时代,大型零售店的发展才刚刚开始。现在,零售业的电子化运营方式、通宵达旦的运输、铺天盖地的广告宣传，都是马克思所难以想象的。

　　应对当前这些发展趋势，需要伦理学反思和实际的努力。我们必须就此做出自己的贡献。此情此景使人不禁想起马克思在《关于费尔巴哈的提纲》中的第 11 条箴言："哲学家们只是用不同的方式**解释**世界，问题在于**改变世界**。"

乔治·G.布伦克特

2019 年 12 月

译序 *

美国当代伦理学家乔治·G. 布伦克特以其对马克思的自由伦理学的系统阐发，加入 20 世纪六七十年代以来英美学者关于马克思主义道德哲学重新泛起的思考热潮。他在 1983 年出版的《马克思的自由伦理学》一书，使其跻身于致力研究马克思主义伦理学的英美学者之列，为当代马克思主义伦理学建构提供了独具"自由"特色的理论样本。

布伦克特力求秉承"回到马克思"的理论承诺，以三个部分、七章的内容，循序渐进地勾勒了他认为内含于马克思思想整体之中的、以自由为基础的一种伦理学。

第一部分包含三章内容，旨在为马克思的伦理学奠定基础，用作者的话说就是"对马克思元伦理学的考察，即对其涉及道德本质和道德正当性的方法论思想的考察"①，阐释马克思的伦理学必须回应的三个问题：马克思究竟有无伦理学，若有则应是何种意义上的伦理学？如何在历史唯物主义中定位马克思的伦理学？马克思的观点——尤其是他的意识形态批判——是否可能为道德论断作合理辩护？

第二部分同样包含三章内容，属于登堂入室地探讨马克思的伦理学

---

* 本译序基于《评布伦克特"回到马克思"的自由伦理学》(载《现代哲学》2021 年第 2 期)和《评乔治·布伦克特对马克思自由思想的伦理学阐释》(载《国外理论动态》2022 年第 2 期)修改完成。

① George G.Brenkert, *Marx's Ethics of Freedom*, London, Boston, Melbourne and Henley: Routledge & Kegan Paul, 1983, p.x.

本身及其规范性道德内涵的具体阐释,由此成为全书的主体部分。首先是对核心概念——马克思视野中的"自由"——进行比较分析;其次是以作者对当时热议的"马克思与正义"论题的辩驳作为辅助论证,意在表明马克思不是以正义,而是以自由批判资本主义的;最后是通过马克思对革命、暴力、刑罚和共产主义的理解,进一步佐证马克思的自由观在其思想大厦中的根基性地位。

最后一部分即第七章,是对马克思伦理学的一个总结性评价。通过回应当代学者对马克思自由观的诸多诘难,特别是来自当代伦理学思想及以赛亚·伯林的两种"自由"概念等的质疑,作者试图对马克思伦理学的优缺点作一客观评判,再次回应当代学人针对马克思的伦理学——尤其是基于自由的伦理学——的质疑。

以下将从布伦克特所阐发的马克思的元伦理学,以及自由所具有的伦理内涵展开简要述评。

一、作为马克思的元伦理学方法论的历史唯物主义

不同于以往认为历史唯物主义与伦理学相冲突的技术决定论观点,布伦克特反而认为,历史唯物主义正是为马克思的伦理学廓清前提、提供方法的元伦理学所不可或缺的组成部分,这也构成《马克思的自由伦理学》第一部分的核心内容。通过对诸多关于历史唯物主义的误解予以澄清,特别是对以技术决定论、"技术麻醉剂"[1]之名诘难马克思的做法展开批驳和抗辩,布伦克特重新阐释了历史唯物主义,进而把它作为马克思对以往的伦理学持续陷入"道德主义、抽象性和彼岸性"[2]进行纠偏的方

---

[1] [英]G.A.柯亨:《自我所有、自由和平等》,李朝晖译,东方出版社,2008年,第145页。

[2] George G.Brenkert, *Marx's Ethics of Freedom*, London, Boston, Melbourne and Henley: Routledge & Kegan Paul, 1983, p.82.

法论前提。

布伦克特指出,流行的技术决定论通常所认为的历史唯物主义,会把物质生产力视为对社会发展具有决定性作用,而伦理道德则被归于由经济基础决定的上层建筑要素,具有依附性、从属性。由此,被确立为"历史唯物主义的解释性基础"、具有"解释力的优先性"的"生产力"[1],既不包括伦理道德、法权义务等上层建筑因素,也不包括拥有价值取向、利益诉求的人本身,其所涉及的人只是可量化为价值一般、物化为劳动产品的劳动能力。与此相对,具体的人的道德、欲求、利益诉求,以及宗教、国家、法律等,都因其属于上层建筑被排除于生产力之外,本质上只是对生产关系的一种反映,"个人对其行为及各种关系宛若并不负有道德责任"[2],导致伦理道德无处安放。在这种传统理解模式下,历史唯物主义与伦理道德显然无法兼容。针对这种误解,布伦克特从三个方面展开批驳。

第一,关于"生产力"的理解。相较于技术决定论对"生产力"的窄化理解,布伦克特认为在马克思的论述中,"生产力囊括各种生产关系及其成员(即革命阶级)。生产力不仅限于技术力量"[3]。因为现实中的生产力与生产关系必然是相互渗透的,它们共同构成生产的组成部分。而且历史也已证明,生产关系的革新有可能在生产力相对滞后的情况下推动历史进步。反观技术决定论意义上的"生产力",则是与生产关系相割裂的生产力,这就导致存在于这种机械二分的生产力与生产关系之间的抽象矛盾,作为"外在于生产力要素"的一种非辩证性矛盾,是无法构成推动社会发展的

---

[1] George G.Brenkert, *Marx's Ethics of Freedom*, London, Boston, Melbourne and Henley: Routledge & Kegan Paul, 1983, pp.26, 28.

[2] George G.Brenkert, *Marx's Ethics of Freedom*, London, Boston, Melbourne and Henley: Routledge & Kegan Paul, 1983, p.24.

[3] George G.Brenkert, *Marx's Ethics of Freedom*, London, Boston, Melbourne and Henley: Routledge & Kegan Paul, 1983, p.31.

根本性矛盾的。①

第二，关于生产力中的道德价值。既然生产力包括劳动者，而劳动者是具有价值取向的，那么价值——包括道德价值——就理应被纳入生产力。"知识和价值都直接参与生产过程，并作为劳动力的特性构成了生产力。"②不过，布伦克特并不否认生产方式中的道德价值，是有别于上层建筑中作为意识形态的道德价值的。前者是人们实际践行的价值，"会随自身的内在力量和生产方式的其他方面发生变化"；后者则属于制度化的价值，是"外在地接受变革"的。③但是这两类道德价值也不是彼此独立的，而是相互交织于人类社会总体之中，且构成生产方式的那部分道德价值，归根到底决定和影响着构成意识形态的那些道德价值。④

第三，关于经济基础"归根到底"的决定作用的辨析。布伦克特强调：①它不等于"说经济因素是**唯一**决定性的因素"，这从恩格斯晚年致约瑟夫·布洛赫的信中清楚可见。⑤②它不等于"长远来看"的决定作用，因为生产方式对马克思而言是一种持续性影响，将其推延至不确定的遥远未来，有悖于马克思的原意。⑥③它不一定表现为最有力、最显眼的"主导作用"，而是指向背后起决定作用的基础性条件——生产方式。这就好比一首乐曲中的主旋律虽然时隐时现，但它无论何时都是那条把整部作品串

---

① George G.Brenkert, *Marx's Ethics of Freedom*, London, Boston, Melbourne and Henley: Routledge & Kegan Paul, 1983, pp.31-34.

② George G.Brenkert, *Marx's Ethics of Freedom*, London, Boston, Melbourne and Henley: Routledge & Kegan Paul, 1983, p.36.

③ George G.Brenkert, *Marx's Ethics of Freedom*, London, Boston, Melbourne and Henley: Routledge & Kegan Paul, 1983, p.39.

④ George G.Brenkert, *Marx's Ethics of Freedom*, London, Boston, Melbourne and Henley: Routledge & Kegan Paul, 1983, pp.47-48.

⑤ 《马克思恩格斯全集》(第十卷)，人民出版社，2009年，第591页。

⑥ George G.Brenkert, *Marx's Ethics of Freedom*, London, Boston, Melbourne and Henley: Routledge & Kegan Paul, 1983, p.40.

联在一起的,使其能够成为一个整体或总体的统一的主线。①

至此,布伦克特一方面在批驳技术决定论的同时,对"生产力"展开重新释读,使价值得以在"历史唯物主义的解释性基础"中占据一席之地,历史唯物主义也由此向伦理学释放了存在的空间;另一方面,他通过强调生产方式具有归根到底的决定作用,既捍卫了历史唯物主义的基本原理,又试图以其作为方法论前提,为伦理学——特别是马克思的伦理学——的正当性进行辩护。

正是在这一方法论前提下,布伦克特通过区分基于两种道德概念的伦理学——义务伦理学与美德伦理学,进一步回应关于马克思有无伦理学的质疑,解决了马克思思想中既拒斥、批判道德,又蕴含道德批判的"悖论"。在布伦克特看来,那些认为马克思没有伦理学的论断是值得商榷的。因为如果就义务伦理学而言,的确可以说马克思没有伦理学。"马克思对他那个时代的伦理学和道德怀有敌意",他批判那种"疏离于日常生活的深层关切",也批判易于"直接地导向其自身在法律法规中的形式化"和"现存制度下的改良"的传统伦理学和道德观——尤以基于"权利""义务""正义""罪责"等概念,并指向具有道德责任感的具体行为,及其所应该遵循的道德律令和行为规范的义务伦理学为代表。②因而如果把义务伦理学视为伦理学的主流甚至全部,那的确会得出马克思没有伦理学的论断。但事实上,这个立论是站不住脚的,因为马克思没有义务伦理学,并不意味着他就没有元伦理学和美德伦理学。

布伦克特所阐释的马克思的元伦理学是指,马克思不认可那种先验的、抽象的、具有普适性的道德准则或伦理准则,而是强调道德、伦理必须

---

① George G.Brenkert, *Marx's Ethics of Freedom*, London, Boston, Melbourne and Henley: Routledge & Kegan Paul, 1983, pp.41-42.

② George G.Brenkert, *Marx's Ethics of Freedom*, London, Boston, Melbourne and Henley: Routledge & Kegan Paul, 1983, pp.82, 18, 21.

在特定的历史和经济结构中加以理解,特别是要在特定的生产方式中去把握,即"某一特定生产方式所特有的那些道德标准,是通过这种生产方式得到证明的"①。他认为马克思毕生都有参与一些伦理学探讨。"例如,他探讨了道德和道德原则与其历史和物质环境之间的关系;他分析和批判了利己主义、功利主义以及资产阶级的权利、自由和博爱等其他类似的观念。"②布伦克特把马克思的这些探讨称为马克思的元伦理学探讨。

布伦克特认为,马克思拒斥和批判他那个时代的义务伦理学,并不是想要建构一种新的义务伦理学,或者以历史唯物主义精神改造义务伦理学;而是在拒斥和批判中为当代伦理学指出了一条作为美德伦理学的发展路径。在马克思元伦理学的保驾护航下,伦理学得以不再像义务伦理学那样回避现实,诉求于彼岸,陷入传统伦理学的普遍主义和理性主义的窠臼,沦为虚幻、抽象、无效的道德说教;而是能够直面现实的人的真实境况,进而深入到社会制度、社会结构的层面追问人的本质,叩问人的生活状态何以至此,并诉诸改变世界的实践。

二、作为马克思的美德伦理的"自由"

要想完成对马克思伦理学的有效构建,还必须寻找某种能够贯穿马克思思想发展始终的基本价值。为此,布伦克特找到了他认为具有规范性意义的"自由"。与以往学者对马克思"自由"概念的解读相比,布伦克特从伦理学角度展开的体系化阐释可谓独辟蹊径,既重新整合了马克思已有的理论资源,又力求回应针对马克思自由观的种种质疑与挑战。

---

① George G.Brenkert,*Marx's Ethics of Freedom*,London,Boston,Melbourne and Henley:Routledge & Kegan Paul,1983,p.77.

② George G.Brenkert,*Marx's Ethics of Freedom*,London,Boston,Melbourne and Henley:Routledge & Kegan Paul,1983,p.8.

(一)基于"自我决定"对自由的三重界定

布伦克特把自由作为马克思伦理学的基石及其最高价值准则,为此他在书中的第二、三部分,着力从正反两方面展开论证。

其正面论证是从三个相互关联又彼此不同的方面,阐发了马克思作为"自我决定"的自由的规范性内涵。一是要求通过个人"欲望、能力和天赋"的"充分发展"实现"自我对象化",同时这也是个人在与他人和自然的积极互动中完成的自我生成、自我创造的过程。二是这种自我对象化过程不仅仅把"他人和自然"当作实现自我决定的手段,还通过把他人和自然的具体的个体特性纳入这种对象化活动中,并通过与他人形成利益和谐的共同体,从而使他人和自然最终成为自由本质所内在固有的组成部分。三是只有在克服利益对立,并形成有别于市民社会或自然社会的"共同体"的条件下,这种作为自我决定的规范性自由才是可能的。①

经此诠释,自由首先是一种兼具规范性意义和本体论意义于一身的自由,因为它既指向生活应该实现的本体论意义上的存在方式和生存状态,同时也指向由一系列复杂的气质和性格特征具体构成的"人应该赖以生存的基本美德"②。其次,这种自由要透过"自我对象化"才能把握,而这种"自我对象化"是在纳入"他人和自然"的具体特性的既定条件下实现的,是马克思在继承黑格尔"对象化"思想的同时,又经由费尔巴哈的人学完成了对黑格尔的超越后所得出的"对象化"。最后,作为实现马克思的自由的一个必要条件,"真正的共同体"是在尊重差异的基础上实现统一的、"和而不同"的共同体。它既克服了由原子式个人集合而成的、资本主义社会的"利益"对立,又饱含着成员之间对彼此可能不同的基本需要和欲望

---

① George G.Brenkert, *Marx's Ethics of Freedom*, London, Boston, Melbourne and Henley: Routledge & Kegan Paul, 1983, pp.88–89.

② George G.Brenkert, *Marx's Ethics of Freedom*, London, Boston, Melbourne and Henley: Routledge & Kegan Paul, 1983, p.89.

的"认同"。

布伦克特的反面论证是通过多重比较分析展开的，它在为正面论证提供有力支撑的同时，总体上彰显了这种自由独具的"马克思主义的印记"：一是有别于资产阶级的自由，马克思的"自由"概念把物质条件、自然条件，以及劳动分工和私有财产等社会条件，纳入可能妨碍自由的重要因素之列，并且给予广泛关注。二是有别于古典自由主义偏向"消极自由"的理解，马克思强调合理的自我控制、自我引导对于实现自由的至关重要性。三是有别于传统对自由的狭义理解，马克思的"自由"概念还在更广义的层面上包含对人的欲望、能力、天赋的充分发展。四是有别于个人主义传统中的自由，马克思把共同体视为实现自由的一个必要条件。五是有别于自我实现论对自由的理解，马克思的"自由"概念具有规范性道德内涵，它在本质上指向一种实现自我对象化的存在方式或生活状态。①

其中，布伦克特最为强调的是最后一点：马克思视野中的自由是作为自我决定的自由，而非伯特尔·奥尔曼和尤金·卡门卡等人理解的自我实现意义上的自由。这是布伦克特重新界定的马克思"自由"概念的核心和实质所在，上述其他"印记"其实都可以在这种自我决定的自由中得到体现。他在具体论证中反复强调，正是某种作为"特殊类型的自我决定"②的自由，而非自我实现意义上的自由，才"使自由成为一个纵观马克思的全部著作都可以得到明辨的道德概念"③。

布伦克特指出，马克思的"自由"概念之所以不宜理解为自我实现论式的自由，主要有三方面原因：一是自我实现论属于义务伦理学的思考方

---

① George G.Brenkert, *Marx's Ethics of Freedom*, London, Boston, Melbourne and Henley: Routledge & Kegan Paul, 1983, pp.103-104.

② George G.Brenkert, *Marx's Ethics of Freedom*, London, Boston, Melbourne and Henley: Routledge & Kegan Paul, 1983, p.89.

③ George G.Brenkert, *Marx's Ethics of Freedom*, London, Boston, Melbourne and Henley: Routledge & Kegan Paul, 1983, p.87.

式,主张"我们有道德义务决定我们的生活所遵循的法则,或者说,实现自我的律令包含对各种道德义务的履行"①;反之,马克思的伦理学则属于美德伦理学,它拒斥通过权利、义务、正义等诸如此类可以作为具体行为指引的道德概念来理解自由,而主要关心的是人要获得自由所必需的卓越品性和存在方式。②二是自我实现论可能要求人的所有欲望、能力、天赋都能得到充分发展或实现,但是在马克思看来,这属于"过度发展"而非"充分发展",马克思意义上的"充分发展"是有限度的,是基于自身需要和现实既有的限定性条件所能实现的最大限度的发展。③三是自我实现论通常会把自我二分为两种对立的自我,即由欲望主导的虚假的、恶的自我和基于理性的理想的、善的自我,只有后者才是应该予以实现的自我。但是在马克思对自由的理解中,不仅不存在对两种自我的设定,而且对人的基本需求和欲望的满足都是实现自由的应有之意,"只有当物质条件的不充分发展导致这些欲望或需要变得'不正常'时,人的自我决定才会遭受损害"④。

(二)驳以赛亚·伯林对马克思"自由"概念的质疑

伯林的《两种自由概念》一文发表后,其中关于"消极自由"与"积极自由"的区分,一度成为探讨自由问题时绕不开的一个话题。伯林站在古典自由主义传统的立场上对积极自由隐含的专制威胁表示担忧,而马克思则往往被归入"积极自由"代言人的阵营。对此,布伦克特虽然承认,马克

---

① George G.Brenkert, *Marx's Ethics of Freedom*, London, Boston, Melbourne and Henley: Routledge & Kegan Paul,1983,p.89.

② George G.Brenkert, *Marx's Ethics of Freedom*, London, Boston, Melbourne and Henley: Routledge & Kegan Paul,1983,pp.17,89. 参见[英]史蒂文·卢克斯:《马克思主义与道德》,袁聚录译,田世锭校,高等教育出版社,2009年,第34~37页。

③ George G.Brenkert, *Marx's Ethics of Freedom*, London, Boston, Melbourne and Henley: Routledge & Kegan Paul,1983,pp.95~97.

④ George G.Brenkert, *Marx's Ethics of Freedom*, London, Boston, Melbourne and Henley: Routledge & Kegan Paul,1983,p.93.

思的自由的确是"社会的、集体的、积极的"人的自由和人类解放,是对资产阶级"政治的、个人的、消极的"自由的丰富和拓展;①但他并不认可用伯林的划分去套用这一对比视角的做法,也不认为伯林式的积极自由能够有效涵盖马克思自由思想的丰富内涵。

布伦克特的反驳主要包括:①马克思试图通过积极的社会革命实践,去摆脱和克服资本主义对自由的种种制约和限制条件,进而谋求从阶级压迫、阶级关系中获得解放,他"显然既关心积极自由,也关心消极自由,二者都是他自由概念的组成部分";②马克思的思想属于客观主义的哲学传统,在他那里不存在"真实自我与经验自我"的区分,"也没有试图把前者强加于后者",更没有以他自己的主观判断为依据,"认为资本家真的想要的,就是他相信对他们而言最好的东西";③伯林区分的只是马克思所持有的"统一的自由观"的"两个不同的方面和面向",对于理解马克思的自由观并无裨益,相较而言,杰拉尔德·麦卡勒姆的"三位一体"的自由理解反而更适用些。②

与伯林相关的另一个重要质疑来自多元论的价值立场。伯林指出:"自由就是自由,既不是平等、公平、正义、文化,也不是人的幸福或良心的安稳。""自由并不只是不存在任何一种挫折;这样定义自由将扩张这个词的意义以致它含义太多或含义全无。"③如是,自由就只是诸多可能存在冲突的价值中的一种,所谓"广义的自由"不仅会牺牲"自由"概念的清晰性,而且可能在追求"道德一致性"的过程中排斥其他价值,或"把一种价值一元论强加于所有个人"。这的确是与布伦克特认为马克思把自由"这一价

---

① George G.Brenkert, *Marx's Ethics of Freedom*, London, Boston, Melbourne and Henley: Routledge & Kegan Paul, 1983, pp.87–88.

② George G.Brenkert, *Marx's Ethics of Freedom*, London, Boston, Melbourne and Henley: Routledge & Kegan Paul, 1983, pp.217–219.

③ [英]以赛亚·伯林:《自由论》,胡传胜译,译林出版社,2003年,第193、192页。

值提升为一切价值的终极价值"的观点针锋相对。①

对此,布伦克特的回应是:①马克思的自由作为最基本的那个价值是包容的,而不是唯一的、排他的,这种"广泛包容的自由内涵可以为人们打开视野,提出新思想"。②历史的客观发展所反映的正是争取自由、为自由奋斗的历史,在这种历史观下,马克思之所以批判资本主义社会,要求消灭私有财产和分工,根本上是因为它们使人陷入不自由的境地。换言之,马克思并不否认私有财产、劳动分工可能在共产主义社会仍然存在,但必须是以非剥削性的、有利于自由的方式存在。③自由的生活是在市民社会领域的私人生活与政治国家领域的公共生活之间的一个"保有道德一致性"的整体,它不仅需要外在条件的必要保障,而且人的"某些"能力的发展(至少不被剥夺),以及关乎具体生活方式选择的理性自主性,也是其必要的内在组成。②

(三)对"马克思与正义"论题的回应

20世纪70年代初起,英美学者曾围绕"马克思是否以正义批判资本主义"展开"马克思与正义"论题的论争。③在这场论争当中,以艾伦·伍德为代表的"否定派"认为,马克思不是因为不正义才批判资本主义,资本主义剥削也无所谓正义与否,甚至可以说是正义的。以齐雅德·胡萨米为代表的"肯定派"则辩称,马克思是基于正义构想共产主义的,而且他还以社会主义、共产主义的正义批判资本主义的不正义。由此形成了关于马克思思想的道德论立场与非道德论立场之间的对峙。

---

① George G.Brenkert, *Marx's Ethics of Freedom*, London, Boston, Melbourne and Henley: Routledge & Kegan Paul, 1983, p.223.

② George G.Brenkert, *Marx's Ethics of Freedom*, London, Boston, Melbourne and Henley: Routledge & Kegan Paul, 1983, pp.220-226.布伦克特在此提到"liberty"与"freedom"分别指向的"狭义自由"与"广义自由"这一差别。

③ 参见林进平:《马克思的"正义"解读》,社会科学文献出版社,2009年,第40~61页;李惠斌、李义天编:《马克思与正义理论》,中国人民大学出版社,2010年,第3~39、40~106页。

布伦克特基于捍卫自由伦理学的需要，也对这一论题表明了他的立场和观点。透过布伦克特的相关论述不难看出，其道德论立场似乎很容易把他划入胡萨米的阵营，然而从他的具体论点来看，却更多是与伍德同一战壕。

首先，同伍德一样，布伦克特并不认可胡萨米的基本判断。并且他从唯物史观出发，抓住了胡萨米论证正义原则具有跨文化性、跨历史性的软肋。布伦克特指出："马克思看到了当前和以往社会的意识形态基础中所包含的差异和对立。大多数道德哲学家却没有理解这一点，因为他们隐晦地假定生存的物质条件与道德无关。"①针对胡萨米主张用共产主义"按需分配"的正义原则来评判资本主义社会的观点，他指出，按照马克思本人的观点看，这一原则不仅"与特定的生产方式联系在一起"，而且没能摆脱正义原则无法"就个人的复杂性、能力和需要看待人的"悖谬性本质。②

其次，布伦克特认为马克思以自由批判资本主义，这一点也与伍德类似。对于这一点，布伦克特是通过对比自由与正义展开具体论证的，他认为：①从最直观的马克思的具体论述中可以看到，他对"自由"的使用更为公开且频繁，而很少直接使用"正义"一词。③②从自由和正义各自与生产方式之间的不同关系看，正义与生产方式直接相关、紧密相连，自由则是以"个人力量和能力的发展"为中介，才与生产方式的发展关联起来，正是人对生产力和生产关系的某种创造、驾驭和控制能力构成了自由，因而

---

① George G.Brenkert, *Marx's Ethics of Freedom*, London, Boston, Melbourne and Henley: Routledge & Kegan Paul, 1983, pp.151-152.

② See George G.Brenkert, *Marx's Ethics of Freedom*, London, Boston, Melbourne and Henley: Routledge & Kegan Paul, 1983, pp.154, 153. 参见[美]艾伦·伍德：《马克思论权利与正义：答胡萨米》，林进平译，《现代哲学》，2009年第1期。

③ See George G.Brenkert, *Marx's Ethics of Freedom*, London, Boston, Melbourne and Henley: Routledge & Kegan Paul, 1983, pp.155-156.

"自由的基础是人与社会通过社会生产力的发展而实现的自我发展"①。③ 从分配的视角看,正义关心的是对益品的分配过程,而自由关切的是益品的发展状况。且最重要的是,自由本身不是一种有待分配的社会益品,而是一种存在状态和生活方式,"它就是人类的福祉所在","是对人们所处关系的性质的描述"。②这些分析其实都可以视为布伦克特对伍德观点的一种阐发。

不过,尽管如此,布伦克特的道德论立场和一元价值论立场显然还是有别于伍德的。伍德把马克思视野中的自由视为诸多非道德价值中的一种,并且认为它与共同体、自我实现、安全等其他非道德价值一道,共同构成了马克思批判资本主义的价值基础。而布伦克特不仅没有把自由推向非道德的价值范畴,还在保留自由的美德伦理属性的同时,进一步对自由予以广义的阐释,把自由奉为马克思伦理学的**"那个**基准美德"③。可见,布伦克特回应"马克思与正义"论题的目的始终是为把自由作为马克思伦理学唯一的基础性规范价值进行辩护,而这一理论初衷与伍德截然不同。④

可见,相较于一些学者不加辨析、不予论证地直陈马克思的伦理学或马克思主义伦理学,布伦克特基于伦理学视角对马克思自由观的解读则有的放矢、有破有立,可以说是进行了一番辨析入微、深具分析特色的理论论辩。

---

① George G.Brenkert, *Marx's Ethics of Freedom*, London, Boston, Melbourne and Henley: Routledge & Kegan Paul, 1983, p.157. 参见[美]艾伦·伍德:《马克思论权利与正义:答胡萨米》,林进平译,《现代哲学》,2009 年第 1 期。

② George G.Brenkert, *Marx's Ethics of Freedom*, London, Boston, Melbourne and Henley: Routledge & Kegan Paul, 1983, p.158.

③ George G.Brenkert, *Marx's Ethics of Freedom*, London, Boston, Melbourne and Henley: Routledge & Kegan Paul, 1983, p.104.

④ 参见[美]艾伦·伍德:《马克思论权利与正义:答胡萨米》,林进平译,《现代哲学》,2009 年第 1 期;[美]艾伦·伍德:《马克思与道德》,王颖译,《马克思主义与现实》,2018 年第 1 期。

三、布伦克特阐释马克思自由伦理学的主要贡献与不足

不难看出,布伦克特尽其所能地动用他基于伦理学视角所能动用的理论资源,辩护了他所认为的马克思的自由伦理学。他一方面试图基于伦理学的视角,站在马克思的立场回应对马克思伦理学的质疑和批判;另一方面则努力在与这些"理论对手"的积极对话中,挖掘马克思伦理学的魅力所在,使马克思自由伦理学的独特性得以有效凸显,以推进从伦理学维度对马克思自由思想的阐发。

(一)布伦克特伦理学阐释的主要贡献

首先,布伦克特对历史唯物主义的阐释非常富有建设性。正如他所看到的,在对历史唯物主义的理解方面,人们常常难以把握历史的规律性与历史主体选择的主动性之间的辩证统一,往往容易偏执一端。比如,技术决定论和庸俗的经济决定论就存在这样的情形,按照它们的理解,历史唯物主义与伦理道德是不可能相容的,这就会导致历史主体难以充分发挥主动性。与此相对,布伦克特则指出,当马克思强调历史必然性时,并没有否定"人们的需求、愿望和欲望"的作用,"共产主义的到来之所以是不可避免的,**不是**因其无关乎人们的欲望和需要。情况恰恰相反"。①

尽管布伦克特是基于为马克思的伦理学辩护这一目的,对历史唯物主义作出了新的解释,但他的解释对历史唯物主义和当代伦理学都有着显而易见的积极意义。一方面,他以伦理学的方式解决了"被归因于历史唯物主义的、包含过分简单化理解的决定论问题"②。可以说,通过对历史

---

① George G.Brenkert, *Marx's Ethics of Freedom*, London, Boston, Melbourne and Henley: Routledge & Kegan Paul,1983,p.51.

② George G.Brenkert, *Marx's Ethics of Freedom*, London, Boston, Melbourne and Henley: Routledge & Kegan Paul,1983,p.28.

唯物主义的重新阐释，布伦克特突出了人的能动性所内在包含的非物质性因素，从而合理地揭示和彰显了历史唯物主义本身可能蕴含的价值维度和道德意蕴。另一方面，他也由此指出当代伦理学的一个发展方向。当代伦理学如要避免沦为缺乏历史感的空洞道德说教，使理论能够落地，就必须吸收历史唯物主义的精神，把历史维度和物质生产因素纳入伦理学的基本考量。

其次，布伦克特把自由视为马克思最核心、最根本的价值诉求，把握到自由在马克思思想中的独特性和重要地位。既然越来越多的学者不太认可马克思没有价值诉求这样的论断，那马克思的价值诉求到底是什么？对此，布伦克特认为是自由。因为在他看来，唯有自由才是贯穿马克思整个思想过程的那个最重要的价值。比起其他价值，自由在马克思那里得到更加直接和充分的肯定，特别是通过对解放的自由、革命的自由，对只有在共产主义条件下才能实现的每个人的自由的强调，凸显了自由在构想理想社会中有别于正义、平等或权利的优先性和核心地位。也可以说，自由相较于正义、平等或权利而言，对于马克思主义伦理学的建构更为重要。

再次，布伦克特非常警惕以教条主义的态度对待马克思。在他看来，如果想要真正把握历史唯物主义的精髓要义，就既不应把马克思当作毫无瑕疵的思想圣人，也不宜视其为预言历史发展的科学家。值得一提的是，布伦克特清醒地认识到，马克思的思想是一个具有连贯性的思想整体，因此要从整体上辩证地、发展地把握马克思的思想。可以说，马克思的思想本身不仅是在不断发展中形成的，而且他早期的宗教批判、道德批判、哲学批判，与他创立历史唯物主义后所进行的"外在批判"是一脉相承的。

此外，布伦克特还强调，处于不同时代的人们不应该不加反思地对待马克思的思想，抑或是把后来他的所谓推崇者、追随者的误入歧途归咎于他本人，也不应苛求马克思对20世纪以来技术发展带来的巨大破坏作用,以及"人类价值、社会制度与政治制度之间关系的复杂性和不确定性"①等诸多变数有所预见。何况现实历史发展的种种新形势,与马克思略显乐观主义的历史进步论预想之间存在一定的差距。

最后,布伦克特在批驳错误论断方面也是富有成效的。在阐释马克思的自由思想时,为了避免自说自话,同时也是出于对已有论者的观点的尊重,布伦克特常以对话、驳议的方式展开论证。比如,在对马克思的自由思想作自我决定论的解读时,他就针对已经相对占据主流的"自我实现"论展开一系列比较论证,最终表明"自我实现"论仍然未能跳出康德式的"自由意志"论的局限,而只有"自我决定"论才较为贴合马克思的本意,并能凸显出马克思对黑格尔自由思想的继承。此外,作为辅助论证,他不惜大篇幅地对伯林等人的自由误读进行批驳,并在与伍德等人的理论对话中确立自身的观点,这些都是难能可贵的。

(二)布伦克特伦理学阐释的不足

然而伦理学这一视角本身也蕴含着它的"先天"不足,它使布伦克特未能超出伦理学视角的局限性去看待马克思的自由,其所阐释的马克思的自由也由此打上了太多的伦理学烙印。

首先,仅从伦理学视角解读,会把马克思的思想窄化。因为马克思思想的丰富内涵远非"自由"价值所能承载,马克思视野中的自我决定、人类解放,也绝不仅仅属于伦理学问题,更不仅仅是从美德伦理学的思维视角谈论的。即使是布伦克特所谓的广义的自由,也毕竟仍然被界定为属于美德伦理学的一个价值概念。而伦理学无法根本改变人类普遍异化、无产者受奴役或遭剥削的不自由的现实处境,沦为道德说教的伦理规范还可能成为辩护现实、维持现状的帮凶,这是由道德本质所决定的道德的无能。

---

① George G.Brenkert, *Marx's Ethics of Freedom*, London, Boston, Melbourne and Henley: Routledge & Kegan Paul, 1983, p.212.

否认于此,就会"模糊"马克思与他所批判的道德论者之间的本质区别,弱化马克思的很多富有真知灼见的思想内涵。

也是由于仅仅从伦理学视角解读马克思的自由思想,使布伦克特对马克思文本的处理和解读有失偏颇,一些重要的文本和思想被布伦克特的伦理学"筛子"过滤掉了。这导致他在总体上仍然延续了尤金·卡门卡的路子,过多停留于新发现的手稿,特别是《1844年经济学哲学手稿》,过于倚重马克思的早期思想,并且存在试图以青年马克思的思想统摄马克思思想整体的倾向,致使马克思思想演进中的重要转折也被遮蔽在其思想整体的连贯性之中。

其次,为了把马克思的思想整体尽量合理地收罗在伦理学外衣下,又不可避免地要对伦理学作泛化处理。依据布伦克特的论证,我们可以从马克思有关于道德或伦理现象的讨论,推导出马克思有道德哲学或伦理学,而且可以把这种伦理学理解为马克思以自由为最高准则和核心的广义道德观。因为他把马克思作为一位具有道德感的思想家,针对资本家对工人非人性的对待方式明确表达过自己的道德愤慨,以及马克思的思想具有道德倾向,他的理论具有道德内涵,他的批判具有道德意味等诸如此类不争的事实,不加辨析地作为可以证明"马克思有伦理学"的依据。

但是布伦克特忽略了,马克思具有道德感或道德倾向,并不意味着他是一位伦理学家或道德哲学家;他具有道德内涵的理论并不等于就是一种伦理学或道德理论。马克思没有必要必须成为一位伦理学家,才能作出具有道德意味的批判;他也不必需要基于某种道德理论才能拥有自己的道德感或道德观,甚或才有基本的道德能力进行道德判断。可见,布伦克特的这些"想当然"的推论有失严谨性,也在其所谓元伦理学的层面上,削弱了他所论证的马克思自由伦理学的有效性。在此有必要把马克思是否意在建构一种伦理学,与马克思那里是否富有建构伦理学的思想资源区别开来。

最后,虽然布伦克特在序言中,对马克思的或马克思式的伦理学,与马克思主义伦理学之间有过明确区分,①但他在具体论证中,却又总是对阐发马克思主义伦理学欲拒还迎、跃跃欲试。这多少显得有违他的写作初衷,在某种意义上甚至可以说偏离了他为自己设定的"回到马克思"的写作意图。也就是说,尽管布伦克特意欲避免以现在评判过去,特别是以20世纪的视角评判19世纪的马克思,但他实际上仍然是以"现代人"的视角去看马克思,因而处处指向马克思主义与伦理学的当代问题,而没能真正回到马克思及其伦理思想的原初语境。这种应现实之需有意无意地借助马克思来表达自己的理论夙愿、替现代人发声的做法,多少存在过度诠释之嫌。这也提示我们,不宜对马克思的文本按照现实的需要作过多阐发,而必须忠于马克思的观点,观照他当时的历史语境,在阐释马克思思想与发展马克思主义之间作出必要的区分。

诚然,布伦克特对马克思的自由伦理学的阐释虽存在不少不尽意之处,但总体上还是瑕不掩瑜的,为当代马克思主义伦理学的建构所提供的有益启示显而易见。正如有书评所评论道的,布伦克特的《马克思的自由伦理学》一书对马克思的解读总体上具有进步意义,向读者揭示了马克思的著作对于解决当代社会问题所蕴含的丰富解释力。②

---

① See George G.Brenkert, *Marx's Ethics of Freedom*, London, Boston, Melbourne and Henley: Routledge & Kegan Paul, 1983, p. ix.

② See John W.Murphy, "Review of George G. Brenkert, *Marx's Ethics of Freedom* ", *Studies in Soviet Thought*, Vol. 31, No. 1, 1986, p.63.

序　言

在过去的四分之一个世纪里，人们对马克思主义的兴趣已攀升至与20世纪初的三十多年相当的水平。不过,其间出现的一些不同的情形也值得关注。例如,某国关于马克思思想洞见的断言,已不再像20世纪初的很多人所明显感知的那么可信。此外,马克思大量鲜为人知的或尚未出版的手稿,现在也都公之于世。因此,当前时兴的主要潮流是回到马克思。

有关马克思伦理学的讨论即便不是无可非议,也在回归马克思的这一过程中意义重大。人们通常认为马克思没有伦理学,尽管他很容易被认可有着关于经济学、历史学、政治学和社会学方面的研究。我认为这一观点是错误的,对此,我将在本书接下来的内容中予以说明。

一些方法论预设从一开始就应该被指明。首先,我只聚焦于马克思本人的著作,以及他与恩格斯合著的那些著作,在其中,恩格斯即使不是发挥主导作用,也被认为有着重要作用。我之所以没有着力于恩格斯的著作,是因为人们关于马克思和恩格斯对各类论题享有共识的程度存在显著分歧。鉴于我所关心的不是论述马克思主义者对道德的一般看法——其难度堪比论述自由主义者或基督徒对道德的一般看法,我便没有把恩格斯及列宁、毛泽东等纳入考察范围。

我还假定,马克思的思想具有连续性。虽然这一观点饱受质疑,但我认为,众所周知的"青年马克思与老年马克思的对立"问题已经得到解决。

诸如阿维纳瑞(S. Avineri)、伯恩施坦(R. Bernstein)和麦克莱伦(D. McLellan)等人已表明,马克思的思想具有整体性。这不是说马克思的思想终其一生都没有变化和发展,而是说包含连续性的线索贯穿于马克思谜样的(bewildering maze of)思想轨迹,人们可以依循这些线索重构他的伦理学。因此,在对马克思道德和伦理观的讨论中,我依据的是马克思的全部著作,特别是其1842年之后的著作。从中我们可以对马克思的伦理学形构出一种合理且连贯的理解。当且仅当在此意义上,本研究也就参与到了过去的那场争论之中。

在对马克思伦理观的重构中,我没有试图对马克思进行心理分析。例如,有种模棱两可的说法认为,马克思的一些观点形成于各色家庭成员或社会群体之间潜意识的心理冲突。在此,马克思的思想是否受到这类冲突影响,则是无关要旨的。再者,我这么处理也符合马克思本人的思想精髓。他对康德、黑格尔和亚当·斯密等其他哲学家或经济学家的探讨,既不是通过追寻他们的内在心理动机完成的,也没有仅仅因为他们的阶级出身或阶级偏见而抹杀其所持有的观点。

最后,我并不执意认为马克思的思想是完全一以贯之的。马克思的写作持续四十多年,他的著作有很多不同的受众,他的写作也是在不同的条件下完成的。要让人相信马克思的思想始终没有不一致之处,属于强人所难。不过,由于马克思本人非常重视思想的系统性,因此还是有望对其伦理观重构出某种连贯一致的理解。或许这一任务与发现各样骨头的考古工作别无二致。考古学家试图把这些骨头重组,形成古代动物的骨骼形态。一些骨头可能遗失了,另一些则可能粘连在一起,导致重构出来的动物有着略微不同的外表。但是只要能重构出一种与我们对古代动物的完整认知最为一致且相契合的动物,这一任务就算圆满完成了。同理也可以说,我所尽力重构的是马克思可能认同的最为连贯一致的伦理学,并且这是在尽可能广泛地兼顾马克思的理论和实践工作的基础上完成的。

第一部分考察的是马克思对道德和伦理学的批判性论述，也包括他关于历史唯物主义、决定论和意识形态的思想。这相当于是对马克思元伦理学的考察，即对其涉及道德本质和道德正当性的方法论思想的考察。这一探讨使我能够回应完全否认马克思有伦理学的各种传统看法，并且为重构马克思的规范性道德观确立一定的标准。

在第二部分，我探讨了马克思的规范道德理论，它的核心是自由概念。相应地，我认为马克思的道德哲学延续了伦理学中恒久长存的德国和欧陆传统。我认为，马克思谴责资本主义和资产阶级社会的基础是自由，而不是分配正义。马克思有关暴力、革命、刑罚和共产主义社会的思想，必须按照他的自由观来理解。

第三部分是我对马克思伦理学的洞见和价值的一些总结。马克思是以一种独特且富有教益的视角探讨伦理学问题的。如今，他的结论和提议并不都是可信或可以接受的。然而历史上又有哪位哲学家或社会科学家不是如此呢？既然马克思已经成为一位如此重要并且具有影响力的人物，对他的评判标准往往也会更高。结果，他不仅被视作误入歧途的科学家，还时常被认为是非道德论者甚或是反基督论者，证据就是以他的名义在全世界所犯下的恶行。但是对于历史上伟大的思想家和领袖的观点，若依据其所谓的追随者造成的后果进行评估，谁又能够免于这种指摘呢？耶稣的追随者推动建立起宗教法庭，进行了十字军东征，并且发起古代和现代的圣战。尼采的推崇者以"鹅步"（goose-stepped）踏进历史。上述事实在我们评判和理解马克思时不应被忘记。否则，就会偏离马克思作为重要知识分子和实践派思想家这一结论。

在写作本书时，我尽可能采用了标准且应用广泛的英译本。在过去十年里，马克思著作完整的英译本已经开始出版，这似乎必将成为马克思著作英文版标准的参考文献。它就是由莫斯科进步出版社出版的《马克思恩格斯全集》。只要有可能，我就以此作为参考文献并将其标示为 *MECW*。由于该版本的后面几册尚未出版,因此在无可引用时,我便采用了其他通行版本。在遇到有疑点的翻译或较难译的语段时,我参考的是柏林迪茨出版社(Dietz Verlag)的《马克思恩格斯著作集》(*Marx Engels Werke*)。我的参考文本还包括《政治经济学批判大纲》(*Grundrisse*,缩写为"Grund")。

最后,我想感谢一些朋友和组织机构,他们以不同的方式为本书稿的完成做出了贡献。在经济资助方面,我要感谢亚历山大·冯·洪堡基金会的慷慨相助,该基金会提供的学术研究奖金使我能够于1978—1979学年期间,在美因河畔的法兰克福致力于本书稿的写作。我还要感谢同时期帮我减忧的田纳西大学的资金支持。得益于诺伯特·霍斯特(Norbert Hoerster)、沃纳·贝克尔(Werner Becker)、阿伦德·库伦坎普夫(Arend Kulenkampf)、哈穆特(Harmut)和埃尔克·克林姆特(Elke Kliemt)的友善相助,我在德意志联邦共和国逗留期间能够生活愉悦且硕果累累。还要感谢威廉·H.肖(William H. Shaw)和艾伦·布坎南(Allen Buchanan),他们热心地阅读了书稿的不同部分,并且提供了有益的评论。感谢芭芭拉·莫瑟(Barbara Moser)完成出色的录入工作。

第四章和第五章中的很多段落和想法都摘自我发表在《哲学与公共事务》(*Philosophy and Public Affairs*, Vol.8, No.2, Winter, 1979, pp. 122-47)的论文《马克思论自由和私有制》。版权归普林斯顿大学出版社(1979)所有,经其许可后编入本书。

我大量引用的文献包括:纽约国际出版社出版的《资本论》第一卷(1967)及《马克思恩格斯全集》第3卷(1975)、第5卷(1976)和第6卷(1976),所有这些摘引的再版都得到国际出版社的慷慨授权。

目 录

第一部分 | 伦理学的基础

第一章　马克思主义、道德主义与伦理学 …………………… 003
第二章　伦理学与历史唯物主义 ……………………………… 026
第三章　意识形态与道德证明 ………………………………… 062

第二部分 | 马克思的伦理学

第四章　自由的伦理学 ………………………………………… 097
第五章　资本主义与正义 ……………………………………… 151
第六章　革命道德、暴力与共产主义 ………………………… 189

第三部分 | 对马克思的伦理学的一个评价

第七章　道德意蕴与伦理学结论 ……………………………… 233

注　释 …………………………………………………………… 270
参考文献 ………………………………………………………… 294
索　引 …………………………………………………………… 306

第一部分

伦理学的基础

第一章

马克思主义、道德主义与伦理学

> 我们这位庸俗的满口仁义道德的桑乔……认为：问题仅仅在于新道德，在于他所谓的新人生观，在于人们把一些"固定观念""从自己头脑中挤出去"，如果这样做了，一切人就能够满足于自己的生活，就能够享受生活了。[《马克思恩格斯全集》(第3卷)，人民出版社，1960年，第490-491页。]

一

长期以来，马克思的道德和伦理学观念的本质都属于一个颇具争议的问题。人们普遍认为，马克思没有伦理学，他拒斥道德，并设想了超越伦理学和道德的共产主义。[1]马克思被认为创立了一门科学，它寻求以道德中立的客观方式去理解资本主义的源起、发展和崩溃，以及共产主义最终的取而代之。人们只需研究一下马克思主义发展史，就能理解这种观点通常是如何得到辩护的。诸如下述评论就很常见：

> 马克思主义由于它反伦理的倾向而有别于所有其他的社会主义

制度体系。自始至终,整个马克思主义都不包含一点伦理学,因此也就没有伦理判断,同样也没有伦理要求。②

把伦理意识形态视为陈词滥调是,透过历史唯物主义来看社会主义社会的上层建筑的一个必然结果。为消解社会对立而产生的伦理法则不是通过消除社会对立的根源,而是通过道德强制来解决问题的。诉诸伦理信条,就是承认既有立场无法使社会对立得以消解。③

马克思的哲学革命明确否弃了哲学伦理学的规范性传统,同时肯定了实证科学的遗产。④

4　据此可以毫不夸张地说,在很多人看来,认为马克思思想包含伦理学这一观点轻则具有误导性,重则可以说是错误的。因为马克思根本不属于我们期望有伦理学研究并对道德有所反思的那类人。

然而这种看法显然也存在一些问题。例如,首先,很多持这种看法的人会把某种实证主义的科学概念归于马克思。但马克思是否使用过这种科学概念,却是值得怀疑的。实际上,必须依据黑格尔对科学的论断来理解马克思的科学观。马克思的观点受到黑格尔的显著影响——黑格尔式的科学显然**不是**实证主义的。其次,人们往往注意到,马克思在其著述中并非如人们所期望的科学家那样,是一位中立和冷静的观察者。这一点在他对政治经济学的著述及其发表于报纸上的文章中都一样显著。例如在《资本论》中,他谴责资本主义带来利己主义、剥削、疏离、堕落等一系列后果。马克思的著作充满一种带有规范性和偏向性的基调。显而易见,他始终都执着于某种特定的社会秩序,并且认为自己的工作就是不断促成它。再者,这份执着不仅仅是个人的执念,而且是他明确认为其他人也应该有的。最后,倘若马克思是一位没有伦理学的科学理论家,那他的很多论述就会变得难以理解,比如他认为共产主义将构成人类存在的"更高"境界,历史具有"进步"性,共产主义将建立一个"真正的自由王国"。

这类质疑促使一些人改变了对马克思的上述看法。他们转而承认马克思的确有某种伦理学思想或评价性观点，但却认为这些只是简单地附加在马克思的科学观之上。这两个方面一道成为对质疑的回应。也就是说，他的科学理论仍然是非规范性的、中立的、客观的和描述性的。正是他个人的执着解释了他的偏向性，即他对资本主义社会各方面的谴责，及其把共产主义视为一个"更高级的"社会阶段的观点。因而我们可能读到以如下方式理解马克思的作品：

> 作为因特定的方法论原因得到运用的理论抽象，抽象劳动过程和资本主义劳动过程的理解模型都是中立的。没有任何道德建议暗含其中。一方面我们认为，如果对过去的一切社会加以审视，就会发现劳动过程于其而言所共有的某些普遍特征；另一方面，如果审视资本主义的劳动过程，就会发现这一过程的某些具体特征。然而如果我们像马克思一样执着于一种强调可欲性的立场，以及人类在一种历史上尚不为人所知的社会中进行自由的、有目的的活动的可能性，就可以从这两种理解模型的对比中得出道德内涵。⑤

> 马克思试图基于其所看到的现实进行预测……并主张通过唤起其他人——无产阶级——对其未来角色的自觉意识，来实现他的预言……我们穿过马克思式的圣殿之门，经过唯物主义和进化论严苛审视下的历史外廊，走向圣所内部，在那里，阶级意识和阶级斗争的启示使得正确的信仰必不可少，紧锣密鼓的宣传势在必行，并且使冷酷无情的政治行动成为一种道德责任……但在其思想体系（后期——本书作者注）的这一部分中，马克思实际上不是在思考经济和物质规律。他已经成为一位具有强烈道德偏向的普通的政治作家。⑥

然而这种解读也存在困境，它没有修改前述观点所依据的科学概念，只是为那种科学增添了一种伦理学,二者之间的关系完全是外在的。不论是考虑到马克思要求理论与实践的统一,还是他力求创立一门单独的、包罗万象的科学,这都不符合我们应有的预期。更令人不安的是这种解读表明,马克思倡导共产主义的依据完全是:(a)他个人的观点——一种武断的、终极的执念;或者(b)他只是选择在道德上捍卫其所认为的不可避免的事物,即一种道德的未来主义或宿命论。这两种指向都不尽如人意。前者辩称,马克思的伦理学终究是个人的和专断的,尽管马克思终其一生都在强调生活的社会维度,并且认为共产主义的基础具有合理性而非专断任性的;后者令我们疑惑的是,倘若它注定要到来,马克思为何还执着于那种合乎道德的未来。的确,他怎么会——正如他所做的——谴责那些在自己有生之年发生而又注定会消逝的事情呢?

在我看来,上述两种对马克思的看法都是根本错误的。与之相反我认为,马克思有道德理论,这种道德理论是他"科学"观的组成部分。这一立场(至少在目前所说的最低限度上)还有其他辩护者。尤其值得一提的是霍华德·塞尔萨姆(Howard Selsam)的《社会主义与伦理学》和尤金·卡门卡(Eugene Kamenka)的《马克思主义的伦理学基础》。塞尔萨姆的这部著作完成于四十年前,其为阐明马克思主义伦理学所作的这次尝试视野开阔却有失严谨。塞尔萨姆缺乏对马克思的大量重要手稿(如《1844年经济哲学手稿》及《政治经济学批判大纲》)的关注;他低估了马克思伦理观的独特性;事实上,他并不特别在意对马克思伦理学的阐释,而是意在利用马克思及其追随者(直到斯大林)的著述发展一种新的伦理学。卡门卡的那本书写于二十年前。然而与塞尔萨姆缺乏对马克思早期著作的了解相反,卡门卡的这部著作常给人一种被淹没其中的印象。这是可以理解的,因为就在卡门卡开始撰写这本书之前不久,人们才拥有便捷的渠道能够读到这些手稿内容。既然如此,关于马克思的伦理学就仍然需要某种更为持中的理解。不过,本书的目的不是对塞尔萨姆和卡门卡等前辈展开批判,而是继续对马克思的伦理学进行阐明和评价的工作。这一点尤其重要,因为在过去的二十年里,人们对马克思的伦理学也已有过大量讨论。⑦

二

首先应该明确的是,我不认为马克思阐述道德理论的方式与过去或现在的道德哲学家具有可比性。马克思没有什么关于伦理学和道德的专著、小册子甚或文章。我们读到的至多是散见于长篇著作、段落中的评论伦理学和道德的各种片段,它们与马克思对历史、经济和政治的思考交织在一起。而且当他偶尔谈及伦理时,也没有像传统和当代的道德哲学家那样,通过追问"我应该做什么"展开道德反思。不同于康德等人,马克思也不打算论证和思考为寻求和确立道德的最高原则而对他人提出的理由和观点。因而他没有以任何明确的方式极力要求我们的行为准则具有普遍性(正如康德所做的),或勉励我们计算具体行为可能促成的最大利益(正如J.S.穆勒所做的)。这类个体性问题相较于马克思对社会制度的关切而言是非常次要的,人们正是在特定的社会制度下才提出这类问题。马克思也没有试图阐发一种关于个人道德的意义和目的的理论。因此,马克思不是一位道德哲学家。我想鲜有人会否认这一点。

然而这并不意味着马克思没有道德理论。一个人是可以被认为有道德理论的,尽管他可能从来没有明确阐述过它。是否有道德理论与是否阐明过它是两个不同的问题。对其中之一的回答不一定就是对另一问题的回答。后一个问题是指一个人展开论述的过程,而前一问题是指一系列非常连贯且相互关联的观点,这些观点通常是经过阐述形成的,但也并非必然如此。还有人认为,要致力于阐明道德理论的过程,就必须悬置自己的执念;必须作出某些有意识的决定或选择,以便基于道德原则采取行动;并且必须有能力作出其他选择。⑧不论伦理探究所要求的这些条件是否言之有理,它们都无法决定一个人是否有伦理学或道德理论。假设我一直倾向于促成在任何情况下都令人愉悦的情形,而且一般不会只是为了自己才这么做。我也努力促使他人感到愉悦。不过,我本人并没有考虑过上述那些问题,也不总是以上述方式行事或作出判断。然而有人拿给我边沁的作品,我读罢后心悦诚服。⑨现在看来,我没有搁置自己的判断。我也一直有着遵循边沁路径的倾向。我想自己确实是作出一个有意识的决定——在未来以这些方式行事,但却并不清楚我是否本来可以作出其他选择。在这种情况下人们很可能会认为,尽管一开始我没有道德理论,但是现在,我确实有一种道德理论作为自己行动和欲望的基础。可见,对道德理论的阐明与否(即是否致力于伦理探究)不一定是对有无道德理论或伦理学的表征。由于把这两个不同的问题混为一谈,才会认为既然对第一个问题的回答是否定的,对第二个问题的回答也就必然是否定的。但实际上这是推论不出来的。⑩

有道德理论又意味着什么?当然,仅仅认可各种可能被视为道德观的观念,是不够的。政治家、农民和普罗大众有时也会认同各种各样的道德观念,但是我们不会直接把道德理论归于他们。⑪因而他们只是某种意义上的道德论者。⑫如果认为他们有道德理论,其伦理思想就必须具有某种一致性,即使他们对这些思想的陈述是分散的。他们的思想不能只是引用各种互不关联的道德观念。例如,试想一个(几乎)始终如一地按照其道德选择行事的人(我们必须考虑到意志的弱点和人类的其他缺陷),他赞赏某些目的和种种行为方式,他为自己的选择和观点提供了某些辩护理由,这些理由既有关于他所主张的选择和观点,也与其所持有和阐述的其他体系化思想相关。他力图通过自己的观点及其推论攻击相反的看法,并呈现出它们的弱点。这样的人显然不只是一位道德论者,但他或许还不算是道德哲学家,因为他从来没把所有这些思想整合在一起,也从未表明其中的内在关联。不过,尽管他可能没有阐明其观点中隐含的道德理论,但若说他是基于隐含的道德理论进行运思的,这也并非奇谈怪论。据此我认为,如果一个人表达了(本质上)一致的伦理判断,也意识到这些判断之间的某种系统性关联,并且是其或多或少有意识地由某种共同的依据推论得出的,就足以说明这个人是有道德理论的。马克思正是在这个意义上具有道德理论。⑬相关论证将在本书的余下部分加以探讨。

我的论证是以不同方式展开的。首先,是对该理论本身的阐明及其文本支撑。这部分论证包括两个方面:一方面,我将探讨马克思伦理学的逻辑和方法论层面。也就是说,我将思考何谓马克思的元伦理学。这会在第二章和第三章中完成。另一方面,马克思所捍卫的及其据以批判资本主义的道德价值和标准也必须得到阐发。马克思伦理学的规范性一面会在第四章至第六章中得到不断推进。如果从马克思的著作中可以提炼出某种逻辑一致的道德理论,并且得到马克思的支持,那将是对我论点的有力证明。其次,在讨论马克思的元伦理学时,我会考察一些传统上否认马克思可能有伦理学的观点。通过回应这些反对意见,我的论点将得到进一步支持。再次,如果我的论题有助于整合和解释马克思的其他观点,例如他关于刑罚和暴力的观点,并且能直面那些认同马克思观点的人所遇到的困难和问题,那我的论点将会得到更进一步证实。最后,我要指出的是,马克思确实毕生都在参与一些呈现为伦理学探讨的讨论。例如,他探讨了道德和道德原则与其历史和物质环境之间的关系,他分析和批判了利己主义、功利主义以及资产阶级的权利、自由和博爱等其他类似的观念。此外,他似乎还捍卫诸如自由、兄弟情谊、团结和共同体等价值。目前看来,这些不同的探讨可能并不构成一套伦理理论。不过,倘若马克思确实有如下文阐发的这种道德理论,那么在其论述中找到这样的探讨便不足为奇,它们再次确证了这里认定其所内蕴的道德理论。

三

首先，我们必须反思这样一个事实：马克思不仅没有阐明某种道德理论，而且似乎还反对任何这类尝试。可以说，他的论著揭示出传统道德言说的作用是微不足道的。他很少使用"现代道德哲学"的核心概念，即便偶尔也用过。[14]此外，大量文本依据表明，马克思直接拒斥伦理学和道德，并不想与它们有任何瓜葛。以下是马克思明显反道德和反伦理的例证：

> 顺便指出，德国哲学是从意识开始，因此，就不得不以道德哲学告终，于是各色英雄好汉都在道德哲学中为了真正的道德而各显神通。[《马克思恩格斯全集》(第3卷)，人民出版社，1960年，第424页。]

> 在党内，必须支持一切使党前进的因素，但不能有无聊的、道德方面的顾虑。[《马克思恩格斯全集》(第47卷)，人民出版社，2004年，第375页。]

> 我的观点是把经济的社会形态的发展理解为一种自然史的过程。不管个人在主观上怎样超脱各种关系，他在社会意义上总是这些关系的产物。同其他任何观点比起来，我的观点是更不能要个人对这些关系负责的。[《马克思恩格斯文集》(第五卷)，人民出版社，2009年，第10页。]

> 我起草了《告工人阶级书》……(其中——本书作者注)我的建议完全被(工人国际协会——本书作者注)小委员会接受了。不过我必须在章程导言中采纳"义务"和"权利"这两个词，以及"真理、道德和正义"等词，但是，对这些字眼已经妥为安排，使它们不可能造成危害。[15]

> 所有这一切（每一个时代的个人的享乐同阶级关系以及产生这

些关系的、这些个人所处的生产条件和交往条件的联系——本书作者注）当然都只有在可能对现存制度的生产条件和交往条件进行批判的时候，也就是在资产阶级和无产阶级之间的对立产生了共产主义观点和社会主义观点的时候，才能被揭露。这就对任何一种道德，无论是禁欲主义道德或者享乐道德，宣判死刑。[《马克思恩格斯全集》(第3卷)，人民出版社，1960年，第490页。]

这类论述以及前面提到的马克思著述的特点，都需要得到解释。既然马克思如此论述，那又凭什么可以认为他的思想隐含某种伦理学？难道这些论述并非只是道出对道德和道德哲学的厌恶和拒斥？

这一问题不像看上去那么棘手。马克思确实反对他那个时代的道德和伦理学。面对现代社会中越来越多的人日渐堕落，伦理学和道德在他看来代表一种梦幻般的默许（dream-like acquiescence）。它们要么意味着一种简单的道德主义，由此得出某些道德结论，社会也会遭到谴责或批判，但（事后）一切照旧；要么则试图证明现状是合理的，眼前的一切罪恶都以某种方式得到合理辩护。不论是上述哪种情形，道德和伦理学既没能理解时代问题，也没有对其产生影响。马克思对马克斯·施蒂纳的评论就例证了关于道德和伦理学的这些观点：施蒂纳"所得出的结论仍是一个无力的道德诫条……他相信堂吉诃德的话，他认为通过简单的道德诫条他就能把由于分工而产生的物质力量毫不费力地变为个人力量"。[《马克思恩格斯全集》(第3卷)，人民出版社，1960年，第395~396页。]同理，道德和伦理学也因其没有直面社会问题和冲突而无济于事。它们的理论与任何实际结果或反思都是割裂的。

对于道德和伦理学的这种无效性和虚幻性的反驳，贯穿于马克思的著作中——从他早期的散文和诗歌到《德意志意识形态》，再到《资本论》。毋庸讳言，这不仅仅是对道德和伦理学的批判，也是对一切理论和社会制度的批判。宗教、政治经济学乃至整个科学都是这种批判的对象。就道德哲学而言,对马克思观点最为简明的阐述或许就是他的《关于费尔巴哈的提纲》中著名的第十一条:"哲学家们只是用不同的方式**解释**世界,问题在于**改变**世界。"[《马克思恩格斯文集》(第一卷),人民出版社,2019年,第502页。]不同于当时的道德哲学家和道德论者,马克思认为,任何关于人和社会可靠的批判理论,都必须明确区分事物的表象与现实。它必须为得到事物有所隐匿的实际情形,而对"常识"进行不懈追问和辨析。此外,它必须表明人类社会事实上是如何运行的,及其为何能够而且必须得到改变。简言之,任何批判的科学都必须是真实有效的。

这一双重要求体现在以下方面。首先体现在他的语言修辞中。在马克思那里,诗人、革命者式的语言与伦理学家或经济学家枯燥、持重的语言一样多。即便在他的"经济学著作"中,生动有力的语言也同枯燥乏味的经济学分析混杂在一起。不过,这里所指的不仅仅是要有力地表达观点。马克思的语言也揭示出他对论证本质的认识,以及人们是多么轻易地就能被冷静、理性的论证所打动。马克思显然意识到(尽管它经常被伦理学家所忘记)人们不是完全理性的存在,他们有时会出于不同的原因坚持自己的观点,而这些原因是严格意义上的理性论证所无法左右的。"要真正地、实际地消灭这些词句(即意识的形式和结果——本书作者注),从人们意识中消除这些观念,就要靠改变了的环境而不是靠理论上的演绎来实现。"[《马克思恩格斯文集》(第一卷),人民出版社,2019年,第547页。]因此,尽管可以阐明马克思观点背后的理性论证,但他对观点的陈述往往采取论辩和嘲讽的形式,充满愤慨和谴责。《德意志意识形态》的序言就证明了这点:

> 本书第一卷的目的在于揭露这些自称为狼、别人也把他们看作是狼的绵羊,指出他们的咩咩叫声只不过是以哲学的形式来重复德

国市民的观念,而这些哲学评论家们的夸夸其谈只不过反映出德国现实的贫乏。本书的目的在于揭穿同现实的影子所作的哲学斗争,揭穿这种如此投合沉溺于幻想的精神萎靡的德国人民口味的哲学斗争,使这种斗争得不到任何信任。[《马克思恩格斯全集》(第3卷),人民出版社,1960年,第15~16页。]

马克思的这段话相当典型——以有力和生动的语言对某些哲学家的错误观念(illusions)展开攻击,不仅凭借论证,还通过嘲讽,批判了接受那种现实幻影的人们。马克思当然承认存在可以被称为"观念的力量"的东西。但是伦理学家和道德论者的错误在于完全依赖这一"力量",因而是无效的。相反,马克思认为,观念不只是孤立存在的、空洞的精神实体。毋宁说,它们与个人的、社会的和历史存在的方方面面联系在一起。一个人的情绪、感受和敏感度,以及一个人的认知观念和推理能力,在决定其所能接受的理性论证方面发挥一定的作用。因此,一个人的论点要想有效,就必须使自己的论证和观点不单指向空洞的观念。据此,马克思通过语言进行威吓、嘲讽、鼓动和谴责。"批判已经不再是**目的本身**,而只是一种**手段**。它的主要情感是**愤怒**,它的主要工作是**揭露**。"[《马克思恩格斯文集》(第一卷),人民出版社,2009年,第6页。]⑯另一方面,一个人的社会立场和历史立场也可能影响其所能接受的论证。如此一来,仅凭论证甚或谴责和嘲讽可能是不够的。"涉及这个内容的批判是**搏斗式的**批判;而在搏斗中,问题不在于敌人是否高尚,是否旗鼓相当,是否**有趣**,问题在于给敌人以**打击**。"[《马克思恩格斯文集》(第一卷),人民出版社,2009年,第6页。]在这两种情形下,都必须超越传统所构想和践行的伦理学和道德。

马克思与他那个时代的道德论者和伦理学家的无效性和虚幻性之间的对立,还以另一种方式呈现出来。马克思认为,对人和社会的批判性理解必须从人赖以生存和发展的各种形式的实践意识或实践活动开始。"在思辨终止的地方,在现实生活面前,正是描述人们实践活动和实际发展过程的真正的实证科学开始的地方。"[《马克思恩格斯文集》(第一卷),人民出版社,2009年,第526页。]评价人类社会的标准必须从对人的这一基本现实的研究中得出。因而与他所熟知的伦理学不同,马克思不认为自己的任务是把一套来自宗教、上帝或精神的外在或超验的要求和义务强加于人类社会。相反,一门批判的科学必须从各种形式的实践活动和意识中,"引出作为它的应有的和最终目的的真正现实"。[《马克思恩格斯全集》(第1卷),人民出版社,1956年,第417页。]马克思也没有像他知道的一些道德论者那样,准备为人类现在和未来面临的问题提供"最终"答案。他认为:"我们的任务不是推断未来和宣布一些适合将来任何时候的一劳永逸的决定。"[《马克思恩格斯全集》(第1卷),人民出版社,1956年,第416页。]最后,马克思认为,我们只有认识到人们生活于其中的社会制度的本质,才能就个人面对的具体(道德)问题发表一些看法。因此,道德哲学家把个人的道德问题放在首位,并为回答这类问题寻求道德的最高原则,是在试图回答抽象的、无解的问题。

　　从这个意义上讲,马克思与黑格尔的观点相似。对于通过建立道德的最高原则为个人的道德问题提供答案的尝试,黑格尔也持批判态度。然而黑格尔与马克思为此给出的理由不同。黑格尔认为,道德哲学家根本就无法提供这类建议。他们总是来得太迟:

> 关于教导世界应该怎样,也必须略为谈一谈。在这方面,无论如何哲学总是来得太迟。哲学作为有关世界的思想,要直到现实结束其形成过程并完成其自身之后,才会出现。概念所教导的也必然就是历史所呈示的。这就是说,直到现实成熟了,理想的东西才会对实在的东西显现出来,并在把握了这同一个实在世界的实体之后,才把它建成一个理智王国的形态。当哲学把它的灰色绘成灰色的时候,这一生

活形态就变老了。把灰色绘成灰色，不能使生活形态变得年青，而只能作为认识的对象。密纳发的猫头鹰要等黄昏到来时，才会起飞。⑰

然而马克思并不认为世界是无法改变的，或者思想家（不特指具有批判性的哲学家）总是来得太迟。事实上，他在《关于费尔巴哈的提纲》第十一条中所批判的，正是那种认为哲学家只能解释世界而无法改变世界的观点。毋宁说，马克思之所以拒绝直接处理康德、J.S.穆勒及其他道德哲学家所致力解决的传统道德问题，在某种程度上是因为在他看来，相较于其提出者所处的社会制度的问题而言，这种个体性问题是次要的。我们只有理解社会制度的本质——社会制度为何可能并在道德上应该被改变——才能进一步回答具有个人性和个别性的具体道德问题。

正是由于道德缺乏对人类基本状况的关注，才使道德论者因其虚幻性和无效性而遭到谴责。道德论者认为我们不仅可以变得比现在更好，而且能够在现状之下显著改变我们的道德行为，尽管我们实际上并无法做到这些。⑱因而道德论者是在"说教"。在他们看来，这仅仅事关个人意志问题，而不是要从人类社会现实中得出相应的标准，据此能够正确评判和有效改变社会和个人。在马克思看来，对社会的批判只有在消除幻想的情况下才可能是有效的，也只有有效的社会批判才能消除幻想。无论如何，它必须建立在研究人类实践活动的基础上。认为一种有效的理论或社会运动可以奠基于"弥天大谎"之上，而无须建立在对现实清晰的、祛魅化的认识之上这种看法，与马克思的思想背道而驰。就此而言，他的观点就算不是古典的，也是相当传统的。对真相和现实的认识是实现人的自由的核心和构成性要素。因而把事物的现实与表象区分开来，正是马克思努力的核心。马克思由此主张，人们不能以上帝或精神为基础，抑或以某种唯心主义的方式展开社会批判，正如他那个时代的道德和伦理学所做的那样。伦理学必须脚踏实地。一旦它失去自己的立足点，就会像希腊神安泰乌斯

（Antaeus）一样，丧失其所有力量。

因此，马克思没有沉溺于他那个时代的道德和伦理学，也就不足为怪。它们总体上建立在宗教的基础上，属于道德主义且是保守的。难怪马克思不屑于通过对它们的思想和一般立场表示同情来表达自己的观点。如果使用那些对资本主义社会的罪恶只是进行道德说教而无所作为的人的（道德）语言，就存在将其理论与自己的理论混为一谈的风险。正因如此，马克思抨击任何"把共产主义描绘成某种充满爱却和利己主义相反的东西，并且把有世界历史意义的革命运动归结为几个字：爱和恨，共产主义和利己主义"[《马克思恩格斯全集》(第4卷)，人民出版社，1958年，第8页；参见第326、328~329页。]的做法。同理，由于他那个时代的道德主义激进派把"异化"一词为己所用，因此马克思在1845年以后出版的著作中几乎放弃使用"异化"，尽管他在未出版的著作（如《政治经济批判大纲》）中继续使用过这一概念和语词。[19]马克思对使用与道德论者相同的语言持谨慎态度，是可以理解的，因为他们满足于宣扬在现实的社会状况下不可能实现的道德革新。[20]

上述事实不应局限于解读马克思关于道德术语使用的思想。例如，当**政治右翼**紧扣"法律和秩序"这类词表达观点时，也属于类似情形。不能由此认为，左翼政治观与"法律和秩序"对立，成为目无法纪和混乱无序的支持者。不过，政治左翼人士使用"法律和秩序"发表观点时会相当谨慎，因为政治右翼已经先发制人抢了话头。[21]类似的考虑促使马克思对道德用语有所顾虑。这至少也是他的著作为何明确表现出反伦理学和反道德要旨的原因之一。

四

那么上述内容是否表明或暗示，马克思没有或不可能有伦理学？我不这样看。首先，常有人认为马克思如果没有使用某种道德词汇，就不可能进行道德评价或批判，这种观点预设了某些语词作为专门的**道德**用语。人们甚至会特别推荐"道德语言"——就好像存在某种独具道德性的道德用语或词汇集。这种观点也是错误的。"善""权利""义务"等不仅仅是道德用语，它们还能以不同方式适用于许多不同的语境。其他语词和表达也能取而代之。我们在马克思那里就看到了这一点。他显然没有以"正义""权利""义务"等传统的道德用语评价资本主义。不过，令人惊讶的是，马克思的许多著作（例如《1844年经济哲学手稿》《共产党宣言》，甚至包括《资本论》和《政治经济学批判大纲》）听起来都像是道德小册子——或者说至少相当一部分著作确实如此——尽管其中鲜有"道德语言"出现。可见，虽然马克思确实偶尔会使用"善""恶""对""错"等词，但是他对资产阶级社会进行批判的主要用语、核心范畴却截然不同。它们包括："人道""不人道""剥削""自由""奴役""依赖""服从""不完善""缺陷""冷酷无情""唯利是图""败坏""卖淫""金钱关系""利己""专制""厌恶""痛苦""无能""强迫的"等。相较于"善的""对的"等那类表达，这些用语和概念显然不那么笼统，反而更加具体。然而隐约可见的是，所有这些词都旨在以某种非道德的方式表意，或者说它们都不包含道德用意。当然，诸如"自由""奴役""利己""专制"等词也暗含道德观念和道德用意。上述看法是否站得住脚，有赖于我们在后面章节中对马克思的观点加以审视。简言之，这里意在指出，传统道德术语的缺席并**不**证明马克思对整个道德和伦理学的反感。

事实上，人们可能过分强调了马克思对传统道德语言的拒斥程度。也就是说，我们很有可能找到例证表明，他的确或多或少是以传统道德的方式批判社会的。因此，他谈到资本主义造成的"道德堕落"②，并谴责工资的**罪恶**[《马克思恩格斯全集》（第6卷），人民出版社，1961年，第659页。]，他还断言废除交换价值将会消除资产阶级社会的**罪恶**。[《马克思恩格斯全集》（第30卷），人民出版社，1995年，第82页。]③类似地，马克思还以至少看上去具有道德性的术语描述共产主义：

> 当共产主义的**手工业者**联合起来的时候……人与人之间的兄弟情谊在他们那里不是空话,而是真情,并且他们那由于劳动而变得坚实的形象向我们放射出人类崇高精神之光。[《马克思恩格斯文集》(第一卷),人民出版社,2009年,第232页。]

> 建立在**人的尊严**这种意识之上的独立道德的观点。相反地,他(鲁道夫,马克思著作中的一个批判对象——本书作者注)的道德是建立在人类软弱无力这种意识之上的。[《马克思恩格斯全集》(第2卷),人民出版社,1957年,第255~256页。]

> 只有在共同体中,个人才能获得全面发展其才能的手段,也就是说,只有在共同体中才可能有个人自由。[《马克思恩格斯文集》(第一卷),人民出版社,2009年,第571页。]

> 代替那存在着阶级和阶级对立的资产阶级旧社会的,将是这样一个联合体,在那里,每个人的自由发展是一切人的自由发展的条件。[《马克思恩格斯文集》(第二卷),人民出版社,2009年,第53页。]

> 在共产主义社会高级阶段,在迫使个人奴隶般地服从分工的情形已经消失,从而脑力劳动和体力劳动的对立也随之消失之后;在劳动已经不仅仅是谋生的手段,而且本身成了生活的第一需要之后;在随着个人的全面发展,他们的生产力也增长起来,而集体财富的一切源泉都充分涌流之后,——只有在那个时候,才能完全超出资产阶级权利的狭隘眼界,社会才能在自己的旗帜上写上:各尽所能,按需分配![24]

在读到马克思其他明显反道德和反伦理的论述时,共产主义的这些特征描述也应铭记于心。㉕当然,对于马克思的道德和伦理学观点,无论如何都不能断章取义。由于疏忽大意或是出于力图获得对论敌的策略性优势的考虑,马克思可能夸大甚至错误表达自己的观点。这里要强调的只是,断言马克思誓绝一切道德语言是错误的。事实上,他尽管很少使用"权利""义务"等这类词,但却大量使用了上述引文中的那些表述。因而至少从这类文本依据得出的合理结论,不是马克思完全抛弃了道德,而是他蕴含着一种道德观,在其中,有些传统语词和概念没有得到凸显,另有一些则反之。后续章节会对这种道德观展开探讨,这里先对其作初步评论。

关于马克思道德观的讨论目前尚不充分,因为没能认识到两种不同的道德观之间普遍存在的一个差异。基于对"道德"的某种理解,马克思没有道德理论似乎是显而易见的,由此可以推断他根本没有道德理论。但是如果以对"道德"的另一种理解来看,则是得不出这一结论的。我们必须认识到,"道德"概念不是一个简单明了的概念,我们必须区分义务伦理学(an ethics of duty)与美德伦理学(an ethics of virtue)。㉖一方面,道德主要被视为一个人对另一个人应该负有的责任和义务。由此看来,道德以诸如"责任""义务""罪责""正义""权利"等概念为特征。基于对道德的这种理解,成为道德的人就是按照一定的道德律令和义务行事,或者蒙受道德责任感的触动。这是关于"你应该怎样"和"你不应该怎样"的道德。如果没能以这些方式行事,就会因为道德败坏、逃避责任而遭受谴责。在这个意义上,马克思没有道德理论。他很少使用符合这种道德观的概念和表达。因而如果假定这是唯一(恰当)的道德观,人们自然就会断定马克思必然是一位科学家。据此还可能进一步推断,他之所以谴责资本主义,要么只是因为它自掘坟墓,要么是因为它有违各种非道德的原因或价值。㉗

然而不应忘记,还有另外一种对道德的理解。这种道德内涵与某些美德、卓越品质或繁盛的生活方式相连。从这个意义上讲,道德的主要关切不是规范和原则,而是对某些气质(dispositions)或品格(character)特征的培养。有人对此表述如下:"道德法则……必须以'成为这样'(be this)的形式来表达,而不是以'这么做'(do this)的形式表达的……真正的道德法则会说'否则就会遭到厌恶'(hate not),而不是'否则格杀勿论'(kill not)……道德法则唯一的表述方式必然是有关品格的法则。"㉒我认为,这与马克思的观点很接近。

可见,马克思有意避开(某些)"道德话语",不仅是因为它们已为道德论者所用(如上文所述),还因为他有着不同于大多数现代道德哲学家的关切。道德通常告诫我们不要偷窃、杀戮、说谎、欺骗、奸淫等。但是接受告诫的对象现状如何?如果他们已经被转化为商品,(比如)成为帽子的等价物了呢?[《马克思恩格斯全集》(第4卷),人民出版社,1958年,第94页。]如果他们的劳动或活动本身被视作商品呢?[《马克思恩格斯文集》(第4卷),人民出版社,1958年,第79~80、94页。]如果他们学习的手艺只是极其机械的手艺形式,并且在此过程中有辱人格呢?[《马克思恩格斯文集》(第一卷),人民出版社,2009年,第630、643~644页。]基于道德,对此应该作何解释?例如,马克思谈到一个人对其住所的感受——发现它属于一种自然的环境,还是"具有异己力量的住所,只有当他把自己的血汗献给它时才让他居住"?[《马克思恩格斯文集》(第一卷),人民出版社,2009年,第233页。]他也谈及人们同他人直接交往的活动成为表现生命的方式。[《马克思恩格斯文集》(第一卷),人民出版社,2009年,第190页。]他还批判货币"使一切人的和自然的性质颠倒和混淆"。[《马克思恩格斯文集》(第一卷),人民出版社,2009年,第245页。]从根本上说,马克思认为至关重要的是,必须超越义务伦理的规范和原则,深入到构成人们日常生活的基本现实之中。道德往往要求我们以某种方式行事,而我们现实的日常生活对我们的要求却不是这些。在马克思看来,我们的本质是什么(what we are),即我们在社会中的品性和气质特征,才是至关重要并且直接富有(道德)意义的。责任和义务的规范似乎与这种关切相去甚远。事实上,即便一些捍卫义务伦理的人也注意到这一巨大差异。因而使其不解的是,"**如此多令人敬仰的**人依赖道德责任感以外的其他东西生活着……在这些人的生活中占据首要地位的……不是……道德责任感……而是成为品德高尚的人的理想……"㉙传统道德中的义务伦理学疏离于日常生活的深层关切,此即马克思对伦理学和道德的重要批判。马克思指出,认为生活与科学有赖于不同的基础,是失实的。马克思追求的不是一种脱离生活其他重要领域的道德,而是一种把我们的日常关切同道德关怀统一起来的人生观。从马克思所关切的对象可见,他的道德观比如今常见的道德观涵盖更广。

在这个意义上,马克思对待道德的态度类似于古希腊人,在他们看来,德性或人类的卓越品质才是道德的核心问题。相较于履行道德责任的卓越道德品质这一较狭义的观念,希腊人更想知道怎样的生活最适合人类,什么种类和范围的活动才能使人过上繁盛的生活。要过上这样一种生活,就意味着要使道德生活**足够卓越**(par excellence)。马克思不是只有在谴责当时狭隘、无效的道德时,才在广义上思考道德。因而他还指出,除了"这种纯粹身体的界限之外,工作日的延长还碰到**道德界限**。工人必须有时间满足精神需要和社会需要,这些需要的范围和数量由一般的文化状况决定"。[《马克思恩格斯文集》(第五卷),人民出版社,2009年,第269页,强调为本书作者所加。]㉚可见,对于我们可能视为道德和伦理学的问题,马克思予以回应的视野更为广阔,也不同于我们可能怀有的期待。在根本上,他意在描述道德生活或繁盛生活的特性,这些特性与其背后的基础和条件密不可分。作为一种尝试,他因为抛弃与传统道德相符的某些观念,而挑战了我们的观念偏见。

现在看来,如果说马克思有某种美德伦理学,那么否认马克思的理论具有道德性质的那些人所要否认的可能只是,它是一种义务伦理学。因此,他们实际上并不反对这里所辩护的观点。㉛遗憾的是,我们不清楚这些人究竟是以哪种意义上的"道德"理解马克思。他们几乎无一例外地既没有作出上述区分,也没有对其所使用的"道德的"或"道德"内涵加以辨析。不过,我们仍然有理由相信,以往的评论者大多否认马克思的理论在这两种意义上属于道德理论。一方面,无论从哪种意义上看,马克思的道德观指的都是承载着规范性力量的观点——它们告诉我们应该如何生活,并且是对另一种生活的指南和引导,然而这在本章开篇的引文中遭到明确否认。另一方面,如果他们承认马克思聚焦于生活所拥有的上述与美德相关的某些特性,也就会同时否认这对马克思而言属于道德问题。在他们看来,那些美德和卓越品质是非道德的。[32]

在此无法充分展开讨论的是,上述两种道德含义中,究竟哪一种最为准确切中"道德本身"的含义。事实上,二者可能都是合理的。不过,鉴于上文中对于认为马克思具有伦理关切是恰当的这一观点所提出的挑战,在此还应进行如下思考。如果我们在道德中只看到义务伦理,就是在把道德限定于一种特定的社会观和历史观。这就好比说,既然关于柏拉图和亚里士多德是否对现代的责任和义务概念给予重要地位尚存争议,那么古希腊人是否具有道德观也就变得成问题。[33]事实上也有人指出,"责任""罪责"等这类概念与神圣的道德戒律密切相关——正如犹太-基督教道德观所表明的。[34]但从历史和精神层面上看,把这样一种伦理要求强加于一切道德显然是错误的。我们所明确谈论的道德准则,也可能没有采纳现有(资产阶级)道德普遍包含的各种概念。正如有人指出:

> 也许存在被非常妥当地表述为道德准则的行为准则(当然我们仍然可以视其为"不完善的"),它们没有采纳**任何一种**权利概念,并且在完全由规定构成的道德准则,或者只规定了如何实现幸福或自我完善理想的准则中,也不存在任何矛盾抑或荒谬之处。[35]

可见，马克思没有使用某些传统道德概念，也不包含义务伦理学，但这些事实并不意味着，他的思想不会隐含可以被合理地称为道德理论的内容。对此持反对意见的人对于道德概念存在不合理的限定。

此外，把马克思的思想视为建基于美德伦理学之上，还有其他诸多优势。首先，马克思本人明显是在广义而非狭义的语境下使用"道德的"。㊱认定马克思包含美德伦理学，是与"道德"的两种用法，以及马克思认为共产主义将"同传统的观念实行最彻底的决裂"[《马克思恩格斯文集》(第二卷)，人民出版社，2009年，第52页。]相符的——义务伦理学在某种程度上却并非如此。同理，马克思用以评价和谴责资本主义的范畴（参见 p. 15）本身，也更倾向于美德伦理而不是义务伦理。这些语词和范畴主要与存在的状态或条件相关，而非具体行为是否可能定性为一个人必须履行的义务。

其次，马克思认为，我们必须独创一门可以作为革命活动指南的科学，即内含着规范性的科学。也就是说，他主张理论与实践的统一。如果这一主张意味着规范性意蕴是马克思的科学内在固有的，而非简单附加于其上的，那把马克思的科学视为一门道德科学就既富有启发性，也是忠于马克思本人要求的。不过，只有当我们从广义的美德伦理理解道德时，才有可能实现这一点。

最后，美德伦理和义务伦理与社会变迁的关系是不同的。由于义务伦理关系到一个人亏欠另一个人和（或）社会的责任和义务，它很直接地导向其自身在法律法规中的形式化。㊲"你应该这样做或那样做"成为一条律令，要求或禁止这样或那样的行为。因此，义务伦理很容易导向现存制度下的改良。正如有人指出的㊳，如果义务伦理在观念层面上确实与资本主义联结在一起，那么情况就尤其如此。然而美德伦理会追问哪种生活是人类值得去过的。它追求美德、卓越、繁盛的生活，而与此相关的判断却不会直接落实到法律上。它们无法像有关责任的判断那样，很容易转化为法律。毋宁说，要使美德伦理判断成为人们生活的重要组成部分，就必须使整个社会结构——包括正式的和非正式的——都按照它的规定来安排。因此，美德伦理若要产生实际效果，即拒斥当前（资本主义）社会规定的虚假的繁盛生活，使其不只是作为人们虚情假意渴望实现的理想，就必须致力于更为彻底的改变，显著改变社会及其制度的面貌。可见，如果我们把马克思隐含的道德理论理解为一种美德伦理学，则更能充分领会促使其宣扬革命必要性的思想动力。

五

那么鉴于马克思不愿使用传统道德术语，不愿随意进行道德反思和评价，又能得出怎样的结论？我们可以从中看到马克思对道德主义和义务伦理的蔑视，但也没有证据表明他对道德和伦理学的全盘否定。有人会因为传统伦理学的无效性、虚假性及其与义务绑定的性质而反对它，却又可能对伦理学理论有所阐发。可见，这种反对立场本身不能排除发展一种马克思主义伦理学，或对马克思潜在坚持的伦理思想进行重构的可能性。相应地，我们也看到马克思批判资产阶级社会所依据的范畴，可能是在不同的道德和伦理学意义上被使用的。

马克思认为，他的任务就是对现存社会展开批判。上文的讨论表明，这一批判（或科学）及其所隐含的伦理学要素（parameters）必须得到阐发。

其一，一种能为人所认可的批判必须同物质方面的考量关联起来，绝不能把它与人们维续和发展自我的实际活动割裂开来。因此，研究和批判的直接对象就是社会现象。在马克思看来，对于个体性问题的回应取决于上述这种批判。此外，对社会现象的批判也必须是系统性的——它必须表明这些现象如何相互影响，以及遵循怎样的发展轨迹。

其二，批判社会所依据的标准不是超越或外在于社会的，而是内在于社会。以往伦理学家和道德论者认为"一切谜语的答案都在哲学家们的写字台里"[《马克思恩格斯全集》(第1卷),人民出版社,1956年,第142页。]。不同于此,马克思寻求的是把批判奠基于对构成社会的"现实的关系""真正的现实"的理解之上。㊴也就是说,必须从对人类实践活动的研究中获得这些标准,而不是简单地把标准强加于人类实践活动。对同时代伦理学家和道德论者的思想颠覆,是马克思所进行的"哥白尼式革命"。这不意味着马克思不再关注道德问题,而仅仅是他为了有别于其所拒斥的视角换了一个角度去看。

其三,绝不能把这种伦理宣言与人们的行为和生活方式割裂开来,道德理论与道德实践必须结合起来。伦理学必须在具体的实践层面上表明,社会在可能的范围内应该得到怎样的改变。

接下来,我们转向对这种伦理学的方法论基础的探讨。

第二章

伦理学与历史唯物主义

> 这些哲学家没有一个想到要提出关于……哲学和……现实之间的联系问题,关于他们所作的批判和他们自身的物质环境之间的联系问题。[《马克思恩格斯全集》(第3卷),人民出版社,1960年,第23页。]

马克思毕生都在尝试认识人类社会并对其进行无情批判。我认为,这一批判至少部分地属于道德批判,而且在马克思看来,这种批判会对改变社会发挥积极、有效的作用。为辩护这一论断,我们必须考察马克思关于伦理学和道德在社会中所能发挥的作用的观点。传统上认为,伦理学和道德通过人类意识、人的思想和意志,可以在引导人类事务方面发挥意义深远的重要作用。因此,不仅人们所拥护的道德可能成为社会中至关重要的一种决定性力量,而且个人对其行为及其所处的各种关系也负有道德责任。然而历史唯物主义(即马克思对社会的认识)往往被视为对这种道德观和伦理学的否斥。一个社会的生产方式才被认为是支配社会走向的决定性力量:

问题本身并不在于资本主义生产的自然规律所引起的社会对抗的发展程度的高低。问题在于这些规律本身,在于这些以铁的必然性发生作用并且正在实现的趋势。工业较发达的国家向工业较不发达的国家所显示的,只是后者未来的景象。[《马克思恩格斯文集》(第五卷),人民出版社,2009年,第8页。]

其他各种社会因素,如国家、政治斗争、文化形式及伦理学和道德,似乎都只是附属现象,即经济宰制(juggernaut)下软弱无力的副产品。因此,不论从何种传统意义上看,伦理学和道德似乎都无济于事。于是,个人对其行为及各种关系宛若并不负有道德责任。马克思本人似乎也支持这一结论:

不过这里(《资本论》——本书作者注)涉及的人,只是经济范畴的人格化,是一定的阶级关系和利益的承担者。我的观点是把经济的社会形态的发展理解为一种自然史的过程。不管个人在主观上怎样超脱各种关系,他在社会意义上总是这些关系的产物。同其他任何观点比起来,我的观点是更不能要个人对这些关系负责的。[《马克思恩格斯文集》(第五卷),人民出版社,2009年,第10页。]

卡门卡等当代评论者毫不犹豫表示赞同:

正是主要基于这一理由,他(马克思——本书作者注)拒斥这种观点,即伦理学关注的是在人们以多种可能的方式"自由"行事的那些领域中"引导"人类行为。正因如此,他才否弃与"义务"相关的道德观念。一个人不可能"有义务"违背其品格和环境的决定性作用而采取行动,也没有必要责成他依从这一作用导向行事,因为无论如何他都会这么做。①

因而我们必须重新审慎地考察马克思关于社会、伦理学和道德本质的观点。除非能够克服上述历史唯物主义与伦理学之间显而易见的矛盾，同时能解释关于马克思认为人们不是自由的，而是被迫作出自己行为的各种论述，否则，断言马克思对资本主义社会的批判是一种道德批判，是不明就里的。若能化解这些矛盾并对这类评论予以回应，对于历史唯物主义的本质及马克思关于伦理学和道德的本质的观点，我们就能收获新的洞见。

一

马克思关于历史唯物主义本质的名言（如果不是恶名的话），可见于《〈政治经济学批判〉序言》：

我所得到的，并且一经得到就用于指导我的研究工作的总的结果，可以简要地表述如下：人们在自己生活的社会生产中发生一定的、必然的、不以他们的意志为转移的关系，即同他们的物质生产力的一定发展阶段相适合的生产关系。这些生产关系的总和构成社会的经济结构，即有法律的和政治的上层建筑树立其上并有一定的社会意识形式与之相适应的现实基础。物质生活的生产方式制约着整个社会生活、政治生活和精神生活的过程。不是人们的意识决定人们的存在，相反，是人们的社会存在决定人们的意识。社会的物质生产力发展到一定阶段，便同它们一直在其中运动的现存生产关系或财产关系（这只是生产关系的法律用语）发生矛盾。于是这些关系便由生产力的发展形式变成生产力的桎梏。那时社会革命的时代就到来了。随着经济基础的变更，全部庞大的上层建筑也或慢或快地发生变革。②

毋庸讳言,关于这段引文存在很多不同的理解。由于我们意在关注伦理学和道德在社会中所能发挥的作用,以及个人可能拥有的道德自由,下文将集中探讨可能对赋予道德重要社会作用和给予人道德所要求的自由提出质疑的那些理解。相应地,我们必须聚焦于那些强调马克思思想的决定论性质的解读,即那些由必然性、不可避免性和社会关系的限制性起核心作用的论述。由此,在明确唯物史观针对道德提出的所谓问题之后,我想表明,这种对历史唯物主义的理解不是最具说服力的。可以证明,从与此不同的、更为准确的视角看,历史唯物主义与道德和伦理学是相容的。

这里必须考察的一种理解是,社会可以分解为三个不同的、逻辑独立的组成部分:生产力(物质生产力)、生产关系与上层建筑("社会生活、政治生活和精神生活")。生产力是社会的基础性力量,是社会的动力源,它由生产资料和劳动力所构成。生产资料包括劳动工具,例如小件工具、机器设备、车间、道路、运河,简言之即劳动过程所需的一切对象,以及劳动对象,即人类作用于其上的原料和自然材料。③

人们有时认为,社会归根到底的决定因素只存在于其所使用的器具。毕竟,马克思曾写道:"手推磨产生的是封建主的社会,蒸汽磨产生的是工业资本家的社会。"[《马克思恩格斯文集》(第一卷),人民出版社,2009年,第602页。]然而这种看法难以令人信服。器具本身无济于事。人们只需反思手推磨和蒸汽磨是如何产生的及其运行所需的条件,就能认识到其中包含更多的要求。马克思也有充分论据表明他已经意识到这一点。而且马克思上述引文的思想概述所表明的,也并非如此简单——至少它涉及生产力,这是一个更为复杂的概念。

生产力的另一个方面即劳动力,是人在一定时期内的劳动能力。其特性不仅包括强度和耐力,还包括技能、才干、知识、接受训练程度和经验水平等。简言之,它不只是提供愚钝的野蛮力量的能力。生产力的各种要素共同决定着社会运行的方向和速度,它们由此成为历史唯物主义的解释性基础(explanatory basis)。关于这种理解,有两点需要指出:其一,生产力不包括道德、司法等这类因素。这类"事物"是上层建筑的组成部分。它们构成待解释项(explanandum),而不是解释项(explanans)。生产力被限定"为在这种劳动过程中实际被使用的那些因素"④。其二,生产力也不包括人自身及其欲望或利益。人的劳动力是一个抽象概念,不能简单地将其视为指代人的一种间接方式。当然,劳动力只是在人的身上得到体现。但它只是数小时的劳动能力——就人的这一抽象方面而言——它是生产力的组成部分。

生产关系包括人和生产力要素在生产中所处的关系。传统的生产关系包括诸如主人与奴隶、封建地主与农奴,以及资本家与工人。⑤这些关系原本都对应于特定时代的生产力,因此二者之间是和谐共存的。然而生产关系本身不是动态的,而是趋于停滞——它们不会随时代变迁而变化。因此,它们时不时地沦为生产力的桎梏。当这种情况发生时,社会必然会经历一个生产关系被改变、被革新的革命时期。

最后,有赖于经济基础的是上层建筑,其中包括道德、伦理学、宗教、国家、社会内部的政治斗争,以及与之前的社会形态相对应的意识形式。这些现象本身就是实际社会生产关系的产物或"表现"。当意识形式以一种制度化的方式错误地反映现实社会关系时,这种意识就被称为虚假意识——作为意识形态的意识。

常见的一种误解认为,社会的上层建筑对经济基础不起任何作用,也没有任何影响,由此产生决定论问题。鉴于存在对马克思的各种片面评论,有此误解无可厚非,但它仍然是错误的。马克思和恩格斯曾多次明确表示他们确实认为,一个时代的上层建筑和意识形态可以影响生产方式的发展路径。如果仔细阅读《德意志意识形态》,不难发现这一点在其中被反复提及。马克思和恩格斯写道:

人创造环境，同样，环境也创造人。[《马克思恩格斯文集》(第一卷)，人民出版社，2009年，第545页。]

由此可见，这种历史观就在于：从直接生活的物质生产出发阐述现实的生产过程，把同这种生产方式相联系的、它所产生的交往形式即各个不同阶段上的市民社会理解为整个历史的基础，从市民社会作为国家的活动描述市民社会，同时从市民社会出发阐明意识的所有各种不同的理论产物和形式，如宗教、哲学、道德等等，而且追溯它们产生的过程。这样做当然就能够完整地描述事物了（**因而也能够描述事物的这些不同方面之间的相互作用**）。[《马克思恩格斯文集》(第一卷)，人民出版社，2009年，第544页，强调为本书作者所加。]

工业和商业、生活必需品的生产和交换，一方面制约着分配、不同社会阶级的划分，同时它们在自己的运动形式上又受着后者的制约。[《马克思恩格斯文集》(第一卷)，人民出版社，2009年，第529页。]

可见，马克思明确认为，任何历史时期的生产方式与意识形态和上层建筑之间都存在相互作用。道德、伦理学及社会上层建筑的其他部分，都必须相应地包含在任何对社会发展的解释中。事实上，基于马克思的辩证思想也应该看到这一点。马克思的辩证思想要求，对于任何社会现象或人类现象，都必须从它与其他现象之间根本的、相互作用的联系中来理解。当我们把握现象之间的各种联系时，就会看到它们构成了有机的系统或总体。社会是一种总体性存在，其各部分、生产方式和意识形态是相互联系、相互作用的。因而如果马克思完全以狭义的社会经济领域理解社会生活形式，则是令人难以置信的。由此可以削弱被归因于历史唯物主义的、包含过分简单化理解的决定论问题。尽管如此，问题仍然存在。

上文勾勒的技术决定论或许承认，上层建筑也可能对生产力和生产关系产生影响。例如它可能会注意到,马克思认可法律、传统、习俗等在社会中可能发挥维稳作用。这显然表明,上层建筑可能与生产力和生产关系产生互动作用。尽管如此,技术决定论者仍然坚持生产力保有解释力的优先性。上层建筑所具有的任何实际作用都"只是由于生产力更为基本的压力"⑥使然。于是,按照这一理解,历史唯物主义显然至少在两个方面与伦理学和道德不相容:

首先,虽然上述理解考虑到基础与上层建筑之间的某种相互作用,但它仍然认为生产力决定社会的性质和发展。既然生产力不包括人本身及其欲望、目标和(或)利益,那就似乎是由客观事物控制和驾驭着人类。因而人们也就不可能对其社会性质抑或社会发展进程负责。我们似乎不会在道德上赞许或谴责某一特定历史阶段或时代的更迭。如果历史运动超出个人的掌控范围,如果它们只是对历史的随波逐流,就像监狱囚室里的囚徒被押往郊野一样,那我们就不能在道德上谴责资本主义的发展,也不能在道德上赞许向社会主义的过渡。

其次,上述对唯物史观的理解表明,个人在一种社会形态中扮演着一定的角色,就此而言,他必须有所作为。例如,作为资本家的个人**必须**设法创造更多的剩余价值。工人**必须**设法出卖其劳动。可见,每一种社会形态中的特定行为,都是由构成那一社会形态的角色和关系所决定的。恐怕正是出于这一原因,马克思才写道:"不管个人在主观上怎样超脱各种关系,他在社会意义上总是这些关系的产物。同其他任何观点比起来,我的观点是更不能要个人对这些关系负责的。"相应地,如果流动牢房中的个人**必须**以某种类似囚徒的方式(无论是什么方式)行事,那他似乎也就不自由了。由此,历史唯物主义再次要求道德直面决定论问题。

最后,人们可能注意到,上述对唯物史观的理解是从具体行为和事件的层面抽象出来的,即在一种抽象的层面上展开的。按照这种理解看,马克思表明了各种关系结构和意识形态的(上层)建筑是如何产生的。但他没有说明各种具体情形在这些结构中是如何发生的。对此有人认为：

> 既然构成一定生产方式的生产关系，只会在不同程度上和不同范围内，决定与之相适应的各种不同上层建筑关系，所以，如果一个特定社会的确切性质和历史要是得到阐明，那么其他的规则和规律就会自然得到利用。对马克思来说，生产关系构成一般的社会世界，但是它们单独不能显示某一特定的社会形态的独特特征。虽然可以像《〈政治经济学批判〉序言》一样，"用自然科学的精确性"对生产方式进行分析，但它并不直接允许推断出生产方式在一个特定社会形态中的独特表现。⑦

由此可见，历史唯物主义没有尝试解释特定的个人和上层建筑现象——或者至少可以说，它不是针对这些的一种解释。这意味着马克思在历史唯物主义中所说的决定性，是针对人们生活于其中的结构而言的，不是直接对人本身的决定。

如此一来，即便在历史唯物主义的视域下，人的行为和欲望也可以被认为是自由的，尽管是某种广义的自由。换言之，由于人不仅仅是——或者说不等于就是——一个资本家、无产者或囚徒，其行为在其所生活的历史背景下可以是自由的。借上文提到的类比来说，人所拥有的自由正如连同其牢房被遣送的囚徒可能拥有的自由。在牢房里，他可以做他喜欢做的事，其他同室的狱友也有类似的自由，但是他们的行为和决定会受制于牢房本身及其押解过程。虽然这种自由受制于社会结构，但这种意义上的自由至少会满足一些道德要求，道德无疑也意识到对个人行为的限制。即便是上述类比中被囚禁在牢房里的人，只要他能自由地对其狱友做各种事，不论是为了帮助他们还是伤害他们，他都仍然是一个道德存在。因此，尽管人们普遍认为历史唯物主义与道德不相容，但是一种更显特殊的观点仍然主张为道德保留地盘。前文理解中的历史唯物主义力求辨明,道德形式的结构变化取决于道德以外的因素。但它也承认,人们可能在任何时代,因而是在任何道德结构中作出自己的选择,在不同的行为之间作出自己的决定,等等。

不过,虽然由此可见,马克思的历史唯物主义可能无法为人类行动提供一种完全决定论式的解释,但上述技术决定论解读的支持者还是很快补充道,有理由认为下述理解在马克思那里是可能的:

> 马克思和恩格斯确实是以一种维多利亚时代的科学乐观主义,相信对于它的一切细微差别和细枝末节的"历史的偶然外貌"来说,科学上全面的解释,在原则上是可能的,但重要的是要懂得:这样一种全面的历史解释所必须凭借的某些法则(例如个体心理学),不是那些作为历史唯物主义研究对象的法则。⑧

于是,决定论再次成为关键所在。马克思在一般与个别的两个层面上,都被认为否弃了道德所要求的自由。历史唯物主义的局限性无法确保人们拥有道德所要求的自由。

与此相对,我认为上述技术决定论的理解从根本上说是错误的,因而我们不必接受其中隐含的看法。不过,为了充分回应自由和历史唯物主义的相关问题,我们必须基于其三个方面的隐含内容,对这一理解加以审视。我想表明,这种对历史唯物主义的解读是不正确的,更为合理的解读应该承认道德的可能性。

二

关于技术决定论式的解读,存在各种各样的问题可以讨论。下面我将集中探讨有关生产力的本质及生产力与社会其他方面的关系这类问题。

这种解读简化并曲解了马克思的观点。生产力既不可能如其所述的那么简单,也并非在解释力上具有优先性。应当注意到马克思至少还**写道**,在构成生产力的那些"事物"中,不仅有工具、机器、劳动力、知识、技能和原料,还包括革命阶级、共同体、科学及分工本身。他还提到"共同活动方式"、协作创造的集体(生产)力量、国家权力及人口的增长等。⑨也就是说,马克思所理解的生产力囊括各种生产关系及其成员(即革命阶级)。生产力不仅限于技术力量。因此,新的技术发明和生产工具必须同其他各种非技术要素一道,才能"带给我们"新的社会形态。

或许,马克思提及不符合技术决定论标准范式的其他生产力要素只是笔误,或者(更有可能)属于一种不经意的言说方式而已。例如,马克思确实写道:

> 在生产过程本身中逐渐消费的资本,或者说固定资本,从严格意义上说,是**生产资料**。从更广泛的意义上说,整个生产过程和它的每一个要素,以及流通的每一个要素——从物质方面来看——只是资本的生产资料,对资本来说,只有价值才作为目的本身而存在。从物质本身方面来看,原料也是产品的生产资料,等等。[《马克思恩格斯文集》(第八卷),人民出版社,2009年,第182页。]

我们当然可以承认,运转中的机器具有生产性,是一种生产力,从这个意义上看,阶级或生产关系则并非如此。但其实,后者被称为生产力也很重要。其重要意义在于表明,马克思**没有**(像技术决定论者那样)把生产力与生产关系割裂开来,生产必须由二者共同构成。虽然技术决定论者可能对此表示认同,但他们不会由此得出我想进一步辩护的结论:历史唯物主义的解释性基础不是生产力,而是包括生产力和生产关系在内的生产方式。当然，这有待于解释和辩护。

首先，毫无理由认为马克思可能会像技术决定论者所理解的那样，把解释力的优先性归于生产力。生产力不存在内嵌其中的任何矛盾，因而马克思的解释所依赖的基础也不包含内嵌其中的矛盾。但是如此一来就缺失了辩证性。在马克思那里，现象是"多样性的统一"——它们由不同的、相互冲突和矛盾的决定性因素构成。因此，他还谈到对立面的统一或相互渗透。现象中具有根本性和构成性的矛盾之间形成冲突，正是基于这种带有自我毁灭或自我革新倾向的矛盾冲突（即辩证的矛盾），马克思力求实现对研究对象的理解和把握。[《马克思恩格斯文集》（第一卷），人民出版社，2009年，第556、567页；《马克思恩格斯全集》（第3卷），人民出版社，1960年，第413页。]可见，马克思所能接纳的任何解释性基础，都必然包括由某些根本性冲突和矛盾所构成的现象。但是技术决定论者所能指出的矛盾都外在于生产力要素，它们存在于生产力与生产关系之间。尽管这其中确实存在矛盾，但是按照技术决定论者的描述，它们不是辩证的矛盾。这就使人难以想象历史是如何形成的。社会在此基础之上也只能保持原样。可见，要想忠于马克思的辩证思想，就必须否弃技术决定论者所述的那种解释性基础。马克思似乎也赞成这么做，因为他明确指出，生产必然涉及生产工具的分配和社会成员在不同类型的生产中的分配。[《马克思恩格斯文集》（第八卷），人民出版社，2009年，第19页；《马克思恩格斯文集》（第一卷），人民出版社，2009年，第529页。]当然，技术决定论者一般也会承认生产力存在于各种生产关系之中。然而由于其非辩证性，他们拒不认为社会进程是由这两个方面共同解释的。若如马克思所说，正是资本主义的生产方式决定了其他各种生产的地位和影响，即资本主义生产影响着农业及医学、法律、艺术等，似乎就必须要以生产方式——生产力和生产关系——来解释社会。

其次，虽然一个社会的技术水平对于维持和推进生产发展的每一阶段都至关重要,但它对于生产最初的发展阶段不是充分自足的,甚至在某些情况下也不是必要的。事实上,某些技术只有在新的生产阶段带来社会条件变化的情形下才是可能的。为此,马克思对古代社会向封建社会的发展论断如下:

> 古代的起点是**城市**及其狭小的领域,中世纪的起点则是**乡村**。地旷人稀,居住分散,而征服者也没有使人口大量增加,——这种情况决定了起点有这样的变化。因此,与希腊和罗马相反,封建制度的发展是在一个宽广得多的、由罗马的征服以及起初就同征服联系在一起的农业的普及所准备好了的地域中开始的。趋于衰落的罗马帝国的最后几个世纪和蛮族对它的征服本身,使得生产力遭到了极大的破坏;农业衰落了,工业由于缺乏销路而一蹶不振,商业停滞或被迫中断,城乡居民减少了。这些情况以及受其制约的进行征服的组织方式,在日耳曼人的军事制度的影响下,发展了封建所有制。[《马克思恩格斯文集》(第一卷),人民出版社,2009年,第522页。]

应当指出,这段话并**不是**说,由于生产力的推动(在技术决定论的意义上)而产生了一种新的生产方式。它实际上表明的是,即使这种生产力已经一蹶不振甚至遭到破坏,也可能出现一种新的生产方式。同理,关于资本主义生产方式的发展,马克思论述如下:

> 资本主义生产实际上是在同一个资本同时雇用人数较多的工人……才开始的。人数较多的工人在同一时间、同一空间……为了生产同种商品,在同一资本家的指挥下工作,这在历史上和概念上都是资本主义生产的起点。就生产方式本身来说,例如,初期的工场手工业,除了同一资本同时雇用的工人人数较多而外,和行会手工业几乎

没有什么区别。行会师傅的作坊只是扩大了而已。[《马克思恩格斯文集》(第五卷),人民出版社,2009年,第374页。]

这段话也没有说到对任何新的技术或生产力的引进,至少不像技术决定论者所理解的那样。无可辩驳,仅仅是人数较多的手工业者,就构成了新的生产力,因为他们在没有形成新的生产关系的情形下,是不可能聚集在一起的。这段话实际上表明,行会与工场手工业的本质区别在于新的生产关系的形成,但是在技术决定论者看来,这并不属于生产力。由此再次可见,在没有形成新的生产力的情况下,新的生产方式就已经出现。只有在资本主义生产关系建立起来之后,资本主义所带来的生产力和技术才能迸发出其巨大的能量。

然而有人可能反驳道,马克思只是认为"资本主义生产关系的建立,是对于现存生产力水平的反映"[10]。因此,上述观点与技术决定论的理解并不相悖。不过,要继续遵从于技术决定论就必须证明,现存生产力水平(在技术决定论的意义上)基于其已有的发展,已经与生产关系变得不相容。但是第一段引文中描述的情形并非如此。从第二段引文中也看不出,生产力与当时的生产关系是不相容的。工场手工业者与行会师傅运用的是同样的生产力——只不过前者动用了更多的人。

我不否认马克思常常提纲挈领地指出,生产力的提高会冲破其已有社会关系的边界。他甚至还认为,资本主义社会的生产力优于封建社会的,封建社会的生产力优于古代社会的。但是绝不能忘记,比起技术决定论者,马克思对"生产力"的理解更为广义,也更加复杂。

最后,技术决定论断言劳动力是生产力的两大要素之一。马克思写道:"我们把劳动力或劳动能力,理解为一个人的身体即活的人体中存在的、每当他生产某种使用价值时就运用的体力和智力的总和。"[《马克思恩格斯文集》(第五卷),人民出版社,2009年,第195页]。技术决定论者认为,劳动力包括技能、训练、专业知识(know-how)和经验,科学技术知识也是这种劳动力的组成部分或其属性之一。以上所列内容是可以接受的,因为其中的每一项都被直接用于生产。生产力只包括"能够在劳动过程中加以实际利用的"那些事物。⑪但是如果科学知识和一个人接受过的业务培训能够满足这一条件,就没理由不认为,一个人的道德和价值结构在此也是直接相关的,它们同样对一个人的工作表现直接发挥作用。

然而会有反对意见指出,道德不是生产力的组成部分:

马克思原文中绝没有容许把像道德或司法系统等可能为继续进行生产所必需的东西包括进"生产力"中的许可证,这一名词限于能够在劳动过程中加以实际利用的那些因素。那些引起生产或允许进行生产的东西,同那些在物质上是生产的组成部分、在物质上为生产所必需的东西,是有区别的,只有后者可以是生产力。⑫

但是如果生产力要素的判断标准仅仅"在物质上是生产的组成部分、在物质上为生产所必需",那么科学、以往的培训以及类似的东西,也就都不会构成生产力要素。可见,这一论点及其阐明的标准是不足为信的。即使道德作为一种社会制度因素在生产中不起作用,道德价值作为工人的一部分,也显然切实发挥着这样一种作用。

技术决定论忽略了劳动者在生产中不仅必须运用他的知识,还必须运用其判断力和意志。[《马克思恩格斯文集》(第五卷),人民出版社,2009年,第418页。]而对判断力和意志的运用,就意味着直接预设了这个人的道德和价值结构。⑬因此,马克思把国民经济学称为"最最道德的科学"。[《马克思恩格斯文集》(第一卷),人民出版社,2009年,第226页。]工人必须注重节俭、守时、勤劳、赚更多的钱等等,如果这些价值消失了,工厂将不得不由大批而不只是少量的监督者施以监管。类似地,把剩余价值转化为资本,要求人们积累剩余价值,而不仅仅是消费它。[《马克思恩格斯文集》(第五卷),人民出版社,2009 年,第 651 页。]但要做到这点,就有赖于人们对积累的重视,而非对其采取轻蔑或谴责的态度。

  这些价值是否有理由构成生产力要素？我们往往把生产力看得过于简单。生产力不只是工具和原料,仅凭这些无济于事。只有把劳动力投入其中,我们才能获得生产力。也即必须认识到,仅凭工具自身是无法形成生产力的（正如马克思所说，没有火车运行的铁路实际上并不是一条铁路）。它只有与人的劳动力结合,才能成为生产力。而劳动力也不只是能量的迸发,它必须以某种方式进行(自我)控制、引导和表现。然而要做到这一点,就不仅需要知识,还要有价值发挥作用。一个人即便在科学方面博学多识,但若奉行苦行僧的价值和要求,在做成任何事之前都准备把自己饿到奄奄一息,那他的科学知识也就无能为力。由此可以说,知识和价值都直接参与生产过程,并作为劳动力的特性构成了生产力。科学知识本身不是生产力——只有当它与人的劳动力结合时,才成为生产力的组成部分。人的道德价值和非道德价值亦然！简言之,构成社会生产的总体包括劳动力及其价值、知识、训练,以及工具、工厂等,在马克思看来,正是这一总体决定着社会的其他方面。

  综上可见,历史发展的解释性基础并非技术决定论者所认定的生产力,而是存在于由生产力、生产关系及其相关价值构成的生产方式中的矛盾。正是这种复杂的辩证性总体,才构成历史的解释性基础。必须强调的是,在这一具有解释力的"经济"基础上,我们发现了价值、欲望和利益的存在。它们不仅包含在个体劳动力之中,还存在于劳动的对象化形式、机器设备等,以及构成生产关系的个人自身之中。再者,通过把生产关系纳入解释性基础,在历史唯物主义中被赋予能动作用的,就不只是人类抽象的劳动力,还包括人本身。因此,不论是生产方式内在的,还是在向另一种生产方式的过渡中完成的发展,都不必然独立于人及其价值的作用。正是基于人的活动的某些形式所产生的影响和结果,才发生社会变迁乃至向其他社会形式的过渡。这些活动形式内含着价值、目标、宗旨和需要。由此使人更少理由会反驳称历史在人的掌控之外,或主张历史的宣言把道德考量排除在外。回到囚室的类比来看——尽管人们被锁定在某些历史时代之中,但是他们及其先辈们的价值观,却对横越郊野的流动牢房的具体去向有着决定性作用。二者具有某种相互关联性。故此,对于质疑道德自由的那些关于历史唯物主义的理解(例如技术决定论),是能够予以驳斥的。

不过,现在我们必须追问生产方式与社会其他方面之间关系的性质。生产方式仍然是我们所理解的解释性基础。而我们也已考虑到技术决定论者现在予以认可的各种关系。该如何理解生产方式对社会其他方面的支配性?所得结论可以被视为是马克思主义的吗?

三

有人断言,如果马克思的历史观、社会观和道德观特性正如上一节所论证的那样,马克思主义就会失去其独特性。⑭也就是说,假定在我们的理解中,马克思认为:

> 经济因素固然重要,但是,其他因素也很重要。还有谁会否认于此?也曾有人认为(马克思的理论——本书作者注)……是个独特的理论,即把马克思主义与其他历史哲学截然区分开。现在这种区隔似乎消失了。(其他——本书作者注)……哲学家们宁愿承认经济利益的重要性,如果马克思主义哲学也承认宗教的、爱国的以及其他方面的诉求可以脱离经济利益发挥作用,那它还会保有属于自己的地位吗?⑮

马克思就会被迫陷入两难境地：要么坚持唯有狭义的经济因素才能解释一个时代精神的、社会的和政治的历史，要么承认其他因素同样发挥作用。若他坚信前者，则其所言虽然值得关注，但却是错误的；若他坚信后者，则虽所言极是，却也是不言而喻和不足挂齿的。

我已表明，马克思不属于前一种情形。这是否意味着他说的话平淡无奇？未必如此，因为马克思似乎意在说明，虽然其他因素可能在社会发展中发挥作用，但是社会的物质基础仍然起着"归根到底的决定性作用"。物质基础对社会产生的影响是独特的。恩格斯对此表述如下：

> 根据唯物史观，历史过程中的决定性因素**归根到底**是现实生活的生产和再生产。无论马克思或我都从来没有肯定过比这更多的东西。如果有人在这里加以歪曲，说经济因素是**唯一**决定性的因素，那么他就是把这个命题变成毫无内容的、抽象的、荒诞无稽的空话。⑯

那么生产方式作为"归根到底的决定性要素"，是如何或在何种意义上作用于社会的？答案包括以下两个步骤。首先我已表明，正是生产方式——而不只是生产力——对社会其他方面具有基础性解释力。如此一来，社会变革和社会发展的解释性基础就包括劳动力、工具、关系、意识及各种道德的和非道德的价值。⑰其次，生产方式若要影响或决定社会其他方面，就应该是独立可辨的——它本身并不直接等同于整个社会。马克思在说到基础对社会的影响或决定作用时，也不是简单地认为社会影响或决定着它自身。那么上述生产方式如何能够独立于社会其他方面，具有可辨识性？马克思的回答包含以下两方面：

一方面，就构成生产方式的实践活动和实际关系的范围而言，马克思似乎认为，使用价值通常就是在其中被创造出来的。因此，雇主与雇工构成一种生产关系，而父子关系则不然。制鞋会成为一种生产活动，但只是为了享受而读书则不然。诚然，这么说是含混不清的。它需要细加说明，而且必须更具体地就每个历史时期而言。例如在资本主义条件下，生产活动即生产使用价值**和**剩余价值的活动。不过，这种含混不清并不必然妨碍我们，因为它确实已表明某些（诚然是含混不清的）活动和关系的与众不同。

另一方面，既然价值也包含在生产方式中，我们就必须表明，如何把这些价值与上层建筑中的价值区分开。也就是说，我们必须区分在基础中起作用的道德价值和非道德价值，与作为意识形态和上层建筑组成部分的价值。价值因其在基础中发挥作用而成为被践行的价值（lived values），即人们实际上拥有并引导其行动的那些选择方式、欲望——没有它们就无所谓行为。它们构成人的社会存在。而上层建筑中的价值存在于人和社会的社会意识中，是被编撰入法的、经过改编的理论化、合法化的并依法推行的价值——简言之，它们是已经得到**制度化的**价值。断言**这些**价值取决于**被践行的价值**并无问题。当然，在某些时期，这两套观念和价值还会在内容上大致相同。但这并非要否认如下事实：后者才是至关重要的，它会随自身的内在力量和生产方式的其他方面发生变化，而不是像制度化的价值和观念那样外在地接受变革。于是在某一历史阶段伊始，新的生产方式会体现出非主流意识形态的价值。这种生产方式继而会调整现有的生产方式和与之相伴而生的意识形态。由此，这一新的总体就扩大了自身的影响——正如资本主义将其影响扩展到农业，以及同时期道德的、宗教的和司法的意识形态。

在此应当谨记，当马克思断定生产方式决定上层建筑及其观念和价值时，他不是指在任何情况下都必须诉诸生产方式，去解释具体个人的每一个观念或价值。一个人的观念可能与某一既定的生产方式是不相适应的，也无法从中得到解释。例如纵观历史，不乏关于共产主义革命的观念，但它既没有成为其社会意识形态的一部分，也没有明晰的理由可以认为，它是由当时的生产方式所决定的：

各代所遇到的这些生活条件还决定着这样的情况：历史上周期性地重演的革命动荡是否强大到足以摧毁现存一切的基础；如果还没有具备这些实行全面变革的物质因素，就是说，一方面还没有一定的生产力，另一方面还没有形成不仅反抗旧社会的个别条件，而且反抗旧的"生活生产"本身、反抗旧社会所依据的"总和活动"的革命群众，那么，正如共产主义的历史所证明的，尽管这种变革的**观念**已经表述过千百次，但这对于实际发展没有任何意义。[《马克思恩格斯文集》(第一卷)，人民出版社，2009年，第545页。]

反之，马克思认为，最终由生产方式决定的是占主导地位的制度化的观念和价值体系，而不是特定个人的具体观念或价值。统治阶级可能有思想家提出自己的思想和理论，而它们不一定与社会主流观念体系相符——尽管它们通常确实是相符的。但也未必如此，当它们不相符时，一场危机就会表明占统治地位的观念是统治阶级的思想，即那些由生产方式所决定的思想，而不是由思想家提出的那些思想。[参见《马克思恩格斯文集》(第一卷)，人民出版社，2009年，第540页。]可见，社会中流行的是制度化的观念和价值体系，它最终通过生产方式得到解释，即"归根到底取决于"生产方式。

那么生产方式与上层建筑之间的关系是怎样的？断言前者而非后者才是"归根到底的决定性因素"意味着什么？"归根到底"一词所暗示的一种可能的答案是，马克思意在表明**长远**来看，社会变革取决于经济条件，但就**短期**而言，这些变革是由权力关系决定的。⑱这种解释会为无产阶级的政治激进主义留有空间，同时也确证了马克思对经济因素的作用的论断。

然而这种看法显然是不足为信的。它使马克思的思想丧失了强调生产方式始终具有重要性的整体论调。它把生产方式的影响推延至某种遥远的、朦胧的、待定的(甚至是无法确定的)未来。当然，事实上，生产力和生产关系的变化并不总是直接反映在同时期的意识形态中。甚至在发生这些变化与意识形态得到"官方"认可之间,可能会有一定的时差。但是生产方式确实会对意识形态持续产生影响——维系着它并要求它作出相应的调整。总之,马克思的论述似乎无法支持这种理解。当他谈到生产方式对意识形态的影响时,他指的是其当下的影响,而不是未来可能产生的一些影响。

理解生产方式"归根到底的"或其特殊作用的另一种方式,是把它视为社会发展和变化中"最有力"的因素。人们可能由此认为,社会是由各种不同的力量推动的——社会的走向归根到底是由生产方式决定的,因为生产方式对此助力最大。这就像保龄球瓶被撞飞的距离,归根到底取决于保龄球的撞击力量。但这种理解也是不充分的。马克思不认为,社会进程仅仅取决于影响它的各种不同的、相互独立的作用合力。这种机械论观点有悖于马克思的辩证思想。马克思甚至会以社会并非独立于这些力量存在为由,提出反驳。更重要的是,这种理解没有考虑到马克思在生产方式归根到底决定着社会进程,与它对这一发展进程起主导作用之间所作的区分。换言之,马克思区分了对社会各个方面将会获得相应比重和影响力的决定条件,与最后可能获得最大比重或影响力的社会具体方面。更具体地说,不论是在当前还是以往的社会,宗教或政治因素显然都有可能发挥并且已然起过主导作用。然而这些因素是否会占主导地位及其主导作用将会采取何种方式,归根到底则取决于社会现存的生产方式。在《资本论》中,马克思就有直接针对于此的论述:"中世纪不能靠天主教生活,古代世界不能靠政治生活。相反,这两个时代谋生的方式和方法表明,为什么在古代世界政治起着主要作用,而在中世纪天主教起着主要作用。"[《马克思恩格斯文集》(第五卷),人民出版社,2009年,第100页。]因而有学者正确地指出:

经济因素归根到底是"决定性的",但在特定的社会经济形态中,它未必是"决定性的"。中世纪的天主教和古代世界的政治……是不可能存在的,除非首先有对食物、衣服、住所和其他必需品的供应;但是,在这些社会中,基础的和原初性事实是由宗教和政治,而非以自己的名义发挥作用的经济力量所调解的。只是在资本主义**经济人**（homo economicus）的社会中,才有经济因素成为决定性、占主导的力量这种不同寻常的情形出现。遗憾的是,马克思的多数解读者——包括他的盟友和论敌——都认为,这一历史上的独特情形不论何时何地都是合理有效的。⑲

可见,对马克思来说,虽然生产方式归根到底决定一个社会将会采取的形式,但这并不意味着,生产方式在社会中就起着主要作用或主导作用。

不同于前面那种对生产方式的社会作用所作的机械、庸俗的理解,我想提出的这种理解充分考虑到关于基础性的上述思考。这种理解更契合马克思对历史唯物主义的理论表述,及其对历史事件实际的、具体的分析和(稍后我会论述的)对共产主义的拥护。

必须谨记,基础是一个复杂的总体——一个充满矛盾的复杂整体,它包括工具、原料、关系、人、劳动力、价值和需要。难点在于,如何使人有理由认为这一总体"归根到底决定"前文所述的上层建筑。这里要探讨的问题是,何以认为前者归根到底决定着后者。

我首先想借用一个类比,其中包含类似的问题。类比的对象是这样一种情形:有理由认为一系列经历归根到底决定了包含其他经历的复杂整体。通过类比表明观点的合理性之后,我会继续尝试揭示我们在基础与上层建筑之间所面对的情形的某些具体方面。

接下来让我们思考一个类似的论断:某因素对一个人品格的形成和发展归根到底具有决定性作用。显然,很多力量和条件都会在此过程中发挥作用。不过,仍然有人可能认为,早年的一些经历或者(更有可能是)一系列经历,对这个人的品格归根到底起到决定性作用,并继续发挥着这种作用。例如,父亲或母亲的离世、如厕训练或者循规蹈矩的家教,都可能会有归根到底的重要作用。不论是从长远看还是就当下而言,这种基础性经历(或一系列经历)无论如何都发挥着归根到底的重要作用。而且它在这个人的生活中不仅仅是一种不同的力量,尽管它不必在任何时候都是最强大的,但正是它把与其自身相关的所有其他力量组织起来,使这些力量从属于它自身,并为此人品格的其他方面赋予某种特色以及这些力量所具有的重要意义。它就像一首乐曲中时隐时现的主旋律一样,无论何时都作为组织原则,把作品串联在一起。最后,其他的那些力量和条件也可能对这一基础性决定因素具有显著影响和调整作用。尽管如此,归根到底具有决定性的经历仍然作为包含基础性的统一主线,贯穿于这个人的品格和生活,并且把这个人的方方面面都串联起来。由此才可以说,这个人是一个整体、一个总体,而非精神分裂或神经错乱的。也正因如此,我们才能理解这么一个人。

现在,我们可以尝试以这种模式理解马克思关于生产方式与上层建筑的关系的论断。显然,这样会比前面谈及的那些认识更为妥帖。正如我们谈论一个人的品格一样,我们也可以类似地谈论一个社会的特性,即社会性质和社会发展。在这两种情形下,相应的特性或品格都产生于构成这一社会或个人的各种因素。然而并非所有这些因素都具有同等的分量和重要意义。正如就人而言,有些因素会使其他因素处于从属地位——也有一些因素为整个社会的其他因素"决定了地位和影响"。此外,体系中的这些不同部分之间也存在相互作用和相互的决定性。最后,个人或社会的某些因素可能会在不同的时刻发挥主导作用,尽管它们只是基于个人或社会的其他方面才能发挥这样的作用。

有人可能提出反驳,指出存在两方面重要差异严重削弱了上述类比的有效性。其一，我们可以说一个人是有意识的，但不能说一个社会也如此。个人基于其所特有的一种意识，可能或者说必定会把各种经历整合起来，由此使其一生都可能深受某种或某些经历的影响。但却不能这样理解一个社会或一群人。可见，试图以此模式阐明马克思关于生产方式归根到底的决定性作用的论断是徒劳的。其二，上述理解模式不适用于社会的另一个原因是，尽管对一个人的品格和生活归根到底有决定性作用的因素，可能是早年的一次经历或一系列经历，但对社会特性的发展具有这种基础性作用的，不会是早期的经历或创伤性事件。毋宁说，发挥这一作用的是生产方式。

无疑必须承认，上述类比并不准确。马克思显然没有基于人是有意识的这一判断，就同理认为社会也是有意识的。不过，这些反驳意见不应使我们无视其中确实存在的相似之处。具言之，现在看来应该显而易见的是，生产方式其实指的就是人的实践——人有意识地尝试通过生产活动满足其所体验到的需要、需求和欲望。正是对这些需要的体验和满足它们的必要性，尤其是人所力图实现它们的方式，才使人类社会带有某种特性。这并非与一个人的经历没有可比性，因为个人经历显然也不单是经历本身，它还包括这个人寻求应对的方式，这也影响着生活的其他方面。社会同样如此。正是社会实现其物质利益的方式，使所有其他活动和关系都处于从属地位：

> 在一切社会形式中都有一种一定的生产决定其他一切生产的地位和影响，因而它的关系也决定其他一切关系的地位和影响。这是一种普照的光，它掩盖了一切其他色彩，改变着它们的特点。这是一种特殊的以太，它决定着它里面显露出来的一切存在的比重。……在资产阶级社会中……农业越来越变成仅仅是一个工业部门，完全由资本支配。地租也是如此。在土地所有制处于支配地位的一切社会形式

中,自然联系还占优势。在资本处于支配地位的社会形式中,社会、历史所创造的因素占优势。……资本是资产阶级社会的支配一切的经济权力。它必须成为起点又成为终点……[《马克思恩格斯文集》(第八卷),人民出版社,2009年,第31~32页。]

因此,如果我们认识到,生产方式只是满足社会实际利益或物质利益的方式,上述类比就似乎不是完全不恰当的。那么这种理解模式又是如何对社会展开分析的?

这一类比表明,坚信"X 归根到底决定 Y",即认为:①X 制约着 Z(个人或社会)的现象 Y 将会采取的形式,尽管现象 Y 也可能影响现象 X 可能采取的形式;②X 所发挥的组织或维序作用,决定现象 Y 在 Z 中相对而言的重要性、价值和(或)实现程度;③在对属于 Z 的现象 Y 的所有其他决定方式 W 都被弃置后,X 才会被弃置。可见,坚信基础归根到底具有决定性重要意义,是符合实际的。当上层建筑的所有其他决定性因素(在根本或表面上)都可能被放弃时,人们仍会继续坚信,社会基础或物质利益对社会上层建筑具有决定性。也就是说,在对行为具有决定性的因素中,物质利益是一个阶级——或社会群体(马克思没有说个人)——最后放弃的利益。马克思据此写道:"英国的托利党人曾长期认为,他们是热衷于王权、教会和旧日英国制度的美好之处,直到危急关头才被迫承认,他们仅仅是热衷于**地租**。"[《马克思恩格斯文集》(第二卷), 人民出版社,2009年,第499页。]与此相呼应,马克思在《资本论》中写道:

在政治经济学领域内,自由的科学研究遇到的敌人,不只是它在一切其他领域内遇到的敌人。政治经济学所研究的材料的特殊性质,把人们心中最激烈、最卑鄙、最恶劣的感情,把代表私人利益的复仇女神召唤到战场上来反对自由的科学研究。例如,英国高教会派宁愿饶恕对它的三十九个信条中的三十八个信条进行的攻击，而不饶恕对它的现金收入的三十九分之一进行的攻击。[《马克思恩格斯文集》(第五卷),人民出版社,2009年,第10页。]

正是一个社会(及其阶级)寻求实现其物质利益的方式,正是它由此所进行的活动,使所有其他活动和关系都成为从属性的。

正如我在上文已经指出的,这不是说物质利益始终决定着社会中发生的事情。例如,资产阶级共和派与保皇派之间的斗争等在法国的情况就变为,共和派"并**不是**一个因有某些重大的共同(物质——本书作者注)利益而紧密团结、因有特殊生产条件而独树一帜的资产阶级集团"。[《马克思恩格斯文集》(第二卷),人民出版社,2009年,第481页。]毋宁说:

它是由一些抱有共和主义思想的资产者、作家、律师、军官和官吏组成的一个派系,这个派系之所以有影响,是由于全国对路易——菲力浦个人的反感,由于对旧的共和国的怀念,由于一群幻想家的共和主义信仰,而主要是由于**法国人的民族主义**。这个派别对于维也纳条约和同英国联盟,始终怀有这种民族主义的仇恨。[《马克思恩格斯文集》(第二卷),人民出版社,2009年,第481页。]

而且马克思承认,"关于艺术……它的一定的繁盛时期决不是同社会的一般发展成比例的,因而也决不是同仿佛是社会组织的骨骼的物质基础的一般发展成比例的"。[《马克思恩格斯文集》(第八卷),人民出版社,2009年,第34页。]反之,后期也可以回到前期的艺术形式,并在其中找到对自己隐藏各种真理的手段。[《马克思恩格斯文集》(第二卷),人民出版社,2009年,第472页。]不过,在这两种情形下,虽然某一集团的影响或某些艺术形式与当时的物质利益没有直接联系,但正是由于其所涉及的物质利益基础,它们才会产生实际的影响,个人的反感、回忆、幻想等才在其中发挥作用。于是,马克思就一种不同却与此相关的情形写道:

>所以,这两个集团彼此分离决不是由于什么所谓的原则,而是由于各自的物质生存条件,由于两种不同的财产形式;它们彼此分离是由于城市和农村之间的旧有的对立,由于资本和地产之间的竞争。当然,把它们同某个王朝联结起来的同时还有旧日的回忆、个人的仇怨、忧虑和希望、偏见和幻想、同情和反感、信念、信条和原则,这有谁会否认呢?在不同的财产形式上,在社会生存条件上,耸立着由各种不同的,表现独特的情感、幻想、思想方式和人生观构成的整个上层建筑。整个阶级在其物质条件和相应的社会关系的基础上创造和构成这一切。[《马克思恩格斯文集》(第二卷),人民出版社,2009年,第498页。]

马克思认为,生产方式具有如此影响,是因为它是"起点",是"(生产、分配、交换和消费的——本书作者注)整个过程借以重新进行的行为"。[《马克思恩格斯文集》(第八卷),人民出版社,2009年,第18页,参见第19、20、23页。]正如他在《资本论》中写道,生产"是不以一切社会形式为转移的人类生存条件,是人和自然之间的物质变换即人类生活得以实现的永恒的自然必然性"。[《马克思恩格斯文集》(第五卷),人民出版社,2009年,第56页。]必须时刻面对人类生存这一无法回避的基本要求:

>但是为了生活,首先就需要吃喝住穿以及其他一些东西。因此第一个历史活动就是生产满足这些需要的资料,即生产物质生活本身,而且,这是人们从几千年前直到今天单是为了维持生活就必须每日每时从事的历史活动,是一切历史的基本条件。[《马克思恩格斯文

集》(第一卷),人民出版社,2009年,第531页。]

不同于(如上文所述的)人的各种经历可能在其生活中发挥基础作用的情形,满足人的需要的必要性及其实现方式则必定会在人类社会中发挥基础作用。但是按照我们的理解模式看,社会满足人的需要的方式不一定会把满足这些需要本身,解决这一紧迫问题,作为其公开和自觉设定的目标。因而在资本主义条件下,生产方式的主要目标是创造剩余价值,而不是(至少不直接是)满足需要。正是由于(创造剩余价值)这一目标,才使这种生产方式独具特性。也正是作为资本主义生产方式特性的这一根本目的,影响着其他一切关系和活动。于是正如我们所见,马克思会承认,两个社会尽管拥有不同的社会形态(例如资本主义社会与封建社会),生产技术水平(至少最初)也可能是持平的。马克思对资本主义的评论是中肯的:

> 读者会记得,不管生产方式本身由于劳动从属于资本而产生了怎样的变化,生产剩余价值或榨取剩余劳动,是资本主义生产的特定的内容和目的。[《马克思恩格斯文集》(第五卷),人民出版社,2009年,第344页。]

因此,以这样一种方式解释马克思的观点似乎是可能的,不仅能使其易于理解,同时也保留了它们的独特性。其所保有的独特性在于,认定生产方式在社会中所扮演的具有基础性影响的角色。其可理解性在于,我们能够诉诸一种模式来理解它们,即使这一模式本身没有在此得到阐明,它也是人所熟知、合理可信的。当然,如果我们对阐释历史唯物主义本身感兴趣,这种理解就会有很多不尽如人意之处。马克思本人在很大程度上要为此负责,因为他没有对上述理解包含的各种关系和相互作用加以分析。

他多次表明了自己的观点,但只是以此反驳那些他想批判和谴责的看法,却没有展开分析。

不过,上述理解就我们的目标而言足矣。首先,它考虑到了诸如道德和伦理学等上层建筑要素的积极和有效的作用。这种作用被设定在物质世界的限度内,因此道德和伦理学的实际作用也是有限的。其次,上述解释是忠实于马克思思想的,因为有考虑到上层建筑与生产方式之间的种种关系。其中有些关系是因果性的,有些则是逻辑的、概念的、目的论的。由于很多评论者认为其所包含的关系必定只是其中的一种,因而他们试图迫使马克思的所有不同论断,都统一打上因果的、逻辑的抑或目的论的烙印。他们没有看到这些关系可能是不同种类的。[20]其实,我们在马克思思想中看到的是两套相互交织的观念、价值、活动和关系,它们不完全是彼此独立的,其所包含的要素既有交集部分,也有各异的一部分。这些要素共同构成我们称为人类社会的总体。当然,两套观念、价值、活动和关系在这一总体中,仍然保持着自身的同一性。构成生产方式的那部分从生产或生产活动的概念中获得其同一性;构成意识形态的那部分基于社会普遍流行的、制度化的观念和价值得到界定。再次,就马克思本人的论述和我们现有的目标限定而言,上文提供的理解模式使马克思的这一论断明白易懂且富有独特性:在他看来,构成生产方式的观念、价值、活动和关系,归根到底决定了构成意识形态的那些观念、价值、活动和关系,并赋予其某种特性。

最后,尽管这种理解认为,人类及其价值和目标在历史上确实发挥了积极作用,但这并不意在表明,马克思眼中的人是完全自由的,可以随心所欲地塑造社会。事实远非如此。正如马克思所说,人们身处不以人的意志为转移的关系之中,这些关系形塑并决定着他们所遵循的行动进程。由此,社会关系和社会条件对人的决定性作用既是内在的(即对人的本质产生影响),又是外在的。因而历史唯物主义者面临的决定论威胁,与生产活动、关系和价值在人们生活中所具有的影响和支配作用相关。正如一个人所参与的行为活动可能会变得僵化,并实际上支配着他的生活,马克思指出,社会为满足其需要而形成的活动和关系,同样也可能变得僵化,并构成对社会生活的限制。这意味着,人们生活所遵循的必然性源于某种特定的实践,它由早期其他形式的实践发展而来。在马克思看来,这些实践形式,这些活动、作用和关系相对于个人获得了某种独立性;它们开始支配人,而不是受人支配。出现这种情形,部分地是因为,人们在各种对象和关系中实现了自我的对象化,这些对象和关系不但体现着人们自身的需要和社会状况,而且会在这些人之后继续存在下去,并决定后来者的生活。

他周围的感性世界决不是某种开天辟地以来就直接存在的、始终如一的东西,而是工业和社会状况的产物,是历史的产物,是世世代代活动的结果,其中每一代都立足于前一代所奠定的基础上,继续发展前一代的工业和交往,并随着需要的改变而改变他们的社会制度。甚至连最简单的"感性确定性"的对象也只是由于社会发展、由于工业和商业交往才提供给他的。大家知道,樱桃树和几乎所有的果树一样,只是在几个世纪以前由于**商业**才移植到我们这个地区。由此可见,樱桃树只是**由于**一定的社会在一定时期的这种活动才为……"感性确定性"所感知。[《马克思恩格斯文集》(第一卷),人民出版社,2009年,第528页。]

上述发展过程中存在一种至关重要的特殊关系,即劳动分工。随劳动分工而产生的是特殊利益与普遍利益之间的分裂。于是,"人本身的活动对人来说就成为一种异己的、同他对立的力量,这种力量压迫着人,而不是人驾驭着这种力量"。[《马克思恩格斯文集》(第一卷),人民出版社,2009年,第537页。]人的产品和关系呈现出属于它们自己的生命,并且对于决定人们的生活起着至关重要的作用。例如就一个人作为资本家而言,只要他依然是资本家,就必须始终设法增加其从工人那里攫取的剩余价值。就一个人作为工人而言,他就必须出卖自己的劳动力给资本家,同时尽量以最高的价格成交。可见,"工人"和"资本家"所表示的角色和关系致使担当这些角色、身处这些关系中的人要进行殊死搏斗。其中包含的决定性正是我们所熟知的那种:家长因其所担当的角色,而必须对孩子说"不";老师或经理因其所在的职位,而必须对学生或下属下达某些要求或命令。只要一个人能够认同和接受这些必然会被提出的要求或命令,就不存在什么问题。然而一旦开始鄙视、拒斥、质问或怀疑这些要求或命令,我们就会感到不适,觉得自己平白无故地被决定,备受限制并被强迫。如此一来,我们就感觉不到自由了。但不论是哪种情况,人都必须以某些方式行事,也就是说,其所体验到的决定作用和支配作用,都源于人类活动和价值所呈现的社会关系。这是一种自我强加的支配作用(在人类即"自我"的意义上)。或言之,马克思所说的决定性是由人类行为及其活动创造所带来的决定性,它不是由外在于人的某种中介或过程带来的。然而人们往往没有认识到这一点。由于商品拜物教,人们甚至倾向于认为,自己受制于自然的一种必然性,而实际上,这只是由他们和他们的前辈所创造的僵化和神秘的关系所产生的一种必然性。[参见《马克思恩格斯文集》(第五卷),人民出版社,2009年,第99~100、412页。]正如马克思所评论的:"在生产者面前,他们的私人劳动的社会关系就表现为现在这个样子,就是说,不是表现为人们在自己劳动中的直接的社会关系,而是表现为人们之间的物的关系和物之间的社会关系。"[《马克思恩格斯文集》(第五卷),人民出版社,2009年,第90页。]

可见,人类的境况似乎是人为满足某些需要而形成一种习惯性行为方式。以这种行为方式继续下去,可能会难以改变这种习惯。如果习惯有赖于药物维系,改变它还可能极其困难和痛苦。在这种极端情况下,我们或许会为这个人的行为减免责任,尽管我们仍然会在道德上谴责这种状况,并想方设法改变它。于是,就需要一种可能包含冲突和斗争的重要动力来改变其行为。可见,习惯可能要比原本想满足的需要更为持久。在马克思看来,社会也可能类似于此。不论属于上述哪种情形,决定性作用都源自个人所参与的实践活动形式,并且这一决定性可能会导致个人"必须"以某些方式行事。进而可以认为,正如马克思也认识到的,我们可以为那些受缚于某些行为方式的个人减免其对这些行为方式的责任,但这并不意味着我们不会对这些行为方式进行道德谴责并力求改变它们。事实上,马克思的谴责大多也是针对人们发现自身所处的各种关系和行为方式。然而这也不是说,他不会或者从不谴责或赞扬个人。他可以这么做,也确实这么做过。但就其关注焦点在于社会层面而言,他谴责的还是人们发现自身所处的社会条件和关系。由此我们也能预见,仅凭道德劝诫将于事无补,人们会继续按照那些方式行事,除非其目前习惯的行为方式所引发的冲突变得如此严重,以至于必须予以清除。变革需要行动、理解、合作以及其他必要条件。当这些条件具备时,我们可能会有一丝成功的希望,建立一套不同的、更好的人际关系。就此而言,马克思的伦理学是一种很现实的伦理学,它详述了我们如何为生活于其中的各种关系所困,以及要改变这些关系所需的条件。

只有当马克思认为,人类始终必定要以其无法改变或克服的方式,被其关系和角色所支配和强制时,上述内容才会对道德所要求的自由构成威胁。如果一个人根本无法改变某种习惯,而这一习惯又致使其需求和需要受挫,我们就可以说,他被决定的方式会为其减免责任。对于那些药瘾者的行为而言也是如此。但马克思显然不认为社会也必然如此。他指出,在劳动分工得到确立和(或)精细化之前,人是有道德自由的——他们不受他们的关系所支配。他还明确表示,随着共产主义的到来,即随着劳动分工的消灭,人们也将摆脱这种支配作用。可见,尽管马克思所说的决定性可能会在特定的时代和时期——例如在资本主义阶段——引发困境，但它不是道德要求的自由所不可逾越的障碍。

然而我们又该如何理解马克思关于共产主义的"不可避免性"，或对资本主义规律以"铁的必然性"发挥作用的论述？难道这些论述不是说，人们的需求、愿望和欲望（无论支持还是反对共产主义）都是无能为力的？我想不是的。首先，马克思本人对待"铁的规律"或"铁的必然性"的严肃程度是不明确的。例如对于拉萨尔"铁的工资律"，马克思不无嘲讽地评论道，"'铁的'这个词是正统的信徒们借以互相识别的一个标记"。他补充道："如果我废除了雇佣劳动，我当然也就废除了它的规律，不管这些规律是'铁的'还是海绵的。"[21]同理，马克思认为资本主义"铁的规律"也是可以废除的。任何基于资本主义规律是"铁的"而视其为不可改变的看法，都是错误的。其次，即便马克思确实认为共产主义必然到来，他的相关论述也在很大程度上被夸大了——至少就自由和道德的问题而言是如此。的确，马克思不止一次地认为，共产主义革命即将到来且不可避免。不过，共产主义的到来之所以是不可避免的，**不是**因其无关乎人们的欲望和需要。情况恰恰相反。马克思相信共产主义必将到来，是因为他相信在当前情势下，人们的欲望和需要会使人真正地奋起反抗现存秩序。最后，我们必须牢记产生这些论述的语境。正如第一章指出的，马克思力图借其论著影响社会——不仅通过著述的内容，而且凭借著述形式。他有意使自己的论著富有论战性。而如果想对人产生冲击，一个人在论战性著作中就绝不会说，"**如果**很多人都渴望实现它的话"，共产主义革命"或许""可能"就会发生。这是荒谬的。反之则会直截了当、斩钉截铁地说："共产主义革命即将到来——这是不可避免的！"但是正如已经表明的，这种说法及其背后的观点并没有使人免除行动的需要和自由。因此，这一观点与道德和伦理学不相矛盾。

四

最后还有一个关于自由和道德的问题，即针对个人行为的决定作用（参见 p. 30），可予以简要说明。马克思提出这一问题的整体论调与康德等人完全不同，后者是基于意志的自由提出的。马克思则很少论及意志，他探讨的是人类的实践活动，即寻求满足各种欲望和需要以及发展人的能力和才干的实践活动。这些行为、欲望、需要、才能等，被认为由个人的、社会的和自然的条件所决定。马克思也确实谈及过意志，但他从来不是在康德的意义上谈的。他也不是没可能遵循 J.S.穆勒的思想进路，接受关于意志的这种理解，即认为意志是一种习惯性欲望。由此，马克思的观点就构成对康德等人赋予意志的作用的公开拒斥。显然对马克思来说，在康德所坚持的、就道德而言是必要的先验意义上，意志是不自由的。由此可以得出，对于康德来说，马克思主义的这种看法使道德原则变得不可能："没有……先验的自由……任何道德法则、任何按照道德法则的归责都是不可能的。"②可见，如果说摆脱物质条件束缚的自由是道德和伦理学的一个必要条件，那马克思当然必定会否认道德的可能性。然而他没有否认道德的可能性，而是否认先验自由作为道德的必要条件。由此清晰可见，就自由与决定论问题而言，马克思的观点与亚里士多德、斯宾诺莎和穆勒等哲学家无异，他们同样都否认某种先验的、摆脱决定性的自由为道德所必需。因而解决这一问题虽对马克思而言很重要，却绝不是专属于马克思主义的。马克思的解决路径可以简要概括如下。

首先，马克思承认人类活动在影响社会变迁方面意义重大，不仅现在如此，将来也一样。个人不仅可以改变社会，还可能富有创造力，进行发明创造、探索未知等。不过，这些活动不是凭空进行的，而是在一定的社会或物质环境中进行的，环境在为人类活动设定任务的同时，也限制并归根到底决定着其成功程度。在此情境下发挥创造力，就是生产一些此前不曾生产过的有价值的东西，或以前所未有的方式生产它们。能够做到这些不是没有原因的。马克思就此指出，以往的道德论者和道德哲学家误以为，社会的变化仅仅事关意志或创造性意识。马克思则表明，这种变化不仅是意识或意志的问题，还必然有赖于其他决定性因素。这是马克思思想中一个保守而又现实的要素。

其次，康德所纠结的问题——在其他哲学家、神学家和普罗大众那里也一样——被视为哲学问题、理论问题，是一种误解。反之，它属于实践问题，也只能以实践的方式来解决。关于这一问题及其他类似的问题，马克思写道：

> 我们看到，主观主义和客观主义，唯灵主义和唯物主义，活动和受动，只是在社会状态中才失去它们彼此间的对立，从而失去它们作为这样的对立面的存在；我们看到，**理论的**对立本身的解决，**只有**通过**实践**方式，只有借助于人的实践力量，才是可能的；因此，这种对立的解决绝对不只是认识的任务，而是**现实**生活的任务，而**哲学**未能解决这个任务，正是因为哲学把这**仅仅**看做理论的任务。[《马克思恩格斯文集》（第一卷），人民出版社，2009年，第191页。]

这段引文在此切中肯綮，因为唯灵主义与唯物主义的对立不过即自由与必然的对立，正如康德等人所理解的那样。康德认为他只能在理论上解决这一悖论——通过对实践提出各种假设。对马克思来说，这不是一个理论问题，而是一个实践问题。

实践问题是人们能够自愿做什么的问题。当一个人可以做自己想做的事情时，就至少在道德要求的最低限度上是自由的。也就是说，这里所讨论的自由即行为不受强制或约束的自由。这并非意志摆脱或缺失因果性决定作用的自由。迄今为止，人类历史都是人屈从或受制于自然、他人以及自己的创造物和产品的历史。这不是说人们迄今无法自主行动。而毋宁说，生活中的一些重要方面的确在实际上支配着人们，并且限制了人们的活动。共产主义正是力图克服这些力量的尝试。因而马克思指出："共产主义，作为完成了的自然主义，等于人道主义，而作为完成了的人道主义，等于自然主义，它是人和自然界之间、人和人之间的矛盾的真正解决，是……自由和必然……之间的斗争的真正解决。"[《马克思恩格斯文集》(第一卷)，人民出版社，2009年，第185页。]既然有摆脱了强制和束缚的自由，道德就应该是可能的。事实上，人们在早期的社会形式中并不充分享有这种自由。尽管如此，由于他们能够(在一定限度内)自主行动，因而他们仍然属于道德共同体的成员，道德和伦理学也还是其社会的组成部分。在把康德的理论问题转化为关于人类行为制约因素的实践问题后，马克思对这一问题的回应成为他如下论断的一个例证："只要这样按照事物的真实面目及其产生情况来理解事物，任何深奥的哲学问题……都可以十分简单地归结为某种经验的事实。"[《马克思恩格斯文集》(第一卷)，人民出版社，2009年，第528页。]

可见，对于意识形态不具有基础性决定作用或独立性的事实，或者意识本身与物质条件紧密相连这一事实，马克思所坚持的任何观点都不足以表明，道德或伦理学在他看来会是或者必然是不可能的。马克思谈到过共产主义前后必须完成的各种任务等，这本身似乎就认可了类似道德的事物仍然可能会存在。道德和伦理学所能实现的东西存在各种各样的限度，这一事实并不表明它们的不可能性。同理，一切思维方式或意识形式所能实现的，也是有限度的。这不表明任何特定形式的意识都是不可能的。因此，当我们发现马克思责备党人(associates)因为考虑到人们只是其"时代的产儿"而不肯批判他们时，就不足为奇了。马克思评论道："遗憾的是所有的人都'只是时代的产儿'，而如果这是一个可以原谅的充分的理由,那么对任何人我们都不应该再去攻击,一切论战、一切斗争我们都应当停止……"㉓马克思的观点很明确。人们尽管是其时代的产儿,尽管由社会生产性质所决定,却仍然可能遭受批判和攻击。

必须承认,马克思对自由和决定论问题的回应只是粗略的陈述,它不同于其他哲学家对相关讨论所做的贡献。马克思式的理解的独特之处在于他对社会条件的论述:在他看来,这些社会条件对所有人更为全面自主的活动都已构成制约,并且这种制约作用还会继续。

可见,不论是马克思关于这些问题的思考,还是其历史唯物主义思想,都没有排除存在马克思主义伦理学的可能。基于前文所考察的那些观点认定马克思既不可能有规范伦理学观念,也不可能有义务伦理学,是明显错误的。㉔他的确拒斥后者,但他这样做的原因与决定论问题无关。不论是拒斥义务伦理学的那些理由,还是马克思的历史唯物主义思想,都不妨碍他有一种规范伦理学。

然而关于道德、伦理学与生产方式之间的逻辑和概念关系,仍然存在问题有待解决。具言之,接下来我们必须思考,道德或道德论断基于马克思的观点能够得到怎样的证明。第三章就转入对此问题的探讨。

第三章

意识形态与道德证明

> 但是,只要你们把人们当成他们本身历史的剧中人物和剧作者,你们就是……回到真正的出发点。[《马克思恩格斯文集》(第一卷),人民出版社,2009年,第608页。]

我们已经看到,道德和伦理学不独立于生产方式存在。不过,道德哲学家一般也不否认,社会现存的道德——人们实际生活于其中的道德关系——是由这一特定道德所处的生产方式和历史时期直接影响或决定的。这通常很显而易见。经济萧条可能导致更高的偷窃率,避孕药可能鼓励更多的性接触,自然灾害可能引发抢劫。道德哲学家甚至会承认,道德的理论化(即伦理学)本身受到产生它的物质和历史条件的直接影响。

传统观点认为,道德和伦理学在逻辑上——或就证明而言(justificatory)——具有相对于生产方式的独立性。不论社会中实际的道德关系怎样,不论现有的伦理学如何看待这些道德关系,都应存在一套可以由伦理学发现的并且得到证明的道德原则和价值规范,它们将会成为适用于任何时代、任何社会的道德尺度。这种独立性在道德哲学家看来是有效的道德论断所必不可少的。然而正是这一看法似乎遭到马克思的否认。为此，我们需要考察马克思关于道德判断和伦理判断的性质的理解。如果这些判断能够得到证明，那将会是何种证明？道德论断可以被认为是有效或属实的吗？对于不同的阶级、社会和历史时期，它们能否被证实或证明有效？倘若如此，又是如何证实或证明的？在思考这些问题时，我们会考察马克思有关伦理学的意识形态性质的观点。

一

道德论断能否得到证明，属于道德哲学的一个传统问题。有人认为可以，另有人则予以否认。因为他们注意到，不同于对科学和事实陈述达成相对一致，人们关于道德论断则缺乏共识。同理，对道德术语的界定也几乎无法达成一致，而就事实性术语和科学术语的界定而言，却可能在很大程度上达成一致。马克思指出，能被精确断定的论断与其他无法精确断定的论断——如意识形态（因此也包括道德和伦理学）中的论断——之间的区别在于：

> 在考察这些变革时，必须时刻把下面两者区别开来：一种是生产的经济条件方面所发生的物质的、可以用自然科学的精确性指明的变革，一种是人们借以意识到这个冲突并力求把它克服的那些法律的、政治的、宗教的、艺术的或哲学的，简言之，意识形态的形式。①

然而我们不应由此断定，马克思认为道德论断无法以某种方式得到证明。一方面，道德判断无法同自然科学判断一样得到精确断定的事实，不必然意味着道德判断不可能在某种意义上得到证明。亚里士多德曾明智地指出，不同领域的论断需要不同类型和不同力度的论证。诚然，马克思的确也会认为,比起社会科学论断,如一个社会的无产阶级何时会奋起反抗,数学或化学论断可以在更严格的意义上得到说明。但不能由此认为,只有后者那类论断才能得到证明。同样,伦理学和道德论断也可以通过适合它们的方式被证明。另一方面,虽然人们通常会对自然科学论断达成更多一致,但若以为对于自然科学论断不存在深层次的重大分歧,那也是错误的。而即便如此,也很少有人质疑这类论断可以通过某种方式得到证明。因而,仅凭存在分歧这一事实,不一定表明对存有异议的论断无法予以裁定和证明。因此必须避免对马克思的观点进行草率解读。

下面让我们从马克思关于证明论断的最著名的论述开始。这段论述非常具有概括性。不过,我们会看到它的确也适用于伦理学和道德。马克思在《关于费尔巴哈的提纲》的第二条中指出:

> 人的思维是否具有客观的[gegenständliche]真理性,这不是一个理论的问题,而是一个**实践的**问题。人应该在实践中证明自己思维的真理性,即自己思维的现实性和力量,自己思维的此岸性。关于思维——离开实践的思维——的现实性或非现实性的争论,是一个纯粹**经院哲学的**问题。[《马克思恩格斯文集》(第一卷),人民出版社,2009年,第500页。]②

要理解马克思的这段论述,本应注意以下三点。其一,马克思这里说的不是证明,而是真理性(truth)。无论如何,证明与真理性之间通常是有区别的。如,天在下雨这句陈述可能为真,也可能为假,但它本身这样并不能说得到证明与否。得到证明与否针对的是天在下雨这一断言或判断,例如,倘若我说"我认为外面在下雨",那么这一断言或判断就可能得到证明,也可能反之。它是否得到证明(至少部分地)会取决于是否真的"在下雨"。因此,认为某事被证明了,就是说可以提供某些支持或维护它的理由或依据；这通常涉及各种事实，即真实的事实。然而说某事是真的，不等于说可以为它提供某些理由，而（往往并且大概）是说它与现实相符。因此在哲学史上，人们通常把一个人从事的思维活动，与可能以某种语言表达出来的思维内容或者也可能是那一思想的对象区分开来。评价前者与评价后者的要求是不同的。

现在看来，马克思在上述引文中说的其实是，真理性关注的是人的思维过程，而不是其思想内容。马克思探讨的似乎不是思想内容，如"天在下雨"，而是认为天在下雨的这一思想或思维。正是就这一思想过程而言，马克思才把它是否具有客观的真理性视为一个实践的问题。因此就上段所述而言，第二条提纲关注的其实是关于人们所作论断的证明，而不是我们可能附于其上的真理性质。

其二，上述那条关于费尔巴哈的提纲不是指向个人，而是指"人"（man）。然而这不是简单地对具体个人的规避，而是马克思把人类（humans）作为一个群体或类的言说方式。客观的真理性能否归于人类思想，即在这一或那一历史时期表征人的思想，是一个实践的问题。这当然也与个人的思想相关。不过，当马克思在上述引文中说到关于人类思想的真理性或证明时，他感兴趣的主要还是表征某一特定历史时期的思想能够得到证明的条件。反言之即，为何在某些历史时期可能出现的其他形式的思想或意识没有得到证明？

其三，马克思虽然愿意遵循哲学传统，在思维或意识与其对象或产物之间作出区分，但是在其正确性或评价的问题上，却并不倾向于把二者分而视之。他认为，将其分而视之就是向唯心主义迈出第一步——他把唯心主义描述为坚信观念统治世界。反之，体现某一时期特征的那些观念的真理性，是与人们反观自我的思想或自我意识联系在一起的。这种思想能否得到证明或被认为是有效的，是一个"在实践中证明（这种——本书作者注）思维的现实性和力量及其此岸性"的问题。可见，各种道德论断能否得到证明,是一个有关其现实性和力量及其此岸性的问题。但这又意味着什么?

让我们一开始就简单凭直觉,把道德和伦理学放在心目中最重要的位置。事实上,很多道德论断和信念在过去的历史中都蕴含一种现实性和力量。人们为了某些道德原则的信念殉道而死。如果这些道德论断和观念具有如此这般的现实性和力量,那在马克思看来,它们难道不会因此得到证明吗?再者,数千年来人们一直信仰某些道德原则和价值,这难道没有证明,那些道德信念具有跨越不同历史时代的有效性,因而可以被视为永恒真理吗?最后,上述两点难道没有被同样对世界历史有过重大影响的相反的道德观所挫败吗?种族主义、利己主义、法西斯主义等产生的影响,并不亚于兄弟情谊、大公无私、自由主义或共产主义。由此,难道马克思的观点实际上证明了相互冲突和矛盾的道德信念吗?他的立场非但没有表明何以证明道德信念,反而似乎导向道德怀疑主义。可见,如果马克思真的持有这些观点,那他的立场不就站不住脚了?

对马克思思想如此简化的解读,其实是很多人的误读。③相反,马克思的观点显然并非如上所述。仅仅因为一种特定的情境或制度而实现或实际存在并履行某些使命,不意味其所基于的思想、信念和价值就得到证明或具有真理性。因而马克思写道:"我们的省等级会议已经履行了自己作为省等级会议的使命,但是我们决不是想要为它辩护。"[《马克思恩格斯全集》(第1卷),人民出版社,1995年,第289页。]同理,被马克思斥为"非批判的实证主义"的,正是黑格尔对"现有经验……的恢复"即他对现状的辩护。[《马克思恩格斯文集》(第一卷),人民出版社,2009年,第204页。]因此,为了表明马克思的观点,首先必须细加审视他对各种论断可能具有的"现实性和力量"的理解。这里最重要的就是"现实性"(reality)概念。

马克思所说的"现实性",一般是指对象、活动和关系的各方面既是外在于人、独立于人的存在,同时也是被人改变了的、作为人类活动的产物。

因而,他希望基于自己的已有观点能够认识到,如,外部自然界仍然保持着优先地位。[《马克思恩格斯文集》(第一卷),人民出版社,2009年,第529页。]不过,马克思还认为,探讨没有人类活动改变印记的自然或现实,是毫无意义的。"从前的一切唯物主义……的主要缺点是:对对象、现实、感性,只是从**客体**的或者**直观**的形式去理解,而不是把它们当做**感性的人的活动**,当做**实践**去理解,不是从主体方面去理解。"[《马克思恩格斯文集》(第一卷),人民出版社,2009年,第499页。]现实性的这两个方面——客体及其经过感性活动作用的变体——(就人类而言)是不可分割地相互交织在一起的。马克思略带嘲讽地写道:

先于人类历史而存在的那个自然界,不是费尔巴哈生活于其中的自然界;这是除去在澳洲新出现的一些珊瑚岛以外今天在任何地方都不再存在、因而对于费尔巴哈来说也是不存在的自然界。[《马克思恩格斯文集》(第一卷),人民出版社,2009年,第530页。]

相反,自然或现实,简言之即感性世界,

决不是某种开天辟地以来就直接存在的、始终如一的东西,而是工业和社会状况的产物,是历史的产物,是世世代代活动的结果,其中每一代都立足于前一代所奠定的基础上,继续发展前一代的工业和交往,并随着需要的改变而改变他们的社会制度。甚至连最简单的"感性确定性"的对象也只是由于社会发展、由于工业和商业交往才提供给他的。大家知道,樱桃树和几乎所有的果树一样,只是在几个世纪以前由于**商业**才移植到我们这个地区。由此可见,樱桃树只是**由于**一定的社会在一定时期的这种活动才为费尔巴哈的"感性确定性"所感知。[《马克思恩格斯文集》(第一卷),人民出版社,2009年,第528页。]

60　　可见,马克思在人和社会的语境下谈论现实性时,实际上指的是人类的实践活动及其产物。在此应该强调几点。

首先要注意,马克思所说的是"人的活动",而不是"个人活动"。当然,前者是由后者构成的,但创造被我们理解为现实性的,仍然是后者的集体性、普遍性特征,而不是个别特征。继而,人的活动的"现实性 – 创造性"不仅包括对感性世界的改造,还包括创造新的对象、新的力量,以及人类共同生活于其中的现实关系。

其次,马克思认为,人从事的活动不仅创造了人之所是,还创造出世界的具体特性,这一观点有赖于从黑格尔那里承接而来的对象化概念:

> 劳动的产品是固定在某个对象中的、物化的劳动,这就是劳动的**对象化**。……因此,劳动的对象是**人的类生活的对象化**:人不仅像在意识中那样在精神上使自己二重化,而且能动地、现实地使自己二重化,从而在他所创造的世界中直观自身。[《马克思恩格斯文集》(第一卷),人民出版社,2009年,第156~157、163页。]

简言之,人在其实践活动中对象化自身并创造了他的世界。这是人在生产和革新对象的过程中,在他工作和生活的各种关系中,以及在他认识自我和世界的思想体系中完成的。

再次,人的活动的特点在于寻求实现其实际利益的特殊方式。动物也试图为满足需要而生产。但人的生产活动因其包含意识的性质而有别于动物的活动。人类对自身及其与他人和自然的关系,都有一种动物所没有的意识。[参见《马克思恩格斯文集》(第一卷),人民出版社,2009年,第533~534页。]此外,人的有意识的活动还可能包括计划、设计等创作活动,人类可以使自己的意志和具体活动服从于它们,从而实现某些目的。[参见《马克思恩格斯文集》(第五卷),人民出版社,2009年,第208页。]

由于人的实践活动包括在计划实施之前对计划的制定，并且人类可以按照其想要实现的各种目标来规划做什么，而不是以生物性所要求的某些方式简单决定生活和生产，因此马克思经常说，人有意识的活动是自由的活动。[《马克思恩格斯文集》(第一卷)，人民出版社，2009年，第162页。]不过，在他看来，这种活动仍然是自然主义的，它源于实际的利益诉求，并表现为对各种自然条件或物质条件的控制：

> 这种意识并非一开始就是"纯粹的"意识。"精神"从一开始就很倒霉，受到物质的"纠缠"，物质在这里表现为振动着的空气层、声音，简言之，即语言。语言和意识具有同样长久的历史；语言是一种实践的、既为别人存在因而也为我自身而存在的、现实的意识。语言也和意识一样，只是由于需要，由于和他人交往的迫切需要才产生的。[《马克思恩格斯文集》(第一卷)，人民出版社，2009年，第533页。]

最后，人的活动的特点还在于，它有能力把尺度运用于自身及其世界，而这些尺度不仅仅局限于其自身的迫切需要。因此，人的实践活动具有潜在的普遍性：

> 动物只是按照它所属的那个种的尺度和需要来构造，而人却懂得按照任何一个种的尺度来进行生产，并且懂得处处都把固有的尺度运用于对象；因此，人也按照美的规律来构造。[《马克思恩格斯文集》(第一卷)，人民出版社，2009年，第163页。]

由于马克思把现实性概念与实践活动关联在一起，而实践活动又具有上述特性，因而马克思通常是把对象、活动和关系的现实性，与它们对人的实际利益的实现联系起来考虑。一条铁路如果没有通车，也就没有磨损，既然它没有派上用场，就只是一条潜在存在的而非**现实**存在的铁路。同理，产品只有通过被消费才会成为**现实的**产品。例如，一件衣服只有通过穿的行为才成为**现实的**衣服。产品不同于单纯的自然对象，它只有通过被消费才能证实自己是产品，才成为产品。[《马克思恩格斯文集》（第八卷），人民出版社，2009年，第15页；参见《马克思恩格斯文集》（第五卷），人民出版社，2009年，第48~49页。]因此，各种对象的现实性与它们被用以实现人的实际利益直接相关。反之，无法被实现的人的利益则缺乏现实性。"如果我没有供旅行用的货币，那么我也就没有旅行的**需要**，就是说，没有现实的和可以实现的旅行的需要。如果我有进行研究的**本领**，而没有进行研究的货币，那么我也就没有进行研究的本领，即**没有**进行研究的**有效的**、**真正的**本领。"[《马克思恩格斯文集》（第一卷），人民出版社，2009年，第246页。]由于马克思承认有些对象不依赖人存在，因此（至少可以说终究）他把自己视为唯物主义者，与黑格尔相对。同时，由于在他看来，人类关涉的一切对象都经过感性的人的活动所塑造和改变，因而他认为自己已经接受唯心主义的重要洞见。马克思由此认为，他已规避一切庸俗的或纯粹机械的唯物主义。因此由这一论证的第一阶段可见，认为一个道德论断得到证明或是有效的，意味着这一论断指向的是社会中的一系列活动和关系，即社会存在的形式，它们在有效实现社会成员的实际利益方面具有一种决定性作用。

这只是澄清我们之前考虑到的原有（错误）解读（pp. 58-9）的一部分。当我们考察关于道德论断的证明、现实性和权威性时要认识到，马克思说的**不是**具体个人"被迫"为其道德信念赴死的那些情形。毋宁说，他指的是人的活动创造的物质条件和社会条件，这些条件对人的利益的实现发挥着具体的实际作用。当然，读者会对这种关于道德论断证明的理解提出很多反驳意见。但前文所述只是阐发马克思观点的第一步。

二

阐明马克思所理解的道德论断证明的第二步,要求我们思考他的如下观点:至少迄今以来,得到实现的利益、证明道德判断所基于的利益,都是统治阶级的实际利益。马克思在常被引用的一段话中指出:

> 统治阶级的思想在每一时代都是占统治地位的思想。这就是说,一个阶级是社会上占统治地位的**物质力量**,同时也是社会上占统治地位的**精神力量**。支配着物质生产资料的阶级,同时也支配着精神生产资料,因此,那些没有精神生产资料的人的思想,一般地是隶属于这个阶级的。占统治地位的思想不过是占统治地位的物质关系在观念上的表现,不过是以思想的形式表现出来的占统治地位的物质关系;因而,这就是那些使某一个阶级成为统治阶级的关系在观念上的表现,因而这也就是这个阶级的统治的思想。[《马克思恩格斯文集》(第一卷),人民出版社,2009年,第550~551页。]

可见,马克思对道德的基础性条件的阐发似乎意味着,道德诉求只要符合统治阶级的实际利益,就是得到证明或有效的。的确,对于马克思有关道德论断证明问题的观点,这种理解很常见。

鉴于这种理解如此普遍,其中蕴含的很多方面都值得注意。首先,如果为某一特定社会所证明的道德原则,仅仅是那些遵循它们便能满足统治阶级实际利益的原则,就不难理解为何有人断言,道德对马克思来说只是阶级压迫的一种工具。因此,道德标准(至少最终)关心的是统治阶级的利益,而不是被统治阶级的利益。这种道德会(在表面上)辩护现状或使其合理化。它会使被统治阶级与其保持一致,因为它会先发制人地阻止所有针对统治阶级的道德批判，包括针对其虚伪性的批判——批判统治阶级辜负自己的道德，使道德最终沦为对符合统治阶级利益的那些行为方式的一个说明。其实这种批判是有利于统治阶级的，因为它会使其再次认识到，究竟是什么实现了他们的利益。

其次，如果道德和对道德论断的证明与统治阶级的利益联结在一起，那么一切道德就都只能是相对于统治阶级自身所处的特定时代而言。由此，道德论断的有效性将局限于特定的历史时期和社会。应当指出，这一观点比通常所说的伦理相对主义或文化相对主义更极端。它会把论断的道德性局限于各个具体社会，而不论其是否享有相同的文化。道德论断甚至不仅仅是相对的，而且是基于统治阶级立场的一种自私自利的宣传；道德只是对统治阶级立场的一种合理化。

这里隐含一个相关的后果。在统治阶级走向没落、被另一个或一些阶级推翻的时期，道德问题就会陷入悬而未决的状态。我们可能会在同一社会谈论不同的道德，这取决于哪个阶级拥有的权力更大。因而在由一种社会形式过渡到另一种社会形式，或从一个统治阶级向另一统治阶级过渡的时期，道德问题将是无法定论的。或者说，在不同阶级拥有大致相当的权力的时期，即使没有发生剧变，人们也不得不认为，社会中要么存在不同的、相互冲突的，却又都是有效的道德，要么不存在有效的道德。这就会导致道德的相对化。假如有人足够聪明把不同阶级界分得更细，人们就会认为，要么每个社会都有数十种不同的道德，要么则没有社会存在有效的道德。结果就会导致道德怀疑主义。

最后，如果一切阶级（包括统治阶级）都会被共产主义消灭，道德本身也就可能不复存在。换言之，在共产主义条件下，阶级压迫将会终止。阶级压迫的工具将不再被需要——因而似乎也将不再需要道德。

可见，把道德与阶级的利益和需要关联起来，得到的结论似乎是共产主义之前的道德相对主义抑或道德怀疑主义，以及随共产主义而来的道德消亡。

事实上,共产主义之前关于道德本质的相对主义和怀疑主义结论,以及随共产主义而来的道德终结,在马克思的观点中都无据可依。它们有赖于对道德与阶级实际利益之间的关系,以及对道德与可能以道德实现的压迫作用之间关系的一种过于简单的理解。要使这一反驳具有一定的价值和力度,就必须存在某种内在必然性,使道德本质上符合特定阶级的利益,并使阶级压迫成为任一道德形式都必然具有的一种特性,而不仅仅属于早期不成熟的道德形式。除非能够表明这点,否则上述论证或反驳就毫无力度可言。类似地,人们也可能认为既然马是用来拉马车的,那么汽车在现代社会对马车的替代就意味着马的末日。的确,马是不会再拉马车了,但这很难表明马将不复存在,或者不会有其他用途!这甚至也不意味着,马将不会继续用于它们在汽车产生之前所具有的其他用途。道德亦然。如果我们打算认同马克思认为,道德在历史上与某些阶级的利益实现联系在一起,至少迄今为止是如此。这就等于说,统治阶级用道德来压迫和剥削被统治阶级。然而除非能够表明,道德的本质与统治阶级的实际利益之间存在某种内在关联,否则我们显然不必断定,道德无法脱离这一或那一阶级存在。既然如此,道德与它的压迫性用途以及与这一或那一阶级之间的关联就可以被解除,同时仍然保持道德的本质。

那我们就必须追问:道德为何在过去发挥着阶级压迫作用?它为何服务于统治阶级的利益,而不是所有人的利益?简言之,道德与阶级利益是如何关联起来的?这种关联的本质是什么?

马克思为解答这些问题提供了一种溯源性理解。在早期社会,由于性别、"天赋(例如体力)、需要、偶然性等等"的差异,才有了自然的劳动分工。[《马克思恩格斯文集》(第一卷),人民出版社,2009年,第534页。]马克思认为这是理解社会发展的既定起点。现在看来,劳动分工本身就意味着个人之间的利益划分和分化。随着人口的增加、生产能力的提高等,这种利益的划分和分化变得格外夸张且不断加剧。简言之，随着个人之间的劳动分工和利益划分，我们有了把社会划分为利益对立的不同阶级的基础。这预示着许多其他社会后果。

首先，随着劳动分工和阶级的产生，人们自然地、自发地被各种无法逃避的活动区隔开来。这些职业具有独立于个人的存在[《马克思恩格斯文集》(第一卷)，人民出版社，2009年，第581、582页。]，正如构成阶级的成员独立于彼此。[《马克思恩格斯文集》(第一卷)，人民出版社，2009年，第570页。]生产力就像一个自为存在的世界，完全独立并脱离于作为其力量载体的个人。而且每个人的生活都由此出现一道裂缝，只要它既是私人的，又同时取决于某种劳动分支及其相应的条件。我们由此得出阶级个人与私人之间的差别。既然个人倾向于本质上把自己视为私人，他们的生活条件对其而言就似乎是偶然的。结果致使他们对这些条件的本质——关于人们拥有的自由的本质和类型，以及商品、货币的本质等——产生错误认识。

其次，伴随劳动分工出现的是，孤立个人或个别家庭的利益与相互交往的所有个人的共同利益之间的矛盾。马克思指出："这种共同利益不是仅仅作为一种'普遍的东西'存在于观念之中，而首先是作为彼此有了分工的个人之间的相互依存关系存在于现实之中。"[《马克思恩格斯文集》(第一卷)，人民出版社，2009年，第536页。]然而，由于个人只追求自己的特殊利益[《马克思恩格斯文集》(第一卷)，人民出版社，2009年，第537页。]，共同利益就必须要比这些相互冲突的利益得到更有力的维护。这是以国家的形式来实现的[《马克思恩格斯文集》(第一卷)，人民出版社，2009年，第536、537页。]——其中的一个阶级总是被认为统治着另一个阶级。[《马克思恩格斯文集》(第一卷)，人民出版社，2009年，第536页。]由此形成一个虚幻的共同体、一种共同利益，尽管它建基于每一家庭、部落集团等之中现有的纽带之上。[《马克思恩格斯文集》(第一卷)，人民出版社,2009 年,第 536 页。]而在国家之中,在统治阶级中,形成了一小群隶属于这一阶级的思想家(ideologists)。这些思想家又形成统治阶级的思想。统治阶级思想家的构想本身也可能与占统治地位的思想发生冲突;[《马克思恩格斯文集》(第一卷),人民出版社,2009 年,第 552 页。]但是在冲突期,占统治地位的思想(因而也包括占统治地位的社会关系)会重新确立其主导地位。

那么在这种解释中,是什么把道德和道德论断与特定阶级的利益联结在一起,由此使这类阶级或即统治其他阶级的阶级的存在,成为道德论断和道德存在的必要条件?当然,就国家而言答案似乎是,国家在马克思那里是各阶级之间利益划分、利益冲突和需要冲突的必然结果。如果这确实是国家存在的唯一理由,那么似乎随着阶级冲突的终结,国家也会成为多余的实体。至少就前文的界定和特征描述来看,这似乎是对马克思观点的一种恰当理解。

但是在道德与阶级之间是否存在类似的必然联系?基于马克思的论述所提供的论证或理由,我看不出为何应该或者必须对此信以为然。在国家产生前,甚至先于阶级的存在,原始氏族就已经有了道德。④在没有国家、没有民族意识,甚至没有法律存在时,就已存在道德(以及宗教、艺术等)。事实上,历史已经——而且在某种意义上必然会——通过劳动分工、阶级、国家等实现发展。但马克思在此理解的必然性并不是要求,随着对阶级、国家和劳动分工的废除(扬弃),道德也会必然终结。可以说,没有什么能把利益的实现与特定群体或特定个人(如上帝)的利益实现在逻辑上关联起来。因此,尽管纵观历史,道德都与某个特定阶级的主张关联在一起,但这并不意味着它**必然**与某一阶级的主张相连——唯一确实能得出的推断似乎是,道德诉求必然与人的实际利益的实现相连。

三

如果道德不一定与特定阶级的利益相连（尽管迄今为止的历史事实表明,它们都是关联在一起的）,那么马克思似乎认为,道德论断应该通过（以某种方式）诉诸其对人的利益的影响或实现来证明。然而如果这就是马克思的观点,他似乎会面临两难境地。一方面,马克思若只是坚持诉诸实现人的利益证明道德论断,那他何以避免由此陷入他认为其他人身陷其中的那种空洞的抽象？另一方面,如果他继续坚持把利益与具体社会现有的利益诉求绑在一起考虑,那他的观点又如何避免仅仅是对现状的合理化？⑤前面的论证似乎只是表明,道德不必然与特定阶级的利益相关——因而道德这类东西可能在共产主义到来之后得以幸存。然而这一论证既没有说明利益诉求的性质,也未说明这一诉求在何种意义上得到了道德证明。可见,上文的理解在方向上是正确的,但仍不够完整。

必须承认,在马克思看来,合乎道德的事物就意味着在某一特定的生产方式中发挥决定性作用的事物。例如马克思评论道,"'人的'这一正面说法是同某一生产发展的阶段上**占统治地位**的一定关系以及由这种关系所决定的满足需要的方式相适应的。同样,'非人的'这一反面说法是同那些想在现存生产方式内部把这种统治关系以及在这种关系中占统治地位的满足需要的方式加以否定的意图相适应的"。[《马克思恩格斯全集》（第3卷）,人民出版社,1960年,第508页。]也就是说,马克思是通过继续把道德与特定的生产方式关联起来,进而避免抽象性。这样的道德之所以是有效或被证明的,是因为它在特定生产方式的运作中发挥着具体作用。重要的是,不要否认或不情愿看到马克思观点的这一面。他强调道德对生产方式的关联性。道德论断通过在具体情形下展现其"现实性和力量"而呈现出对它们的证明。

然而这不意味着马克思的伦理观就终结于此,也不能推断上述观点会把马克思推向相对主义伦理学。也就是说,认为在某一社会中合乎道德的情形,到了另一个有着不同统治阶级、带有不同利益诉求的社会中可能是不合道德的,并不必然会使马克思犯相对主义的错误。虽然马克思对这些问题不甚明了,但是应该指出在他看来,有着相似的统治阶级因而具有相似利益诉求(如不同国家的资产阶级)的社会,也会有相似的道德准则。因此从伦理相对主义的如下难以辩驳的重要指向上看,马克思的伦理学**不是**相对主义的,因为伦理相对主义坚信"对某个人或社会是对的和好的事物,对于另一即使涉及类似情形的个人或社会却不是如此,这不仅意味着一个人认为是对的和好的事物不被另一个人认为如此……,而且在一种情形下确实是对的和好的事物,在另一种情形下则不然"⑥。这**不是**马克思的观点。他强调的其实是,存在不同统治阶级的社会的状况会大不相同。这与道德哲学传统形成鲜明对比,后者认为,统治阶级的性质在伦理意义上无关紧要。不过,马克思的这一论点完全符合传统道德哲学的这一主张:何为道德必须依据对每种情形所作的道德考量而定。马克思认为,资产阶级社会和封建社会正是因为具有不同的道德特征,才会对不同道德行为的培育和要求。尽管如此,仍然可能存在把它们统一起来的道德原则。

现在看来,统一的且适用于一切社会的道德标准,只有在这种情况下才可能被接纳:在道德意义上具有不同特性的社会状况本身以某种方式关联起来。如果这些不同的状况关联不起来,上述可能性就必定仍然只是一种可能性。马克思的伦理学或许不算是严格意义上的相对主义,但它会产生与相对主义同样的效果。没有跨文化的道德判断可以得到证明。

因此,在这一点上避免误解就显得尤为重要。很多人不知不觉误入歧途,静止和抽象地理解马克思的观点。由此导致产生上述相对主义或者可能是怀疑主义的问题;对抗统治阶级的道德行动也就没什么基础可言——道德只是实现统治阶级利益的道德。然而马克思的道德观和社会观不是抽象的——它们不仅把道德关联于阶级利益,还(在更一般的意义上)将其与实践活动关联起来,阶级本身也必须基于实践活动才能得到理解。就是说,社会及其阶级是人的实践活动的创造和产物。为此,马克思指出:"经济学家蒲鲁东先生非常明白,人们是在一定的生产关系中制造呢绒、麻布和丝织品的。但是他不明白,这些一定的社会关系同麻布、亚麻等一样,也是人们生产出来的。"[《马克思恩格斯文集》(第一卷),人民出版社,2009年,第602页。]可见,阶级冲突、不同阶级的利益冲突,归根到底必然是内在于人的实践活动本身的冲突。如此一来,对这一冲突呈现在不同社会中的各种形态的理解,对"社会关系的总和"的理解,其实就是对人的理解。⑦

另一方面,马克思所理解的人的实践活动不是静态的——它不仅仅从属于脱离其他阶级或社会及其历史发展而存在的某一特定阶级或社会。人类历史和社会历史不只是相互脱节却又并置的一系列事件。这可能是经验主义者眼中的历史(马克思和黑格尔或许会这么说),但这不是马克思的观点。马克思把社会视为一个发展中的、包含历史性的实体,它从以往社会的矛盾中产生,并会因其自身包含的矛盾而转变为另一种社会形式。因此,马克思写道:

> 这些不同的条件(生产力条件和交往形式,即社会自身的条件——本书作者注)在整个历史发展过程中构成各种交往形式的相互联系的序列,各种交往形式的联系就在于:已成为桎梏的旧交往形式被适应于比较发达的生产力,因而也适应于进步的个人自主活动方式的新交往形式所代替;新的交往形式又会成为桎梏,然后又为另一种交往形式所代替。由于这些条件在历史发展的每一阶段都是与同一时期的生产力的发展相适应的,所以它们的历史同时也是发

着的、由每一个新的一代承受下来的生产力的历史，从而也是个人本身力量发展的历史。[《马克思恩格斯文集》(第一卷)，人民出版社，2009年，第575~576页。]

可见，社会历史和人类历史的发展蕴含着方向和意义。由此可以说，马克思属于他那个时代。

为防止误解，现在需要指出上述引文的意思并不是说，在马克思看来，"前一代人的计划或使命"要为后一代人创造出他们生活于其中的那种特定的社会。马克思写道，历史的发展

> 被思辨地扭曲成这样：好像后期历史是前期历史的目的，例如，好像美洲的发现的根本目的就是要促使法国大革命的爆发。于是历史便具有了自己特殊的目的并成为某个与"其他人物"……"并列的人物"。其实，前期历史的"使命"、"目的"、"萌芽"、"观念"等词所表示的东西，终究不过是从后期历史中得出的抽象，不过是从前期历史对后期历史发生的积极影响中得出的抽象。[《马克思恩格斯文集》(第一卷)，人民出版社，2009年，第540页。]

而前期历史的动机也不应被视为实现表征后期社会的道德原则的尝试。马克思指出：

> 当然，平等趋势是我们这个世纪所特有的。认为以往各世纪及其完全不同的需求、生产资料等等都是为实现平等而遵照天命行事，这首先就是用我们这个世纪的人和生产资料来代替过去各世纪的人和生产资料，否认后一代人改变前一代人所获得的成果的历史运动。[《马克思恩格斯文集》(第一卷)，人民出版社，2009年，第611~612页。]

70　　　因而,认为马克思坚信每个历史时期的目标都是共产主义,甚至认为他眼中的历史可能包含目的,都纯属误解。生活在某些具体情境下的个人才是有目标的。并且,在这些情境之下通过实践去实现这些目标,才构成历史。就此而言,历史的主体正是人或社会。此外,既然马克思的理解关联于具体情境中的人的实践活动,因而他不会认为,人的实践活动的每一步都必然是向前发展的,或者每个社会都要始终步调一致,更不用说保持同一水平。正如有机体或个人的发育在某些时候可能退化或减缓一样,历史发展亦然。不过,马克思仍然认为,人的活动及其呈现的形式在发展过程中总体上是进步的。在此值得注意的最后一点是,马克思的论述(至少在他晚期的著作中)主要适用于欧洲或西方社会。⑧对于其他社会可能如何发展,则须另加调研。

　　要进一步阐明人或社会的发展阶段之间关联性的本质,必须谨记马克思的辩证法思想。历史是人和社会经历不同生产阶段的发展过程。它是一个由社会内部矛盾推动运动变化的发展过程。此外,作为辩证运动的一个例证,它是人和社会从抽象、单方面的运动到多方面的、具体的运动。同时它还属于这样一种运动,其后期发展阶段明显体现出前期阶段潜在的特征或趋向。也就是说,后期这些特征不仅是从前期保留下来的,而且经过各种重大调整,在后期获得更充分的发展。用马克思的辩证法术语来说,这些特征是"被扬弃的"。马克思是从如下几个方面,以最简明的方式看待这一历史发展的。

　　在人和社会发展的每一阶段,人们都会发现存在劳动、劳动职能的分化、交换等。在最早的社会形式中,对应于这些概念的人的关系是私人的,但也是有限的和不成熟的。它们之所以是私人的,是因为个人(如主人和奴隶)必须相互依赖而非依赖市场:"人的依赖关系(起初完全是自然发生的),是最初的社会形式,在这种形式下,人的生产能力只是在狭小的范围内和孤立的地点上发展着。"[《马克思恩格斯文集》(第八卷),人民出版社,2009年,第52页;参见《马克思恩格斯文集》(第五卷),人民出版社,2009年,第95~96页。]这些关系之所以是有限和不成熟的,是因为生产力和生产关系限制了个人自主活动的可能性。这不仅适用于劳动者,对统治者也是如此。马克思指出,在任何社会中,"这种发展的局限性不仅在于一个阶级被排斥于发展之外,而且还在于把这个阶级排斥于发展之外的另一个阶级在智力方面也有局限性;所以'非人的东西'也同样是统治阶级命中所注定的"。[《马克思恩格斯全集》(第3卷),人民出版社,1960年,第507页;参见第513~514、77~78页。]而就其他社会来说,人们通常也是片面和有限的,因为每个社会都以其他社会为起点。

现在看来,人类历史已经成为经历不同阶段的社会生活形式的发展史。这种由一个阶段向另一阶段的过渡,以及每一个阶段内的发展,都是对最初蕴含的潜在特征的一种实现。马克思指出:"凡在过程开始时不是作为过程的前提和条件出现的东西,在过程结束时也不可能出现。"[《马克思恩格斯全集》(第30卷),人民出版社,1995年,第262页。]因而关于交换,他认为:

> 交换的扩大和加深的历史过程,使商品本性中潜伏着的使用价值和价值的对立发展起来。为了交易,需要这一对立在外部表现出来,这就要求商品价值有一个独立的形式,这个需要一直存在,直到由于商品分为商品和货币这种二重化而最终取得这个形式为止。可见,随着劳动产品转化为商品,商品就在同一程度上转化为货币。[《马克思恩格斯文集》(第五卷),人民出版社,2009年,第106页。]

再者,就交换价值和货币而言,他认为"在交换价值和货币的简单规定中已经潜在地包含着工资和资本的对立等等"。[《马克思恩格斯全集》(第30卷),人民出版社,1995年,第204页。]因而,后期历史阶段的特征是对社会生活前期特征的展开和显著表现。这不仅适用于交换、交换价值、货币和劳动分工，还在更根本的意义上适用于人的实践活动本身。

然而，这一发展过程并不就是乐观的。在此过程中会产生其他的、新形式的依赖性、抽象化和神秘化。因此，虽然人们摆脱了过去对主人的人身依赖，但他们变得依赖于社会法律和社会关系，依赖于市场，这些也是他们无法控制的。"**以物的**（*sachlicher*——本书作者注）依赖性为基础的人的独立性，是第二大形式，在这种形式下，才形成普遍的社会物质变换、全面的关系、多方面的需要以及全面的能力的体系。"[《马克思恩格斯文集》（第八卷），人民出版社，2009年，第52页。]人们生活的方方面面都是抽象的，因为所有人的和自然的特性都被化约为无关紧要的共同特性。他们的生活因其所处的剥削关系而变得神秘化。

尽管如此，按照与人的实践活动相关的一些标准看，发展阶段的接续是渐进式的。首先，在马克思对生产力的广义理解中，人类生产力的力量本身就已包含发展。人的实践活动最终是为了实现人的实际利益，通过对自然更有力的控制，它越来越有能力实现这些利益。机器、劳动组织和社会组织的发展升级使这一点成为可能。提升人类为达到个人和社会的目的而设计行动方案的能力，是这一发展的重要组成部分。其次，人的实践活动的普遍性已获得双重意义的发展。一方面，历史发展见证了阶级斗争的简化，阶级利益的扩大也将其他阶级的利益囊括其中。[参见《马克思恩格斯全集》（第4卷），人民出版社，1958年，第29~30页。]因而，与中世纪或封建社会的生活不同，马克思谈道"从资产阶级的较一般的存在条件中产生出来的较一般的资产阶级思想方法"。[《马克思恩格斯全集》（第3卷），人民出版社，1960年，第489页。]另一方面，随着生产力的发展，人实际上运用于自身和世界的尺度，不必仅限于人自身的直接需要。反之，人开始运用对象本身内在固有的尺度。从而使人对其世界的塑造与存在于世的事物的具体性质相对应。最后，人的实践活动从需要神秘化、虚假意识和拜物教,发展到不再需要它们的状态,简言之,这是在向更有力、更准确的自我意识,向更合理、更精准的认知形式发展。

因此,在人的实践活动迄今经历的发展过程中,我们看到一系列相互联系的社会生活方式(简言之即人的社会形式)。它们相互联系的本质不仅仅是一种形式融入和变为另一种形式。这在其他人看来也是事实。毋宁说,这种相互联系使得由前期形式发展而来的后期形式,成为比前期社会形式"更高级""更成熟"的社会或人的形式。可见,我们理解和判断自己的社会和其他社会的能力,取决于我们在多大程度上能够在前期社会中,看到在后期社会得到显著表现的潜在特性。马克思由此指出:

> 资产阶级社会是最发达的和最多样性的历史的生产组织。因此,那些表现它的各种关系的范畴以及对于它的结构的理解,同时也能使我们透视一切已经覆灭的社会形式的结构和生产关系。资产阶级社会借这些社会形式的残片和因素建立起来,其中一部分是还未克服的遗物,继续在这里存留着,一部分原来只是征兆的东西,发展到具有充分意义,等等。人体解剖对于猴体解剖是一把钥匙。反过来说,低等动物身上表露的高等动物的征兆,只有在高等动物本身已被认识之后才能理解。因此,资产阶级经济为古代经济等等提供了钥匙。但是,决不是像那些抹杀一切历史差别、把一切社会形式都看成资产阶级社会形式的经济学家所理解的那样。人们认识了地租,就能理解代役租、什一税等等。但是不应当把它们等同起来。其次,因为资产阶级社会本身只是发展的一种对立的形式,所以,那些早期形式的各种关系,在它里面常常只以十分萎缩的或者完全歪曲的形式出现。[《马克思恩格斯文集》(第八卷),人民出版社,2009年,第29~30页。]

可见,人的实践活动创造出各种形式(如社会、阶级及其关系),这些形式虽然彼此各不相同，但仍具有内在统一性，因为它们代表实践活动本身的潜在特性发展和表现的各个阶段。人的劳动是这一历史进程所依赖的最终试金石。历史只不过是对其所经历的各种发展形式的记录。

正是基于社会和人的这种有机发展模式，马克思才能够对各个时代的不同社会作出道德判断。正如前文所勾勒的，马克思很明确地指出，特定历史发展的方向是对人的实践活动（因而也是人的）多方面的具体发展。换言之，在马克思看来，人类和社会的力量正朝着人真正繁盛的状态而努力。现在看来，如果道德关乎那些对人类生活有益的最基本的关系和生活条件，那马克思的理论就属于一种伦理学理论或道德理论。我不否认有人会对这种道德观不以为然。但正如我在前面所论证的，这不仅是一种貌似合理的道德观，还描述了其他被公认具有道德理论的思想家的思想特征。因而很难说，以这样一种道德观念来诠释马克思的观点是不合理的。

事实上，在马克思关于把工人的需求和需要作为决定其劳动力价值的"道德的要素"的描述中，甚至可以找到依据支持把关注基本生活条件的理论称为道德理论：

> 因此，(劳动者的——本书作者注) 生活资料的总和应当足以使劳动者个人能够在正常生活状况下维持自己。由于一个国家的气候和其他自然特点不同，食物、衣服、取暖、居住等等自然需要本身也就不同。另一方面，所谓必不可少的需要的范围，和满足这些需要的方式一样，本身是历史的产物，因此多半取决于一个国家的文化水平，其中主要取决于自由工人阶级是在什么条件下形成的，从而它有哪些习惯和生活要求。因此，和其他商品不同，劳动力的价值规定包含着一个历史的和**道德的**要素。[《马克思恩格斯文集》(第五卷)，人民出版社，2009年，第199页，强调为本书作者所加。]

也就是说马克思承认，探讨劳动者为过上正常生活所必须满足的基本需要和需求，就是对生活的道德要素的探讨。没有理由认为，这一探讨无法延伸至直接把人类美好或繁盛生活的基本要素囊括其中。事实上，在《资本论》稍后的论述中，马克思把"个人受教育的时间，发展智力的时间，履行社会职能的时间，进行社交活动的时间，自由运用体力和智力的时间"与"工作日的**道德**极限"关联起来。[《马克思恩格斯文集》（第五卷），人民出版社，2009 年，第 306 页，强调为本书作者所加。]

可见，正是这种关于道德、关于人和社会的思想，使马克思能够对其他社会及早期社会进行道德判断。由于在人类向真正繁盛的状态发展的过程中，这些社会构成一个相互关联的序列，马克思才能言之有理地以那种繁盛状态所特有的道德原则，评价早期和其他的社会条件。不过，尽管我们现在已经由此得到马克思主义伦理学的基础，但是关于这一思想的本质和内涵仍然有待阐明。

四

首先，上述解读表明，马克思对其他社会所能作出的道德判断是有限度的。认识到这一点，能够使马克思关于早期原始社会的论断变得清晰易懂。例如，可以想想马克思提到的作为"正常的儿童"[《马克思恩格斯文集》（第八卷），人民出版社，2009 年，第 36 页。]的希腊人或"稚气的古代世界"。[《马克思恩格斯文集》（第八卷），人民出版社，2009 年，第 138 页。]马克思通过这样的论述表明，把更成熟的道德（或艺术理论等）严格地运用于早期社会形式，是不合理的。正如儿童不会因为自己做出的各种行为遭受道德谴责，他们甚至因为尚未发展成熟，而都没能开始参与其他道德行动。马克思就早期欠发达的社会形式也指出，使其能拥有一种更充分、更成熟的道德感的基础还有待发展。

然而，这不意味着这些儿童或社会跌落至道德论域之外。他们（它们）是有待滋养的，或者说，我们应以一种完全成熟的道德来看待其发展。因而，马克思认同英国人对印度传统社会采取的种种行动，因为这些行动将为产生一种更加充分发展的成熟社会奠定基础："对于印度……英国工业的破坏作用是显而易见的，而且是令人吃惊的。但是，我们不应当忘记……资产阶级历史时期负有为新世界创造物质基础的使命。"⑨这就是说，存在某种对其他欠发达的社会同样切实有效的道德，即使它无法在所有细节上都适用于这些社会。它的有效性源于这一事实：这些社会本身的力量和要素经过发展所要争取的，正是这种道德状况。对于"德国读者看到英国工农业工人所处的境况而伪善地耸耸肩膀"，马克思喜欢说"De te fabula narratur"，即"这正是说的阁下的事情"。[《马克思恩格斯文集》（第五卷），人民出版社，2009年，第8页。]当然，其中有一点是不具可比性的。可以预见儿童会成长为成年人，而古希腊社会的成员却没有成长为生活在共产主义伦理观之下的个人的可能性。不过，这一不可比性只是表明，马克思主要关心的是各种形式的社会和道德的发展阶段。

其次，必须指出，人和社会的后期发展无法为前期社会所预见。事实上，关于"一切有生命的东西、一切直接的东西、一切感性的经验""一切**实际的经验**"，马克思都认定"我们是决不会预先**知道**它'来自何处'和'走向何方'的"。[《马克思恩格斯全集》（第2卷），人民出版社，1957年，第26页。]有人可能认为，马克思慎重考虑过如下事实：道德判断不可能在全知的状态下得出。这对马克思而言包含多重内涵。至关重要的一点就在于，马克思**没有**预设某种道德原则或道德理想，可以在人类发展之初就得到认识和运用。什么是共产主义道德，即构成人类发展的成熟形式的是什么，答案只有在人类和社会经历各种生活形式后才会出现。

由此可见，马克思与亚里士多德在观点上显然有很多相通之处。二者都认为，为了求解人应当如何生活，至关重要的是理解人的本质。而且在他们对人的本质的论述中,也都强调活动的重要性。不过,当前的探讨还表明,马克思与亚里士多德的根本差异在于,马克思认为,人的本质的形成和完善不是在历史之外的。反之,只有在历史中并且通过历史,人的本质及其发展的可能性才能得到揭示——事实上,它只不过是历史的一个发展过程。因此,马克思用以衡量人和社会的道德标准,就是出现在后期历史中的道德标准。这些标准直接道明人的充分发展的状态,但是正如上文所述,它们也直接反映着人类早期所处的欠发达状态。

上述要点的另一方面内涵在于,过去前行的每一步都在使人过上充实和多样的生活。人们多少都会认为自己是按照正确的道德准则生活的。其中的片面性只是对于后期社会才表现出来,继而,人们以其所意识到的对他们而言更高级的道德形式的发展反观前期社会:

> 个人相互交往的条件,在上述这种(生产力与生产关系之间的——本书作者注)矛盾产生以前,是与他们的个性相适合的条件,对于他们来说不是什么外部的东西;在这些条件下,生存于一定关系中的一定的个人独力生产自己的物质生活以及与这种物质生活有关的东西,因而这些条件是个人的自主活动的条件,并且是由这种自主活动产生出来的。这样,在矛盾产生以前,人们进行生产的一定条件是同他们的现实的局限状态,同他们的片面存在相适应的,这种存在的片面性只是在矛盾产生时才表现出来,因而只是对于后代才存在。这时人们才觉得这些条件是偶然的桎梏,并且把这种视上述条件为桎梏的意识也强加给先前的时代。[《马克思恩格斯文集》(第一卷),人民出版社,2009年,第575页。]

可见,马克思没有力求使生活在以往社会中的个人背负道德罪责,甚至(在较弱程度上)对资本主义社会中的个人而言也是如此。如果他们不知道而且也不可能知道未来的社会和道德发展形式，如果他们必须生活在不允许有这种进一步、更充分发展的现存社会条件下，个人就不能在道德上受到谴责。正因如此，马克思才写道："我的观点是把经济的社会形态的发展理解为一种自然史的过程。不管个人在主观上怎样超脱各种关系，他在社会意义上总是这些关系的产物。"[《马克思恩格斯文集》(第五卷)，人民出版社，2009年，第10页。]不过，正如我们已经表明的，由此并不意味着，马克思没有或不可能对先前的社会和个人作出道德判断。

前述那一观点也意味着，在理论上谈论未来的共产主义社会和伦理学时，马克思必须保持谨慎。他无法预见这一阶段人类发展的细枝末节和具体性质，正如中世纪的人们无法预见资产阶级社会和道德一样。因而正如我们前面指出过的，马克思之所以没有更清楚地阐明未来共产主义的性质，不是因为懈怠、表述不清等。而是因为他的理论前提就不允许这么做。他所能做的至多就是，指出那些当前看来明显会对共产主义社会和道德具有规定性的特征。

再次，我们必须谨慎阐明可能提供道德标准的证明。上一节伊始我们就指出，马克思的确是想断言：某一特定生产方式所特有的那些道德标准，是通过这种生产方式得到证明的。只要它们在这种生产方式的运作中发挥作用，它们的"现实性和力量"乃至其有效性就有据可依。现在看来，如果试图寻找的是这样一种马克思主义的道德标准（或一套道德标准）——它始终是这样基本和有效的，即在现存和过去的所有社会中，都正在发挥或发挥过实际作用，属于一种对社会发展具有实际决定作用的力量——这根本就是徒劳的。然而，这并**没有**削弱道德哲学。事实上，就**这种**意义上的有效性而言，以往多数伦理学哲学家和道德论者都会认为，不存在有效的道德标准。马克思强调这种有效性，不是因为标准、理想或规律没有它，就无法在其他意义上被认为是有效的，或者不能用以作为人的活动的规范标准，而是因为他不愿认可其他人断言，这些标准本身就是历史发展归根到底的决定性因素。

因而必须指出,马克思承认存在其他意义上的"有效性"或"证明"。例如,不论是关于道德还是就生产和分配制度而言,我们都可以辨识出一些在所有社会和文化中都能得到认同的共同特征、标准和价值。因此马克思指出,人们有可能认同某些关于生产和分配的"**一般人类规律**"。[《马克思恩格斯文集》(第八卷),人民出版社,2009年,第9、11页。]就道德而言,他也同样承认,以往时代的社会意识变化都没有超出某些共同形式或一般观念。在此尤为重要的是,当前和以往的一切时代都存在某些共同的形式和观念,这不仅是就生产和分配而言,也是就道德而言的。此外,对于现有的论证目标更为重要的是,马克思认为这些观念和价值之所以具有有效性,是因为它们适用于所有这些不同的社会和时代。[参见《马克思恩格斯文集》(第八卷),人民出版社,2009年,第29页。]马克思是在涉及资产阶级经济学或政治经济学的范畴时表明这点的。而我们没有理由不认为道德观念也同样如此。例如马克思指出,财产涉及法的关系(即意识形态要素),但它本身却是一个适用于一切时代的观念或概念。[《马克思恩格斯文集》(第八卷),人民出版社,2009年,第11、12、26页。]

尽管马克思情愿承认,各种一般的道德观念和标准对于所有时代都具有有效性,但他也深信,这种有效性虽然不及不同生产方式表现出来的特定道德标准所具有的"充分的有效性"。马克思甚至倾向于把这类一般观念称为空话和混沌的表象等。[《马克思恩格斯文集》(第八卷),人民出版社,2009年,第24页。]必须指出,他的这些论断是同时针对政治经济学的观念和概念及道德概念和观念而言的。因此,不应把马克思偶尔以这种方式攻击道德概念理解为,是单纯出于这些原因反对道德概念。这些原因也适用于政治经济学概念。当然,政治经济学和伦理学的概念、原则、观念基于它们的性质,可能拥有不同类型的有效性或证明。

这些一般观念和标准存在的一个主要问题是,它们往往会化约为一些简单的论断,尽管具有有效性,却也相对空洞乏味。如此一来关于生产,我们最终可能认为财产占有是它的先决条件。[《马克思恩格斯文集》(第八卷),人民出版社,2009年,第11页。]类似地就道德而言,我们最终可能认为,人应该行善并避免或阻止恶行。

可见,相较于前面那种意义上的"有效性"和以之为特征的标准,上述列举以及这种意义上的"有效性"所缺失的,正是与实际生产方式及其所包含的人的基本实践活动的直接联系或关联性。而这正是共产主义特有的道德标准——在双重意义上——所蕴含的。首先,它们本身就与**共产主义**的生产方式直接关联在一起。也就是说,这些道德标准在共产主义条件下的生产活动中具有积极和具体的作用。其次,它们是早期阶段特定的道德标准和人的活动的辩证发展或结果。正如有些道德标准体现出这一或那一特定的却又不完善的生产方式(即人的活动尚未充分发展的这一或那一阶段),共产主义的道德标准体现的不仅是人的活动的充分发展,还是引导个人在其中实现繁盛状态的那种生产方式发展的整个历史过程。正是共产主义道德原则与共产主义社会及其之前社会实际的人的活动、物质基础之间的这种联系,证明了共产主义道德标准对非共产主义社会的适用性。

可见,共产主义的道德标准不仅仅是抽象观念。其所包含的不是纯粹的抽象观念所具有的空洞的有效性。由于共产主义的标准是对以往社会所固有的,并在社会运行中发挥作用的那些特征的发展,因此它们不是抽象的。而且由于它们也着眼于比以往这一或那一特定社会(更不消说某一特定阶级的需要)更广阔的背景,因此它们并不是对现状的合理化。认为它们与某一特定社会的特定道德标准具有同样的有效性,是一种错误的看法。显然,它们拥有属于自己的、具有重要意义的有效性或证明。遗憾的是,马克思主义者以及其他一些人把马克思认为在这一或那一社会中起作用的道德标准就是有效的这点,视为关于证明问题所能道出的一切。尽管确如我们所见,在人类发展的欠发达阶段,我们无法像在共产主义条件下那样严格地认识或运用更高级的道德标准,但这并不意味着,不存在更高级和有效的道德标准,可以指出早期道德标准的局限和不足。马克思所捍卫的正是这种普遍主义的道德观念。

最后,基于上述内容可能提出的一个问题是:假设历史确实按照马克思所认为的方式发展;进而假设道德正如其所见,与实践活动和生产方式的发展相联系;仍然存在的问题是,为何人类社会实际遵循的道德要求和标准,就应该被视为得到了证明?历史也可能会以某种在道德上令人无法接受的方式发展。

马克思对此的回应是,这一质疑是空洞抽象、毫无意义的。人类生活遵循的道德原则不是来自某一先验领域,也并非源于上帝。不存在这样的道德来源。道德原则源于人本身。它们与人的基本生产实践活动相关。

这里包含的是一种怎样的联系？马克思是否仅仅以将会体现共产主义特征的那种实践活动界定"美德""善"等道德用语？若真如此,从事这种特定活动的人们的行为,就理所当然得到了证明。然而在马克思那里并非如此。他没有打算界定术语。而且正如弗兰肯纳(Frankena)所正确指出的,即使有人提出这样一种界定,如下问题也会随之出现——为何我们应该接受这一界定？换言之,马克思没有简单地把体现共产主义特征的活动,界定为在道德上"高尚的""正当的""善的"活动。

反之,马克思是在向我们表明人类和社会历史发展所包含的各种力量。不要忘记,这些力量蕴含可能影响和改变这一历史发展过程的道德标准。因而,马克思认为(参见第二章)人类和社会的历史发展不是盲目的,而是可塑的。道德标准可能会对其产生影响。它们不是简单地描述人们如何行为,而是指出人们应该如何行为。简言之,它们承载着规范性力量。因此,进行道德反思是有意义的。不过,道德标准不是在一个社会和历史的物质真空中起作用。人的行为是有限制和条件的。这些必须得到承认。一方面，它们为共产主义社会提供了可能。正如马克思所说，"如果我们在现在这样的社会中没有发现隐蔽地存在着无阶级社会（即马克思所设想的道德的社会——本书作者注）所必需的物质生产条件和与之相适应的交往关系，那么一切炸毁的尝试都是唐·吉诃德的荒唐行为"。[《马克思恩格斯文集》（第八卷），人民出版社，2009年，第54页。]另一方面，鉴于马克思对人的活动本质的论述，这些限制和条件指明了人类必须遵循的方向。就是说，我们不仅看到炸毁当前社会条件的可能性，还看到人类将其炸毁以及创建共产主义社会的必要性。当然有人可能始终**认**为，社会和历史本应有其他走向，或者遵循另一种道德标准。然而，这种罔顾人类行为的限制和条件的断言只不过是空话而已。如果模仿康德的名言，我们可以把马克思的观点表述为，脱离事实和历史发展的价值是空洞的，脱离人类和社会价值发展的事实则是盲目的。

可见，在表明人的活动在道德和物质层面的发展如何关联起来时，马克思向我们展示了我们为何应该接受某些而非其他的道德标准。人的、物质的现实所特有的辩证性说明，人类从抽象的、片面的存在发展成为全面的、具体的、繁盛的存在。因此，接受马克思关于社会和人的这种历史发展的论述，就等于接受了他的道德理论。二者不是也不可能是割裂的。马克思就这样瓦解了事实与价值的对立。他也由此实现了他提出的"一门科学"的要求。

五

总之本章认为，马克思关于意识形态和道德判断证明的观点，也允许一种马克思主义道德的存在。不能简单把这种道德视为是相对主义的，它同时适用于共产主义社会及其之前的各种社会。不过，鉴于这种道德的适用性所要求的物质条件，它不可能始终像在共产主义社会那样得到完全充分的运用。而且显然,道德论断的证明必然要求指向人类实际利益的实现。人类利益的实现迄今一直都是对统治阶级利益的实现,这一事实需要依据现存的物质条件予以历史性解释。早期社会的发展方式只能导致阶级、劳动分工和私有财产的产生——所有这些都把实际利益的实现限定于特定阶级的利益。然而利益的实现与特定群体或个人的利益实现之间不存在逻辑相关性。事实上,对人和社会历史发展的辩证理解表明,在共产主义条件下,利益将存在于具有普遍性、具体性和理性自觉特征的实际生活活动中,并由此得到实现。这种关于人类繁盛状态的普遍伦理观,是对共产主义和非共产主义社会进行道德评判的基础。然而构成这种道德的标准本身就是历史发展的产物和表现。因此,马克思把道德标准运用于这一或那一社会而不论其物质基础如何,是没有问题的。可见,马克思其实同时认可各个时代的道德标准,以及作为它们的"成熟"发展样态的共产主义道德标准。后者可以用于批判前者。因此,马克思的道德观不是简单地对现状进行辩护或使其合理化。但前者是后者必须经历的形式。在把后者运用于以前者为特征的社会时,必须考虑到这点。可见,共产主义道德标准的适用性是有可能避免落入空洞的抽象性的,这种抽象性正是马克思批评其他人提出的道德标准时所针对的。

本节内容也是对本书第一部分的小结,因此也要对这部分的主题作些评论。贯穿前三章的统一主题是"马克思主义的伦理学基础",即马克思的元伦理学。我已从不同方面表明,探讨马克思的伦理学是有意义的。对此表示反对的意见并不令人信服。的确,马克思对他那个时代的伦理学和道德怀有敌意。但是这要归咎于它们持续陷入的道德主义、抽象性和彼岸性。马克思的关切从来都既是理论的,也是实践的。除非伦理学理论不断寻求与现实的条件相连,否则它将产生毫无希望实现的要求和主张。令人遗憾的是,马克思本人并没有很严肃和直接地面对这些论题。因此很难说马克思本人提出过伦理学理论。更真实的情况是,他提供了某些可能推进伦理学理论的洞见。如今，自称为马克思主义的伦理学必须对这些洞见和引导进行探索和大力阐明。这一部分论述以这样一种形式把它们聚集在一起，由此使其所构成的伦理学理论清晰可辨。但马克思的规范性思想本身尚未得到阐发。前文予以认可或排斥的规范标准的类型也尚待明确。不过，鉴于马克思伦理观的本质，他规范性思想的某些明确暗示已悄然显现。现在我们可以转向对这些思想的探讨。

第二部分

马克思的伦理学

第四章

自由的伦理学

代替那存在着阶级和阶级对立的资产阶级旧社会的,将是这样一个联合体,在那里,每个人的自由发展是一切人的自由发展的条件。[《马克思恩格斯文集》(第二卷),人民出版社,2009年,第53页。]

伦理学涵盖的问题包括何为道德意义上的好抑或正当(good and/or right),以及用以证明这些道德信念的方法论。由此可见,前三章已经实现伦理学的双重目标。其一,这些章节论证了探讨马克思伦理学的合理性,尽管从马克思的语言表达及其关于决定论和意识形态的思想等来看,明显仍然存在些许障碍。其二,上述章节阐述了这一伦理学的方法论层面:向我们表明了马克思为规范性道德价值和信念所能提供的证明的本质。可见,前三章内容不仅仅是即将得到展开论述的马克思伦理学的序言。如果我们把伦理学的规范性方面与元伦理学分而视之,以上章节所探讨的正是马克思的元伦理学。①而对元伦理学问题的回应,也属于伦理学的组成部分。它们不是外在于伦理学的内容,即并非只是有趣,却在本质上对于阐发伦理学而言可有可无。毋宁说,第一部分所提供的回应将为本章以及随后章节探讨马克思的规范性思想奠定基础。现在,我想力求揭示马克思规范性道德观的具体内容,并把它们同一些评论者归于马克思的其他道德观作一比较。

一

马克思的思想焦点主要在于,对在历史上发展起来的一系列社会生活形式中的最新样态——资本主义社会——展开批判。马克思以多种方式指出了资本主义社会的弊病。这种社会预设了:不同阶级之间以及不同个人之间的利益对立;资本主义条件下片面的、畸形的个人生活;人们因受工作所累而心力交瘁;人际关系沦为金钱关系;个人及其所属的阶级(甚至包括资产阶级)都无法控制社会的发展——工业产品和社会关系已获得属于它们自己的生命,支配并决定着社会发展所盲从的道路。

有人指出,正是各种道德价值和道德原则为上述批判奠定了基础。一些人认为,马克思批判资本主义社会是不正义的——它通过剥夺工人的劳动产品来剥削工人。另一些人指出,马克思反对资本主义,是因为它否定并损害了人的尊严。资本主义没有为最大多数人带来最大利益,在马克思那里也属于核心的道德批判。还有些人认为,以下道德概念在马克思的规范伦理学中处于重要或核心的地位:安全、平等、兄弟情谊和爱。②上述种种说法都有一定的道理。然而我却认为,可以透过一种更为基础的道德视角,来理解马克思对资本主义的批判。从这一视角看,马克思反对资本主义的主要原因在于,生活在资本主义条件下的人是不自由的。这一批判不仅仅是上一段话所列举的马克思对资本主义的批判的基础,它还可以涵盖刚刚提及的一些被归于马克思的不同的道德观。对于与此相悖(如基于正义)的看法,我将证明马克思对资本主义的批判其实不是那样的。③由此可见,在马克思对资本主义的谴责中,处于核心的是一种自由的伦理学。他在早期和晚期著作中都经常提到自由的缺乏、虚假的自由、奴役,这些既构成了资本主义,也是它所导致的后果。本章内容将会表明,这些不同的评论何以组合在一起,形成马克思自由伦理学的基础。

人们已经意识到了自由在马克思思想中的重要性。为了便于归类,可以认为目前对马克思自由观的解读分属两大阵营。一方阵营把自由理解为某种形式的自我实现。例如,有人写道:

> 马克思把人的自由称之为"表现人本身真正个性的积极力量"。这种"真正的个性"是人在他的力量和需要达到顶峰时与他的同伴之间彻底和密切的合作,以及他对自然的全面占有。自由的活动是一种力量得到实现的活动,因此自由就是人的力量得到实现的一种状况;它超越了在积极展现他的潜能时缺少约束的那种状态。④

另一方则是相对粗糙、不太一致的一组解读,这一阵营很大程度上是基于**没有**提供自我实现论式的解读这一事实形成的。其中有人认为,自由是一种有赖于诸善共同作用的伦理品质;⑤另有人认为,自由是个人在社会必然性所限定的范围内,对各种行为进行选择的权利;⑥还有人认为,它是一种心理或精神状态。⑦鉴于对马克思自由观的主流解读本质上是自我实现论的,因而作出这种二元分类是有必要的。不过,要对马克思作这样的理解,仍然存在很大的困难。我甚至认为,在目前已有的理解中,没有一种能为我们提供可信且翔实的论述,使自由成为一个综观马克思的全部著作都可以得到明辨的道德概念。

为了对我要论述的主要方面进行简要铺垫,首先,我想比较一下马克思的自由观与他所说的资产阶级自由观。虽然同他自己的自由观相比,资产阶级的自由概念显得浅薄且贫乏,但马克思的自由概念却与普遍流行的资产阶级对自由的理解是相关的。其次,我会对马克思的自由观进行概述，并对它的三个主要方面加以辨析。最后，我将指出它有别于自我实现论解读的关键特性。由于目前普遍流行的是对马克思的自由概念作自我实现论式的解读，因而不同于此的理解就显得格外重要。随着本章内容的推进，我的观点与其他非自我实现论理解的不同之处也将变得明晰起来。按照资产阶级对自由的理解，自由意味着一个人只要不伤害他人，就可以做自己想做的事或者过自己想要的生活，而非出于强迫（coercion）或强制（compulsion）行事。⑧能够这样生活的人之所以自由，是因为其行为和生活方式是由自己决定的。在我看来，马克思的自由伦理学就是对这一作为自我决定的自由概念所进行的严谨、刚毅、激情洋溢的阐发。他由此向我们揭示出看似平淡无奇的自由观的内涵和结论，这可能是很多人不情愿看到的，但是它却如影随形。

马克思的自由概念比资产阶级对自由的理解更为广泛，也更加丰富，这体现于两个至关重要的方面。首先，资产阶级的自由概念属于一种政治的、个人的、消极的概念。个人只有在**不被他人或国家强制**的条件下才是自由的。这种自由属于消极自由，因为它存在的必要条件是**不被社会强制或强迫**做某事或成为怎样的人。相较于这种政治自由或政治解放，马克思把他的自由概念称为人的解放或人的自由。在马克思看来，自由不仅仅要求没有社会强制，还要求在对他人合理的、和谐的关系中发展自我的一种生活状态。可见，马克思的自由概念是社会的、集体的、积极的。由此，马克思主义的自由蕴含着传统意义上的资产阶级概念没有包含在内的诸多方面，从而使其拥有了不同的内涵。例如，就一个人在工作中进行自我对象化的方式来说，即便是如其所愿地工作，也可能并**不是**对自由的例证。特别是对其工作很满意且能够随意改变工作地点的雇佣劳动者，并不会因此享有马克思意义上的自由。

其次，马克思的自由概念是广义的，因为他以较之通常更为全面的方式，诠释了用以描述资产阶级自由的那些概念。例如，马克思评论道：

"真正的社会主义者"所理解的"外界的强制"不是一定的个人的带限制性的物质生活条件,而只是**国家**的强制,即刺刀、警察、大炮,而这些东西绝对不是社会的基础,只不过是社会本身分裂的结果而已。[《马克思恩格斯全集》(第3卷),人民出版社,1960年,第567页。]

也就是说,不仅像国家这样的组织形式可能对人施以强制措施,从而剥夺人的自由,而且人们生活于其中的物质条件也可能如此。这种对强制概念的延伸远远超出了传统分析资产阶级自由时所运用的相应概念。可见,尽管马克思的自由概念直接借鉴了传统(资产阶级)的自由观,但同时又对它有所超越。

那么,马克思眼中的自由指的是什么?最简明扼要地说,自由是指一个人能够如此生活:在对他人的共同关系中,能从根本上决定包括欲望、能力和天赋的具体的总体,它们构成了一个人的自我对象化。这一表达的简明性显然掩盖了它的大部分内涵。尽管如此,它仍然呈现出马克思自由观的三个不同却又相互关联的方面:(a)自我决定要求通过一个人的欲望、能力和天赋实现自我对象化;(b)一个人的自我对象化必定是一种涉及他人和自然的具体的自我对象化;以及(c)只有在对他人和谐的共同关系中,自我决定才是可能的。简言之,自由于马克思而言就是一种特殊类型的自我决定。下面我将逐一讨论自我决定的这三个方面。不过,在此可以先看一下我的这种理解所表现出的另外一些特性,它们既不同于自我实现论对马克思自由观的解读,又有别于资产阶级的自由。

不同于诸如穆勒提出的关于自由原则的那种理解,马克思眼中的自由是人应该赖以生存的基本美德。因而,马克思的自由伦理学是一种美德伦理学。它由此包含如下两点。首先,马克思关心的是这样一种特定的存在状态:一个人要想获得自由,就必须具备的一系列气质和品格特征。他的自由宣言不只是要求我们按照某种可以作为标准的原则行事。其次，马克思不认为自由存在于一系列迫使人们接受的权利（和义务）之中。自由不应被理解为一种义务伦理（参见第一章）。可见，他的美德伦理学不同于自我实现论对自由的解读，后者会认为，我们有道德义务决定我们的生活所遵循的法则，或者说，实现自我的律令包含对各种道德义务的履行。同理，马克思的自由观也不同于沙夫（Schaff）持有的那种非自我实现论式的理解，后者同样是通过权利和义务理解自由的。⑨道德义务、责任和权利不是马克思伦理学的组成部分。马克思甚至把它们斥为资产阶级道德核心的、有缺陷的特征表现。因此，相较于对马克思道德观的其他理解，美德伦理学更具优势，因为它不意味着接受马克思所明确拒斥的那些道德观。也即美德伦理学不会告诉我们："你有道德责任去做 X！"或者"他有做 Y 的道德义务！"不同于此，它更有可能会说"成为 Z！"它主要关心的是品格特征、气质和存在方式，而不是行为或做事的方式。

在马克思的自由伦理学中，发展人的能力和天赋具有重要意义。至此，自我实现论仍然是正确的。但是，马克思的观点并不像（至少是）某些自我实现论所主张的那样，要求一个人的所有能力和天赋一概得到实现。马克思没有承诺这种浪漫且夸张的理解。由此使他的自由观摆脱落入自我实现论所常常陷入却又难以克服的问题。马克思的思想也不意味着，我们内在固有两种不同的自我，一种是虚假的（false），一种是理想的，而只有后者才是我们应予实现的。这种自我实现论的基调与马克思的立场格格不入。

应该明确的一点是，马克思的思想属于一种规范理论。正因为不是一种义务伦理学，它才没有成为经验主义的理论或非规范性理论。⑩在对自由作自我决定论式理解的那些人当中，把自由视为一种经验性概念或描述性概念的解释者，与视自由为道德概念或规范性概念的解释者之间存在根本分歧。本书的第一部分已表明，马克思是在规范和道德的意义上理解自由的。有人认为,这不意味着非规范性的自我实现论式的理解就是完全无关紧要的。它们关于自由所表达的内容也可能被承接过来,赋予道德意涵。然而正如我们将会看到的,这其实是行不通的。此外,如何在道德层面上看待这些内容,则仍然是个问题。那些认可把马克思眼中的自由视为道德概念的自我实现论式的理解,对我们毫无帮助。它们没有告诉我们自我实现何以成为道德概念。这种自我实现是一种道德责任或义务吗?它是我们的行为所要推进的一种内在的善吗?我们的行为之所以在道德上是正当的、可被允许的、有义务做的,仅仅是因为它们使人获得了自我实现吗?这些与自我实现论相关的问题并没有得到其支持者的回应。与此相对,本文认为,马克思关心的不是详述哪种具体行为是人应该或不应该去做的。毋宁说,他会回应道:"既然你是自由的,那就做你想做的!"⑪这种解读既可以把马克思对权利、道德义务和责任的谴责考虑在内,也更能表明在马克思对资本主义的批判背后,有着怎样的道德旨归。

我对马克思自由概念的解读与以往理解之间的不同还表现在其他方面,这将在下文得到呈现。不过,通过上述内容,读者应该也能看到这一解读所特有的一些更为重要的一般特性。更具体的差异留待下文予以详细探讨。

二

在马克思那里,作为自我决定的自由观的第一个方面,即人之所以自由,是因其本质上决定了构成自我对象化的欲望、能力和天赋的具体的总体。认为自由以自我决定(即人自身对象化所包含的自我决定)为特征,是合理的。用非马克思主义的方式来说,这种观点认为,一个人从本质上决定了自己将会成为怎样的人。正如我们所见,它其实是与资产阶级自由相关的。不过,马克思确实以一种独特的方式阐发了这一观念。在这里,马克思思关于自我对象化的思想至关重要。

对马克思来说,自我对象化表示有着各种欲望、能力和天赋的人,在其(生产)活动、关系及其所建构的据以理解自身的思想体系中,把自身对象化或创造出来。就是说,不论是个人还是人类自身,一开始都不是作为一件成品存在的。人不是生来就被设定为要以某种方式生活,而必须经过一段时间才能展现或被动地呈现出那些不同特征。毋宁说,人类是需要、欲望和能力的各种集合,要通过与他人和自然进行互动和交往,才能形成每个人所呈现的特征。以黑格尔的方式来说,人只有通过与他人、自然之间积极的互动关系,才能真正地认识自己,才能成为其所能成为的人。这种积极的互动创造了人自身及其世界。为此,马克思评论道:"**工业的历史和工业的已经生成的对象性的存在**,是一本**打开了的关于人的本质力量**的书,是感性地摆在我们面前的人的**心理学**。"[《马克思恩格斯文集》(第一卷),人民出版社,2009年,第192页。]人与周围环境之间的这种紧密联系并不是资产阶级自由的典型特征。但是它在马克思看来却意味着,人与他人、自然之间的关系对于人的自由有着更为重大的、与众不同的意义。事实上,如果人的劳动以及人与人的关系是一个人生成过程的一部分,由此就可以理解马克思为何重视劳动和人际关系的本质了。

不应该把上述关于自我对象化的论述理解为,无论何时,个人或人类几乎都可以创造出任何突发奇想出来的生活形式。我们已经说过,发挥创造力不是没有前提或限定条件的。相反,个人(以及人类)是在既定的条件下,通过使其自身所处的条件得到维系和再生,以及为自己创造新的条件和生活形式来创造自我的。这一自我创造的过程就是自我对象化。

马克思最常强调的就是生产劳动中的自我对象化。因而在很大程度上,他有关自我对象化的讨论都会涉及人的劳动和工作,涉及工厂、农场等。显然,马克思强调这点的原因应该与他的唯物史观而非对象化思想有关。就是说,马克思的自我对象化概念不仅限于狭隘经济学意义上的生产劳动。故此,马克思一方面认为,人们有可能明显摆脱为达到必要的经济目的而进行劳动的生活状态,进而从事与他们将会选择的自我对象化活动更加直接相关的其他事业。另一方面,马克思似乎也愿意扩展他的生产劳动概念,使它在本质上等同于对象化。他据此指出:"宗教、家庭、国家、法、道德、科学、艺术等等,都不过是生产的一些**特殊的**方式。"[《马克思恩格斯文集》(第一卷),人民出版社,2009年,第186页。]

当人从根本上引导和控制其自我对象化所采取的形式时,就进行了自我决定。我们已经看到,自我对象化是个人(和人类)通过对欲望、能力和天赋的积极实现和发展而获得的发展。可见,人的欲望不是内在地对立于自我决定或自由的。因此,马克思的思想不同于许多其他思想家和运动所秉承的看法。马克思也把他自己的观点同基督教作了对比,基督教把欲望对一个人的制约作用视为对人的枷锁或限制:

> 基督教之所以要使我们摆脱肉体的和"作为动力的欲望"的统治,只是因为它把我们的肉体、我们的欲望看作某种与我们相异的东西;它之所以想要消除自然对我们的制约,只是因为它认为我们自己的自然不属于我们。既然事实上我自己不是自然,既然我的自然欲望,整个我的自然机体不属于我自己(基督教的学说就是如此),那末自然的任何制约,不管这种制约是我自己的自然机体所引起的还是所谓外界自然所造成的,都会使我觉得是一种外来的制约,使我觉得是枷锁,使我觉得是对我的强暴,**是和精神的自律相异的他律**。[《马克思恩格斯全集》(第3卷),人民出版社,1960年,第285页。]

还存在其他可能与马克思思想对立的看法。柏拉图就认为,作为一种有待约束和限制的力量,欲望是贪婪和危险的。就连持有自我实现论的伦理学的布拉德雷(Bradley)也认为,"虽然自然的欲望、情感和冲动本身并不邪恶，但却因为阻碍了善，而必须受到约束、压制和劝阻"⑫。

相反，马克思始终认为，在人的自我对象化和自我决定中，欲望、能力和天赋发挥着积极作用。人的欲望和需要本身既不是外来的或带有强迫性的力量，也不是"阻碍了善"的力量。因此，在自我对象化的过程中，人为了满足某些欲望和需要而行事的事实，不会对其自我决定造成损害。

不过，马克思的确也承认，在某些情况下，欲望可能变成加诸我们身上的枷锁和权力：

> 欲望是否成为固定，就是说它是否取得对我们的无上权力……这决定于物质情况……是否许可正常地满足这种欲望，另一方面，是否许可发展全部的欲望。而这最后一点又决定于我们的生活条件是否容许全面的活动因而使我们一切天赋得到充分的发挥。[《马克思恩格斯全集》(第3卷)，人民出版社，1960年，第286页。]

可见，一个人的自由可能会被各种专横、固执的欲望所削弱或限制。马克思认为，当对欲望的正常满足受挫，或不构成对欲望、能力和天赋总体的发展和实现时，人们的欲望就会成为对自我决定的制约因素。因而马克思指出，破坏性的或专横的欲望源于受挫或受阻的正常欲望。由此可以说，马克思已经认识到，无意识的欲望对人的自我决定具有消极影响。非正常的欲望本身不仅是受挫的自我决定的例证，还会在其他方面阻碍人的自我决定。

现在看来，在人不再是自我决定的之前，显然还无法明确界定某种欲望在多大程度上必然会挫败其他欲望和目标的实现。马克思也不清楚人的欲望必须在多大程度上得到满足，以及物质条件发展到什么程度才能阻止欲望支配人自身。接下来我们要探讨的是，可以为思考自我对象化与自然之间的关系提供怎样的一般性指引。无论如何都应着重强调如下两点。首先,自我决定并不必然会因为我们按照自己的欲望或需要行事而受到损害。这些欲望和需要的目标或目的是**属于我们的**,而不是外来的介入者。只有当物质条件的不充分发展导致这些欲望或需要变得"不正常"时,人的自我决定才会遭受损害。其次,马克思没有像某些自我实现论者那样由上述推断,我们必须谈论虚假的或恶的自我,即善的或理想的自我必须与之展开斗争的那种自我。或许我们会发现自己正在与自己专横的欲望作斗争,但是仅凭这一事实并不意味着,必须区分出存在于同一个人身上的两种敌对的自我。⑬

三

可见,对马克思来说,自我决定与自我对象化(或对人的欲望、能力和天赋的实现)具有内在联系。然而,作为自我决定的自由不仅仅要求人对其自我对象化的控制和引导。它还要求人在自我对象化的过程中发展自己的欲望、能力和天赋。通过再次比较马克思的自由观与资产阶级的自由观,我们可以看到这一要求的合理性。一个人无所事事,只是一直独自静坐在凳子上,目视白墙,这与资产阶级的自由是相符的。这样的人可能正在做他想做的事——其实根本就什么也没做——而且不会伤害任何人。问题是,他是否是自由的。当然,如果仅凭资产阶级的定义判断,则可以说他是自由的。然而,举这个例子的用意正在于对这一定义提出质疑。如果这个人根本就不想做其他任何事呢?假如他事实上被锁链绑在椅子上,可他却喜欢他的锁链,只想继续目视白墙呢?当然,这一切都很不合理,但是在资产阶级的定义中,没有任何内容使其显得不合理。他仍然是自由的,因为他正在做的正是他想做的事,同时也没有伤害任何人。马克思的自由观所针对的,正是把这种状态下的人称为自由人的不合理性。一个人没有做任何可以发挥或充分实现其能力的事,而是满足于生活在镣铐之中,并且没有伤害任何人,这样的人显然已局限于最低限度地实现欲望和潜能。令我们即刻心生疑惑的是,如何理解人的自我对象化的这种作茧自缚的行为?用马克思前面的话说,只想目视白墙、始终作为囚徒或奴隶存在的欲望,在这个人身上获得了那种无上权力,以致使其别无他求,对此,我们应该如何理解?提出这些问题并对这类行为表示质疑,表明我们认为这样一个人的自我决定受到了某种程度的损害。因此,如果自由确实与资产阶级的自由概念本身所承认的自我决定相关,似乎就的确有理由认为,一个人的欲望和能力的发展在对自由的理解中占有一席之地。马克思的自由概念公开承认并吸纳了这一点。正是出于这个原因,我们才能在马克思的文本中找到类似如下的段落:

> 在他(亚当·斯密——本书作者注)看来,"安逸"是适当的状态,是与"自由"和"幸福"等同的东西。一个人"在通常的健康、体力、精神、技能、技巧的状况下",也有从事一份正常的劳动和停止安逸的需要,这在斯密看来是完全不能理解的。诚然,劳动尺度本身在这里是由外面提供的,是由必须达到的目的和为达到这个目的而必须由劳动来克服的那些障碍所提供的。但是克服这种障碍本身,就是自由的实现,而且进一步说,外在目的失掉了单纯外在自然必然性的外观,被看做个人自己提出的目的,因而被看做自我实现,主体的对象化,也就是实在的自由——而这种自由见之于活动恰恰就是劳动——,这些也是亚当·斯密料想不到的。[《马克思恩格斯文集》(第八卷),人民出版社,2009年,第173~174页。]

可见,自由或自我决定与人的欲望、能力和天赋的实现并不矛盾,却与它们的未能实现是不相容的。

但是,哪些欲望和潜能是被自由人作为其自我对象化的一部分予以实现的？进一步说，它们必须在多大范围或程度上得到发展或实现？资产阶级的看法是，自由人可以在他想要达到的程度上如其所愿地实现任何欲望和潜能，只要对它们的实现不会伤及他人。马克思反对这一看法。正如我们所见，这种观点不但允许将自己的欲望局限于逆来顺受者（oyster）的欲望，而且与一个人所拥有的、实际上可能使其身心遭到贬斥、羞辱和耗竭的欲望并行不悖。自我实现论对马克思观点的理解则迥异于此。它的答案似乎是，我们必须"充分"发展或实现我们的**一切**欲望和潜能。毫无疑问，马克思本人的确向来不厌其烦地勉励人们充分发展或实现自己的一切欲望、能力和天赋，以此作为人们自我决定的一部分。例如，奥尔曼（Ollman）就据此断言，在共产主义社会，"人的生产活动占有他**所有的**力量并且为了他们的自我实现不断创造出更多的机会"⑭。但这是可能的，甚或是可信的吗？至少在奥尔曼和许多其他人看来，这似乎是可能的。按照奥尔曼的理解，马克思认为，在共产主义条件下也即当人自由之时，人们的专注力将会更加集中，也会更为持久，他们将以专家的轻松兴致去做所有工作，并且样样精通。⑮然而这一观点显然是荒谬可笑的无稽之谈。即便真有人会一本正经地（with a straight face）持信这一观点，诸多问题也仍然显而易见。必须面对的一个问题是，没有人能"充分"发展或实现其**一切**欲望和能力，因为其中的一些会发生冲突。而且，对某些潜能的发展将挤占发展其他潜能所要求的时间和精力。很难想象一个人不仅能**充分**发展作为钢琴家的潜能，而且能同时成为核物理学家和水下探险家，更不用说既要为人父母，又要做社团领袖了。最后，既然人不可能发展自身的一切能力和天赋，那就必须运用某种（道德的）判断标准来确定要实现其中的哪部分。而自我实现论的判断标准所要应对的，恰恰是发展自身一切能力和天赋这样的任务。因此，自我实现论对马克思自由观的解读令人无法接受。

然而，马克思不一定要被解读为是在勉励我们，去执行自我实现论要他承担的那些矛盾的和不可能完成的任务。显然,他不认为每个人都应该不加区分地发展其所拥有的任何欲望、能力或天赋。例如,伤害他人的能力就不应该得到发展。因而马克思必须指出,我们可以基于什么来决定人的哪些特性有待发展或不应得到发展,以及我们可以如何理解"充分发展"的概念,从而使其成为一个合理的概念。

我们稍后(参见第五节至第九节)会看到,马克思凭借怎样的一般性指引来确定哪些欲望、能力和天赋作为人的自我决定的一部分,应被予以充分发展或实现。假设这些指引能够成功地确定下来哪些欲望和潜能与自由相容,仍然存在的问题则是,如何以合理的方式理解"充分发展"。在我看来,马克思不一定主张每个人都必须在同样"充分"或彻底的程度上,发展或实现由我们的标准筛选出来的任何欲望和潜能。关于马克思可能会以何种方式限定这种发展的限度,需要分两步来说明。

第一步,马克思可能会反对上述讨论中所蕴含的关于"充分发展"的理解。人们以为"充分发展"意味着,可以无限地、不断地拓展、实现或发展人可能拥有的欲望、能力或天赋。正是基于这种理解,马克思的思想被视为是对不可能实现的发展壮举的要求。但是何以假定马克思持有这种看法呢?假定他所说的"充分发展"是指最大限度地发展或实现人的欲望、能力和天赋,并且与基于人自己确定的需要和利益等级而设定的某些限度并行不悖,这样才会更符合古希腊思想家和黑格尔对马克思思想及其自由观其他方面的影响。例如,柏拉图就深信,人自身的各个方面只能在一定限度内获得发展。正如一位出色的音乐家不会持续收紧他的琴弦一样,完全合乎道德的人也懂得,生活的每一个方面都必须恪守一定的限度或尺度。⑯同理,黑格尔谴责无限发展的概念为"坏的无限性"(bad infinity)。无疑,马克思不是说"全面发展"就是一个人无限地发展或实现自己的欲望和潜能。他意识到人们在欲望、能力和天赋方面存在各种差异。个人可能拥有的某些天赋和能力,或许是其人生最大的财富(of predominant interest)。因此,一个人可能希望专注于此,同时把其他方面的能力和天赋,与这些对于自己来说更为核心的、更加备受珍视的能力和天赋关联起来。就像是在一段谱写好的、能够完整演奏出来的乐章中,一些主题可能比另一些展开的更多一样,在一个自我已经得到充分发展的人身上,某些方面也可能比其他方面发展得更成熟。

马克思的确反对因劳动分工而导致的人的狭隘发展。他确实认为,人们在摆脱生活中普遍存在的强制和自由的缺乏后,会比以往能在更加广泛和普遍的意义上发展自我。马克思对个人全面发展的论述就直接与此相呼应。不过,既然他所反对的主要是过去因**被迫或强制**所导致的人的发展的狭隘性,以及缺乏对自我对象化的自我控制,那么,人若专注于自己特别富有天赋、才华横溢的或者怀有特殊欲望的某些领域,也就并不违背马克思的观点。这也是如下这段著名的引文所重点指出的:

> 原来,当分工一出现之后,任何人都有自己一定的特殊的活动范围,这个范围是强加于他的,他不能超出这个范围:他是一个猎人、渔夫或牧人,或者是一个批判的批判者,只要他不想失去生活资料,他就始终应该是这样的人。而在共产主义社会里,任何人都没有特殊的活动范围,而是都可以在任何部门内发展,社会调节着整个生产,因而使我有可能随自己的兴趣今天干这事,明天干那事,上午打猎,下午捕鱼,傍晚从事畜牧,晚饭后从事批判,这样就不会使我老是一个猎人、渔夫、牧人或批判者。[《马克思恩格斯文集》(第一卷),人民出版社,2009年,第537页。]

人在自我对象化的过程中所实现的欲望和潜能的具体的总体,构成了人的自我决定。因而在马克思看来,上述理解中被称为"充分发展"(即无限发展)的其实是"过度发展"。可见,不一定要把马克思理解为勉励人在各个方面完成其所不可能实现的(无限)发展。

　　第二步,除了通过其他方式表明,马克思没有基于其自由概念而执念于无限发展人的欲望和潜能,还要说明他为何明确要求人的欲望、能力和天赋在一定程度上得到发展或实现。我们已经指出,资产阶级的自由概念属于政治概念。如此一来,人自由与否就无关乎人对自然的关系问题。我们也已注意到,马克思的自由概念要宽泛得多。在他看来,脱离了对自然的某些关系,人就不可能是自由的。按照马克思的说法,"自然界起初是作为一种完全异己的、有无限威力的和不可制服的力量与人们对立的"。[《马克思恩格斯文集》(第一卷),人民出版社,第534页。]由于人无法完全掌控自然以及物质条件的不成熟,自然支配着人。它就像一个捉摸不定的暴君,威慑并统治着人。是故,自然在两方面限制了人的生活和行动。其一,不论是势不可挡的自然威力的存在,还是令人遗憾的自然资源的不足,都阻碍了人类目标的实现。其二,自然的威力和自然资源也因其偶发性现象而制约着人的生活。人类发展的早期阶段尤其表现为偶发性事件或意外的发生。人类目的和目标的巩固及实现有待于非人格性力量的乍现(whims)。马克思据此认为,个人只有在掌控自然力量之后,才有可能是自我决定的。为了实现自我决定和自由,人必须在这一基础领域发展自己的欲望、能力和天赋。因此,一个人的自我对象化程度不仅仅事关反复无常的欲望。它隐含的判断标准还包括对人的对象化过程的决定和控制。

　　但还是有人指出,对马克思而言,自我决定意味着自然必须被"完全驯服和人化(humanised)"⑰。然而,必须把人的欲望和潜能发展到能够驯服海潮、控制风,以及管控妨碍人的一切自然力量的程度,这显然是不合理的。否则,马克思关于共产主义(因而也包括自由)在19世纪有可能得到实现的期望,就是令人费解的。马克思甚至也**不**认为,"完全掌控自然"对于自由或自我决定是必要的。相反,他认为"生产力的巨大增长和高度发展"才是必要的。[《马克思恩格斯文集》(第一卷),人民出版社,2009

年,第538页。]后来他还指出,共产主义需要"当时发达的生产力"。[《马克思恩格斯文集》(第一卷),人民出版社,2009年,第573页。]他从来没有说过,自我决定或自由作为未来共产主义的特征,要求通过掌控自然来获得过分的、不可能的推进。不过,就马克思的思想而言,生产力的发展(因而也包括对自然力的掌控)的确仍然具有绝对举足轻重的地位。没有这一基础,共产主义作为一个虚无缥缈的理想,只能沦为空想。

那么马克思的自我决定概念对人与自然的关系意味着什么?首先,我不认为能够具体表明,马克思所理解的自我决定是要求人在多大程度上驾驭自然。当然,在马克思看来,从根本上挫败个人乃至社会可能怀揣着的无中生有的(idle)愿望,不一定就意味着自我决定性乃致自由的缺乏。人类一直都想像鸟儿一样飞翔——却又无法操纵自然,让人能够展翅翱翔,这一事实并不是对人类或个人自我决定的限制。若要使自我决定避免仅仅沦为空洞的幻想,就必须区分出哪些可以由人决定和控制,哪些是人无法决定和控制的。

不过,我们一般可以通过指出这种控制会满足的自我决定(因而也即自由)的一些条件,来表明人对自然所必须达到的控制程度。马克思明确认为,满足这些条件不需要完全掌控自然。另一方面,他也认为这些条件的满足要求每个人的欲望、能力和天赋都得到显著发展。首先,人必须能够驾驭自然,以满足他的基本需要。[参见《马克思恩格斯文集》(第一卷),人民出版社,2009年,第689页。]自我决定和自由不可能在食不果腹的状态下得到妥善安顿。我们已经看到,缺乏对欲望的正常满足,是使欲望变得专横并支配人的原因之一。事实上,社会的、政治的及宗教的束缚迄今始终制约着人的自由和自我决定,其根本原因即与缺乏对人基本需要的满足有关。其次,自由要求人必须能够驾驭自然,进而把为满足这些需要所必须从事的劳动缩减到最低限度。马克思由此指出,"个性得到自由发展,因此……直接把社会必要劳动缩减到最低限度,那时,与此相适应,由于给所有的人腾出了时间和创造了手段,个人会在艺术、科学等等方面得到发展"。[《马克思恩格斯文集》(第八卷),人民出版社,2009年,第197页。]

最后,人必须对自然具备某种程度的控制力,以使人有可能废除诸如私有财产、劳动分工、国家和阶级等社会建制——这些制度迄今为止制约着人的行为。[《马克思恩格斯全集》(第3卷),人民出版社,1960年,第515~517页。]简言之,马克思同时以一种社会的判断标准来确定人必须在多大程度上驾驭自然。对此,有两方面内涵需要予以强调和详述。

一方面,个人的自我决定与由个人(或人)组成的群体的自我决定密切相关。显然,社会可能以具体的个人所无法实现的方式驾驭自然。在马克思那里,这表明群体对个人的重要性,同时也解释了他为何把"人"与具体的个人相提并论。个人只有在共同体中才有可能是自我决定的,因为只有在共同体中,才能控制自然并以个人的目的为导向。只有在共同体中,才能创造出各种各样的备选方案,使个人能够有效实现其各种目的和目标。可见,自我决定不可能仅仅事关个人。而为确保社会对自然的控制所造就的个人自我决定的广泛可能延展至个人,自我决定要求与他人共同决定和控制人的关系和生产力。自我决定并不以牺牲他人的自我决定为代价。事实上(正如我们将在第七节中看到的),一个人对他人所必然产生的关系,是马克思共同体思想的一个重要组成部分。

另一方面,自我决定要求我们把自然力量与社会力量或社会权力区分开来,尽管后者似乎也是自然形成的,并且超出了人的控制范围。马克思不止一次强调,我们与他人之间的关系往往不受我们控制,而且被视为不可改变的自然力量。社会关系呈现出它们自己的生命,这样一来,它们就决定着生活在其中的个人,而不是由这些个人所决定。这就导致个人在这种关系中屈从于偶然性[参见《马克思恩格斯全集》(第3卷),人民出版社,1960年,第516页。],而不是以自我为导向。对此观点的一个典型表述即马克思认为,人们往往把与他人之间的关系视为一种自然的关系,即被自然所赋予的关系。主人－奴隶、地主－农奴、资本家－无产者在其各自的时代,都被称为"自然的关系"。因而对于这种关系,人们认为自己既没有也不可能有控制力或发言权。类似地,供求关系也被认为是一种自然的关系,它把宝贵的生存资料分配给某些人而不是其他人。由此可见,这是一种制约着人而不可能反由人来决定的关系。同样,在私有财产制度下,人的生命活动不是"出于自愿,而是自然形成的"分工;"因为共同活动本身不是自愿地而是自然形成的,所以这种社会力量在这些个人看来就不是他们自身的联合力量,而是某种异己的、在他们之外的强制力量。关于这种力量的起源和发展趋向,他们一点也不了解;因而他们不再能驾驭这种力量"。[《马克思恩格斯文集》(第一卷),人民出版社,2009年,第538页。]可见,当马克思认为各种关系在人们看来是"自然的",或者说人际关系多是"自然地"产生时,他对"自然"的使用不同于包含肯定性内涵的主流或普遍用法。马克思在这类情形下所使用的"自然的"或"自然地"具有否定性。它意味着一种无意识的、非自愿的——或者至少不是被理性规划的——偶然事件。马克思由此认为,在这种关系中生活是受偶然性支配的,而不受个人控制。故此,市场中无形的手和非人格性力量,以及资产阶级社会的许多其他制度,都被马克思谴责为是对人的自我决定和自由的公然冒犯。这些强制性力量和制度非但不是自然的、不可控的,而且是由历史和人类所造就的,应该予以改变和控制。马克思据此认为,一个人只有克服这些"自然的"条件并且能够驾驭它们,才有可能是自我决定的。这些条件必须"失掉了单纯外在自然必然性的外观,被看做个人自己提出的目的"。[《马克思恩格斯文集》(第八卷),人民出版社,2009年,第174页。]

可见,自我决定或自由要求辨识出那些应由人来控制和引导的力量和关系——不论它们是否确实属于自然的力量或关系,却仍然能够被驾驭,抑或作为可以驾驭的社会的或历史的力量和关系,而仅仅貌似是自然的。因此,自我决定意味着认识和理解人的生活条件和关系的本质,即它们是如何形成并发挥作用的。自我决定不能仅仅以个人自己提出的任何目的作为尺度,因为个人可能会对自身及其所处的关系产生错误的认识。因而,自我决定所包含的个人对自身事务的驾驭,是以对人的处境及其背后进程的本质的理性认知为依据的。那些生活在资本主义条件下的人们,可能以为他们也是自我决定的和自由的,但实际情况并非如此。不论是对无产者还是资产者而言,这都是事实。从另一方面看,由于人们一般认为共产主义所提供的现实的日常关系,将是"在人们面前表现为人与人之间和人与自然之间极明白而合理的关系"[《马克思恩格斯文集》(第五卷),人民出版社,2009年,第97页。]。因此共产主义能够实现个人的自我决定。同时因为共产主义条件下的社会关系将由社会成员共同控制,而且自然也会在必要的范围内被驾驭,人将会成为自我决定的和自由的。

四

现在看来,自由和自我决定实现于人生的不同阶段,例如,在一个人埋头于生产和日常事务时,以及偶尔从这些考量中抽身而出时。在前一种情形,人"为了维持和再生产自己的生命,必须与自然搏斗"。[《马克思恩格斯文集》(第七卷),人民出版社,2009年,第928页。] 如此一来,生活——在一切可能的生产方式下都是——仍然根植于必要性。自由在此

> 只能是:社会化的人,联合起来的生产者,将合理地调节他们和自然之间的物质变换,把它置于他们的共同控制之下,而不让它作为一种盲目的力量来统治自己;靠消耗最小的力量,在最无愧于和最适合于他们的人类本性的条件下来进行这种物质变换。[《马克思恩格斯文集》(第七卷),人民出版社,2009年,第928~929页。]

据此可见，人在这一领域中的自我决定和自由是有限度的，当人不再受制于"必要性和外在目的"时，就不存在这种限度了。在后一种情形即马克思称之为"真正的自由王国"领域中，人类能量的发挥本身就可能作为目的存在。[《马克思恩格斯文集》(第七卷)，人民出版社，2009年，第929页。]然而，这里没有引入一种全新意义的"自由"，而只是确认了这样一个王国：生活在共产主义条件下的人所享有的自由，以一种"更纯粹的形式"被实现了。正如马克思在《1844年经济学哲学手稿》中指出，"动物只是在直接的肉体需要的支配下生产，而人甚至不受肉体需要的影响也进行生产，并且只有不受这种需要的影响才进行真正的生产"。[《马克思恩格斯文集》(第一卷)，人民出版社，2009年，第162页。]人同时参与这两个领域的事实，不意味着他被两种意义上的自由所割裂。在这两个领域中，人都是在自我决定的意义上才是自由的。只是这种自我决定在人们日常生活的某些时期可以获得更充分的实现。

这种观点不仅合理可信，还在其他方面与马克思关于自我决定和自由的思想是一致的。然而波普尔基于上段话中的引文却指出，马克思"将自由王国等同于人的精神生活的王国"[18]。这样理解毫无道理可言。一方面，为了支持这一论点，上述引文必定要被曲解得面目全非。另一方面，波普尔的理解也与马克思的其他基本观点（如前文述及的自我对象化概念）背道而驰。马克思的立场非常明确：自由不应等同于"从肉体中解放出来"[19]；反之，它应该等同于人的自我决定——这是人在其日常生活的不同片段或多或少有可能完全实现的。作为人类生活的特性，这是令人遗憾的吗？[20]对此，我猜马克思只会说，这就是人类生活无可回避的一个事实，因而既不应该感到遗憾，也不应加以谴责。人在这**两个**领域中都能实现自我决定和自我对象化。甚至只有当人从整个日常生活中抽身而出，只考虑我们没有投入必要劳动时，才有可能谈得上那种"真正的自由王国"。即便是考虑到，我们在共产主义社会中仍然会身处必要劳动的"限度"之内，从现实

（和整体）来看，我们也还是自由的和自我决定的。"真正的自由王国……只有建立在必然王国的基础上，才能繁荣起来。"[《马克思恩格斯文集》（第七卷），人民出版社，2009年，第929页。]而保持枝繁叶茂的树（用马克思的隐喻来说）本身就是一棵自由之树。由此，应予坚持的一点是，即使没有在其所能承载的更大范围得到不断拓展，构成共产主义的那种自由或自我决定也是可以实现的。

综上可见，马克思对自我决定的理解在很多方面是不同寻常的，或者说凸显了马克思主义的印记。其一，不同于资产阶级的自由概念，它对可能侵犯人的自我决定的那些事物（如自然、劳动分工和私有财产）有着广泛关注。

其二，尽管马克思的自由观与摆脱束缚或限制的传统理解相关，但是它又有所不同，因为它强调对个人事务的自我控制（即合理的自我控制）的重要性。而通常理解的资产阶级自由，就是能做自己想做的事。如此看来，与人对自身所处关系的理解相关的问题，就不那么容易产生了。

其三，马克思对自由的理解比其他理解方式的内涵更丰富，因为它超越了没有障碍地去做自己想做的事的要求。它意味着人自身特有的欲望、能力和天赋作为总体的发展。在马克思那里找不到任何可靠的论据表明，他把自由等同于人的精神生活或"从肉体中解放出来"。

其四，自由还要求人对共同体的参与，因而要求共同决定人的所作所为。也就是说，自由不仅仅是个人的事，还是一种社会事务。可见，马克思对自我决定的理解，同时也属于其民主观念的一部分。据此来看，社会关系和权力关系不会损害一个人的自我决定或自由。而且必须接受对人的自我决定的某些"限制"。具体来说，物质生产及社会对物质生产力的组织的必要性始终存在，这种必要性的作用正是对人的自我决定进行合理的限制。不过，鉴于这些限制内在于共同体中，且其自身也得到了合理的辩护，因而与其说它们是对人的自我决定的限制或约束，不如说是自我决定的实现条件。简言之,自我决定不是要求人毫无条件或无限度地设定自己的目标。我们已表明,没能实现无中生有的愿望,不会妨碍自我决定。同理,人与其他个人共同生活在一个社会或共同体中的事实,虽然涉及对某些法则的遵循,却也没有妨碍自我决定。认为隐士或野蛮人才是真正自我决定的,属于一种虚空、浪漫的看法。

其五,自由正是马克思伦理学的**那个**基准美德(the cardinal virtue)。它不仅仅是做某些事的力量或能力,也不是一项行为原则或是权利的集合。毋宁说,最好把马克思眼中的自由理解为我们在道德层面上应该实现的那种生活的特性,即一种存在方式。在此历史关头,他鼓励我们去"做自由的人(Be free)!"这就要求人的自我发展或自我对象化在某种程度上取决于自己的欲望,而且是在如下限度内实现的,即这一发展使人能够从根本上合理引导自己在一定社会制度和自然力量的影响下,同他人所展开的活动及其形成的关系。由此可见,把马克思的伦理学视为一种自我实现论的伦理学是错误的。

最后,上述对自我决定的理解作为自由以及马克思伦理学的一个方面有多重要?难道不会有人反驳道,上述(片面的)自由观"是空洞的,因为它没能就应该如何去做给(人——本书作者注)以指引?"[21]对于诸如奥尔曼和卡门卡等认为自由在马克思那里属于描述性概念的人而言,应该不会被这一反驳所困扰。[22]但第三章已表明,马克思的伦理学是规范性的。人们由此会期望他的道德观能提供一些指引。现在来看,在某种意义上可以说,上述对自由作为自我决定的理解,确实没有为人应如何行动提供引导。也即**假定**人能够合理引导自己的行为,自由所意味的自我决定就不会进一步告诉你应该做什么,或对此问题应如何抉择。但是这又非常符合这里得到辩护的、认为马克思的伦理学是一种美德伦理学的观点。

不过,这无法表明上述对自由的理解就是空洞的。事实远非如此,因为它要人们去改变不自由的现状——资本主义条件下的情形显然就是不自由的。事实上，马克思的大部分论证都在揭示，人如何被自己的关系和活动所俘虏，以致无法实现上述引导作用。马克思对交换价值、私有财产、劳动分工等的论述都力图表明，人们身处其中的关系是如何强制迫使其过上他们所过的生活的——他们因为这些关系而无法自由选择如何生活。这并非先是空洞的指引，然后告诉人们去改变这些关系！接受马克思对自我决定的理解，对于大多数社会都会产生重大影响。

五

至此，探讨自由或自我决定时都在强调这些概念与自我对象化之间的关系。他人和自然只是发挥手段的作用，目的是为了实现自我对象化和自我决定。但马克思认为要实现自由，人的自我对象化过程就不能仅仅把他人和自然当作手段，或者作为人的意志无关紧要的抽象对象。相反，人必须生活在与他人和自然具体形成的共同关系中。这一论断包含两个方面。其一，马克思认为，只有当一个人与他人和自然发生互动，并由此把这个人自身以及他人和自然所具有的各自不同的具体特质都纳入其中，这个人才是自由的。其二，人与人的关系必须以利益和谐为特征。前者将是本节思考的重点，后者是第七节至第九节考察的重点。这两个方面都为马克思的作为自我决定的自由观充实了内容。它们通过对人的自我对象化施以各种限制条件，使其成为自我决定的一个例证。

关于第一点，马克思以各种方式作过多次阐述。例如，他强烈要求："你对人和对自然界的一切关系，都必须是你的**现实的个人**生活的、与你的意志的对象相符合的**特定表现**。"[《马克思恩格斯文集》（第一卷），人民出版社，2009年，第247页。]他还强调："对象**如何**对他来说成为他的对象，这取决于**对象的性质**以及与**之**相适应的**本质力量**的性质；因为正是这种关系的**规定性**形成一种特殊的、**现实的**肯定方式。"[《马克思恩格斯文集》(第一卷),人民出版社,2009年,第191页。]与此相对,资本主义社会最终形成的一系列关系,却无关乎被生产出来或人所拥有的具体特质、使用价值,而是关系到体现在被生产或拥有的一切之中的、以抽象(交换价值)形式存在的人的劳动量。在资本主义条件下,对象的(交换)价值俨然成为另一种属性,很像是对象所具有的作为使用价值的其他自然属性。人们没有认识到,产品的交换价值并非物与物之间的自然关系,而是生产者之间的社会关系。这就导致在产品之间社会关系的笼罩下,个人之间的人际关系变得具有伪装性且脱离于个人。进一步说,人际关系是根据抽象的符号性特征被理解的。因而,理解和评判人借以实现自我对象化的活动和关系所依据的,不是它们自身的具体特质,而是一些次要的、抽象的特质。

我们应该如何理解自由的这一方面?认为人在自我对象化过程中,对待他人和自然时应该依据其各自具有的具体特质,这意味着什么?人对他人和自然的关系作为与人的意志的对象相符合的、对现实的个人生活的特定表现,又意味着什么?再者,这种关系何以构成自由?这些问题在马克思的自由观论述中很少提及。

首先,自由以及马克思的道德观不仅涉及人自身对其他人的关系,还同时涉及人对物的关系,这似乎有些奇怪。但是如果回想下(参见第三节)马克思认为自然或物有可能支配人的生活,并且(参见第三章)"物本身是对自身和对人的一种**对象性的**、**人的**关系,反过来也是这样"[《马克思恩格斯文集》(第一卷),人民出版社,2009年,第190页。]。就应该不足为奇了。换言之,对象或物不应仅仅被视为愚钝的对象,即对人类而言无关紧要。它们不仅可能支配人,还是对个人及其与其他个人的关系的反映:"直接体现他的个性的对象如何是他自己为别人的存在,同时是这个别人的存在,而且也是这个别人为他的存在。"[《马克思恩格斯文集》(第一卷),人民出版社,2009年,第187页。]可见,当马克思谈到人对自然的关系时,他指的不是人必须与之相适应的某种原始的、未被染指的自然。自然既独立于人存在,同时又是人类力量和关系发展的体现。因此,人对自然的关系是人与人关系的重要组成部分。二者最终密不可分。因而"在自我对象化过程中,马克思所极力强调的人对物或对自然的那种至关重要的关系是什么?"这一问题不论涉及自然还是人,本质上都是一样的。不过,鉴于人与人的关系更为复杂,我想先来考察一下马克思关于人与自然的关系的论述。

我们已经讨论过人控制或驾驭自然的问题。合理控制自然是人的自由的一个重要方面。这里问题的关键与此相关,但又有所不同。人不应只是控制自然,还应在人与自然的关系中体现出某种与自然相符的自我表现。现在看来,马克思的意思显然不是说,如果一个人想开发矿藏,就必须使自己变得像矿物一样;也不是说如果要采伐森林,就必须得像树木一样。马克思的思想表述虽然有些含糊不清,但也不至于荒诞不经。相反,他认为,人自身对物、对自然的恰当关系涉及"(人自身——本书作者注)为了物而同**物**发生关系"。[《马克思恩格斯文集》(第一卷),人民出版社,2009年,第190页。]马克思于此旨在表明,我们要在我们的关系中把握对象和自然的审美性质。他有一段著名的话这样写道:

> 囿于粗陋的实际需要的**感觉**,也只具有**有限的意义**。// 对于一个忍饥挨饿的人来说并不存在人的食物形式,而只有作为食物的抽象存在;食物同样也可能具有最粗糙的形式,而且不能说,这种进食活动与**动物**的进食活动有什么不同。忧心忡忡的、贫穷的人对最美丽的景色都没有什么**感觉**;经营矿物的商人只看到矿物的商业价值,而看不到矿物的美和独特性;他没有矿物学的感觉。[《马克思恩格斯文集》(第一卷),人民出版社,2009年,第191~192页。]。

这就是说,与对象或自然恰当地发生关系,包含在审美意义上与其发生关系，因为审美关系会考虑到对象感性的、具体的和个别的方方面面。对象的、自然的世界不只是作为一种有用的对象，或仅仅因其可能获得的各种抽象特征而与人发生关系。人们看待事物的现有方式源于私有制："私有制使我们变得如此愚蠢而片面，以致一个对象，只有当它为我们所拥有的时候，就是说，当它对我们来说作为资本而存在，或者它被我们直接占有，被我们吃、喝、穿、住等等的时候，简言之，在它被我们**使用**的时候，才是**我们的**。"[《马克思恩格斯文集》(第一卷)，人民出版社，2009年，第189页。]马克思的观点虽然谴责了只以有用性看待物的那些关系，但是显然并**不**排斥把对象用于实现各种目的。马克思对此很明确。他写道："自然界失去了自己的**纯粹的**有用性，因为效用成了**人的**效用。"[《马克思恩格斯文集》(第一卷)，人民出版社，2009年，第190页。]㉓其中的要点在于，这种效用关系不是我们在同对象和自然的关系中，通过自我对象化所要实现的唯一关系。关键并不在于有人所指出的，自由对于马克思而言仅仅是一种审美状态或境界。

人们在针对各种对象的活动中进行自我对象化，如果在这些对象中只看到它们的效用或抽象特征，则尚未实现人所应实现的自我对象化。人的对象化过程要求发挥人身上的感官机能，从而使对象的具体特征在人面前脱颖而出：

> 只有音乐才激起人的音乐感；对于没有音乐感的耳朵来说，最美的音乐也毫无意义，**不是**对象，因为我的对象只能是我的一种本质力量的确证，就是说，它只能像我的本质力量作为一种主体能力自为地存在着那样才对我而存在，因为任何一个对象对我的意义……恰好都以**我的**感觉所及的程度为限。因此，社会的人的**感觉不同于**非社会的人的感觉。……五官感觉的**形成**是迄今为止全部世界历史的产物。[《马克思恩格斯文集》(第一卷)，人民出版社，2009年，第191页。]

可是，对于对象产生的这种审美关系，与对对象发生的其他关系（例如强调发挥对象效用的那些关系）之间，又是什么关系呢？如果有人对于对象的审美性质只是匆匆一览，就继续像从前那样利用或对待这一对象，这符合马克思的观点吗？答案显然是否定的。既然马克思关注人类以某些方式所实现的对象化，那他所关心的就是形成看待现实的某些态度、立场和方式——而不仅仅是一时的偶发事件或个人行为。毋宁说他的关切是，人每时每刻对待自然界及其中对象的方式，都应包含在具体审美层面上对于对象的方方面面进行欣赏和觉知。这样一种对待现实的态度或方式属于某种持续不断的关注。

在工业社会中如何践行这一点，显然不是个小问题。当然，马克思对此也不曾详细回应过。总体上他认为，克服资产阶级社会对财产进行占有和竞争的偏好，及其为了利润或剩余价值而支配自然的倾向，将成为创造条件使人得以生活在上述那种对自然的理想关系之中的重要环节。换言之，对人与人关系的改变是促成马克思所设想的那种人与自然理想关系的一个必要条件。

> 眼睛成为**人的**眼睛，正像眼睛的**对象**成为社会的、**人的**、由人并为了人创造出来的对象一样。因此，**感觉**在自己的实践中直接成为**理论家**。感觉为了物而同**物**发生关系，但物本身是对自身和对人的一种**对象性的**、**人的**关系，反过来也是这样。……因此，需要和享受失去了自己的**利己主义**性质，而自然界失去了自己的纯粹的**有用性**，因为效用成了**人的**效用。[《马克思恩格斯文集》(第一卷)，人民出版社，2009年，第190页。]

也就是说，其中包含着相互支持的互惠关系。如上所述，人与对象和物的关系同时也是人与人的关系。因此，人与对象的关系就不仅仅是为了它们的效用，还为了对象本身，这意味着，他人对于一个人而言也不只是这个人实现自身目的的手段，而且还是这样一种存在，即他人所具有的品质和需求因其本身而得到重视。反之，当人只是为了把对象当作私有财产来发挥其效用，而同对象发生关系时，人也是在以一种利己主义的、非人的方式与他人发生关系。[参见《马克思恩格斯文集》(第一卷)，人民出版社，2009年，第187页。]可见，在对于对象和自然界的审美(或人的)关系中，因而也包括在人对人的关系中，存在一种具有普遍化作用的元素，它克服了有用性或私有制关系对马克思呈现的片面性、利己性。人对于对象从而也包括对人发生关系的方式，取决于这些对象和人的具体特性。它们不仅仅被看到，还被感知着，它们也不仅仅被听到，还被倾听着。在决定人的活动和自我对象化的过程中，它们被赋予本应具有的发言权。它们不仅仅是人强加于自身意志之上的无关紧要的材料。人以此方式进行自我对象化，也是对其自身品质和特点的具体展开。

六

人的自我对象化过程直接发生在与他人的关系中，并且通过人对于对象和对自然界的相互关系来完成。马克思关于自我对象化的论述对于人与人的关系意味着什么？如何理解你同他人的关系应该是"你的**现实的个人**生活的、与你的意志的对象相符合的**特定表现**"？首先必须强调的是这句话的规范性意义。马克思的论述不仅仅涉及人们实际上如何彼此交换品质(qualities)。他不只是就事论事地认为，(例如)"如果一个人想得到爱——如果爱是他意志的对象——那他就必须以他与自己想要的东西(即爱)相符合的人格的特定表现来换取它"[24]。他强调的不仅仅是"一个人只有去爱，才有可能被爱"[25]，因为这显然是错误的。一个人即使不付出爱，偶尔也有被爱的时候。

当然,马克思的确论及了人在道德意义上应该如何交换品质,即人类在其自我对象化的过程中应该如何与他人建立联系。对于马克思上述思想的一种更好的解读是,认为他坚信人应该用自己希望别人对待自己的方式来对待别人。由此就可以理解马克思所说的,"你就只能用爱来交换爱,只能用信任来交换信任,等等"。[《马克思恩格斯文集》(第一卷),人民出版社,2009年,第247页。]这种解读的问题在于,它没有从本质上说明人自身的品质,以及在自我对象化过程中与之互动的另一个人所表现的品质。因而,当人们把对他人的关系建基于诸如货币等赋予人的抽象符号性品质之上时,也是符合这种解读的。但马克思指的显然不是这种关系。可以说,他不仅仅是在提供一个金科玉律的升级版。

马克思本人曾指出,他主要关注的重点在于"一切事物的普遍的**混淆和替换**……一切自然的品质和人的品质的混淆和替换"[《马克思恩格斯文集》(第一卷),人民出版社,2009年,第247页。],这是由于诸如货币和私有财产的各种制度才产生的。在这些制度的影响下,就人自身现实的具体品质而言,人与自身以及人与人之间都是相互脱离的。他们彼此之间的关系反而是就力量而言的,这些力量本质上与人的那些品质无关,甚至使这些特殊品质的重要意义化为乌有。

因此,我**是**什么和我**能够**做什么,决不是由我的个人特征决定的。我是丑的,但我能给我买到**最美的**女人。可见,我并**不丑**,因为**丑**的作用,丑的吓人的力量,被货币化为乌有了。我——就我的个人特征而言——是个**跛子**,可是货币使我获得二十四只脚;可见,我并不是跛子。我是一个邪恶的、不诚实的、没有良心的、没有头脑的人,可是货币是受尊敬的,因此,它的占有者也受尊敬。货币是最高的善,因此,它的占有者也是善的。此外,货币使我不用费力就能进行欺诈,因为我事先就被认定是诚实的。我**是没有头脑的**,但货币是万物的**实际**

的头脑,货币占有者又怎么会没有头脑呢?[《马克思恩格斯文集》(第一卷),人民出版社,2009年,第244~245页。]

现在看来,马克思在此不是说跛子必然总是跛脚的,丑的人就不要去改变他们的外貌了。这段话的结论不是说,个人无法运用科学和技术来克服身体以及其他方面的缺陷。马克思素来对科学、工业、技术和机器的重要性和价值称赞有加。他一再指出,生产力的发展、机器和技术的新发展,都极大提升了人的自我对象化水平。因而他写道,"**工业**的历史和工业的**已经生成的对象性的**存在,是一本**打开了的**关于人的**本质力量**的书,是感性地摆在我们面前的人的**心理学**"。[《马克思恩格斯文集》(第一卷),人民出版社,2009年,第192页。]马克思由此把货币这类普遍抽象的力量与技术和机器内在固有的力量区别开来,后者是对人自身特性的延伸。人们可以凭借后者而非前者去改变自身处境。那么,上述那段引文的要点是什么?

上述引文着力指出,一个人之所是及其所能,应该取决于他的个人特征。马克思在这段话中提到人的"个人特征"包括:人的外表、个人(身体)的行动能力、诚信度和智力水平。这里使用的"个人特征"是指一个人的与众不同(即不同于他人)之处。它不只是在人的人格或品格的意义上使用的。毋宁说,它是一个人的全部特征的综合体,正是这些特征才把人明确界定为马克思所指的这个具体的人。马克思担心的是,这些具体特征在人们对他人的关系中以货币这类东西为中介,而货币这类东西所具有的那种力量则使人的具体特征化为乌有,并把它们转化为自身的对立面。

正如在人与自然的关系中一样,马克思认为,一个人要想妥善地实现自我对象化,就必须培养自身的个人品质,这些品质对应于从他人身上寻得的,或在与他人的关系中获得的品质。不过,就人而言,不仅要考虑审美意义上的品质,还要考虑自身寻求与之建立关系的那个人的个人品质和道德品质。如果我想得到别人的信任,那我自己就应该是值得信赖的;如果我要寻求帮助、爱心、善意,那我自己就应是乐于助人的、充满爱的、善良的;如果我想感化别人,那我自己就必须对别人有激励和鼓舞作用。另一方面,如果我想被承认是聪明的、智慧的、勇敢的或诚实的,那我就必须在自己身上培养这些品质,而不是简单地凭借其他力量或手段来间接地(vicariously)占有它们。我必须基于自身的个人特征发展自我,使我对他人的关系表现出与我的意志的对象相符的现实的个人生活。

可见,这里直观的想法很明晰。马克思认为,人们彼此之间的关系应该建基于他们自身的个人特征,而非基于本质上与人无关的特征和力量。我们反对那种炫富的人,反对他们把对他人的关系建立在货币或财产这类基础之上。我们想知道他人浮夸面具下的样子。在我们的人际关系中,我们希望我们的思想能够与他人分享,而不需要他人为此支付什么费用。我们希望他人通过自己的努力提供帮助,而不是由仆人代劳。我们希望通过努力能够确保这样一种关系,由此使我们自身的个人特征被报之以他人相应的个人特征。当人与人之间的关系没有使身处其中的人们以在对方身上找到的品质呈现自身或作为回报,而是试图凭借其他抽象的工具(如货币)对他人的品质提出要求时,这种关系就被认为是失当的、错误的和有缺陷的。可见,马克思要求人要做到其所认为的那样,使自身具备与在别人身上找到的那些品质相符的品质。

但是这些观点与自由有什么关系?马克思的立场是,以抽象力量间接地进行自我对象化的人,是不必按照自身意志的对象的要求培养自身品质的。相反,诉诸普遍和抽象的力量(如货币),就无须使人的行为和关系与其个人特征相连,也无须认识到其他个人的特殊性。在这种情形下,我就像黑格尔主奴辩证法中的主人一样,实质上并没有经历自我实现或自我的对象化。毋宁说,我看到的是其他事物的实现。这里不再是自我决定,而是他者的自我决定。原本由我支配的事物,因其对世界的作用及其与他人共同产生的影响,而比我自身获得了更充分的发展。

国民经济学家把从你的生命和人性中夺去的一切,全用**货币**和**财富**补偿给你。你自己不能办到的一切,你的货币都能办到:它能吃,能喝,能赴舞会,能去剧院,它能获得艺术、学识、历史珍品、政治权力,它能旅行,它能为你占有这一切;它能购买这一切;它是真正的**能力**。

这种情形为何应该遭受谴责?马克思继续写道,"但是,货币尽管是这一切,它除了自身以外却**不愿**创造任何东西,除了自身以外不愿购买任何东西,因为其余一切都是它的奴仆"。[《马克思恩格斯文集》(第一卷),人民出版社,2009年,第227页。]也即马克思认为,如果我不是基于自身的个人品质,而是基于抽象的、普遍的力量进行自我对象化,就会对自我对象化以及与他人的关系失去控制。缺钱的人会发现他的需求或需要是无效的:"当然,没有货币的人也有**需求**,但他的需求是纯粹观念的东西,它对我、对第三者、对[其他人][XLIII]是不起任何作用的,是不存在的,因而对于我本人依然是**非现实的,无对象的**。"[《马克思恩格斯文集》(第一卷),人民出版社,2009年,第246页。]事实上,如果货币(或其他类似的力量)作为我与他人关系的中介,**它就代替当事人的具体需要和特性**,成为人与人之间的纽带。马克思写道,"因此,对货币的需要是国民经济学所产生的真正需要,并且是它所产生的唯一需要。……(它——本书作者注)把任何存在物都归结为它的抽象"。[《马克思恩格斯文集》(第一卷),人民出版社,2009年,第224页。]可见,人所需要的就不再是其他人,而是货币。由此,人与人之间的纽带与其说是把人们团结起来,不如说是把他们割裂开来。故此,以货币为基础的自我对象化的结果就是,货币成为人与人之间的纽带,成为一种获得了它自己生命的纽带,它使人们彼此疏离并且丧失了决定自身事务和活动的能力。可见，通过这种抽象力量所完成的对象化，会否弃对个人自身特征的实现，也取消了基于个人特征对人际关系的确认。

因此，在对于自己的劳动以及对他人和对自然的关系中，人的自我对象化必须始终从具体的个人品质出发。如果一个人（不论出于什么原因）对某人或某物有所希求，就必须使自己成为或者发展成为这样的人，即自身具备的品质符合在另一个人或物那里寻求或要求的品质。当然，这不能保证人的需求或欲望永远会得到满足。一个人可能付出了爱却没得到爱："如果你在恋爱，但没有引起对方的爱，也就是说，如果你的爱作为爱没有使对方产生相应的爱，如果你作为恋爱者通过你的**生命表现**没有使你成**为被爱的人**，那么你的爱就是无力的，就是不幸。"[《马克思恩格斯文集》（第一卷），人民出版社，2009年，第247~248页。]马克思没有断言共产主义会解决这种得不到回应的恋爱问题，尽管他可能认为共产主义会减少这一问题的发生。但无论如何，使人自身的品质与他在其他人或物那里寻求的品质相符，就可以确保消除人与人之间存在的、导致人们基于自身需要和激情而提出的要求变得无效的主要"纽带"之一。随之也会消除对人的欲望和潜能的抽象的、不完全的实现。可见，基于人自身品质的自我对象化不仅本身就是自由的表现，还是确保人的对象化不会脱离人的控制的一种方式。因此，这种自我对象化只不过是表现自由的另一种方式。

应该指出，马克思关于人对自然、人对人的关系的思想，与他的自由观之间还存在另一种关联。认识真理与实现自由在历史上是密切相关的。而对马克思来说，这不仅仅是对真理的认识，而且是对他人以及对物的一种关系，它有鉴于自由所要求的他人及物所具有的现实或真正的品质。当人基于自身的以及他人和对象的需要和力量进行自我对象化时，人的对象化是属于人自己的，而不是某种其他力量或物的对象化。"随着对象性的现实在社会中对人来说到处成为人的本质力量的现实，成为人的现实，因而成为人**自己的**本质力量的现实，一切**对象**对他来说也就成为他自身的**对象化**，成为确证和实现他的个性的对象。"[《马克思恩格斯文集》（第一卷），人民出版社，2009年，第190~191页。]现在看来，在所有成员基于自身现实的品质所形成的关系中，现实没有让位于表象（image），身处其中的人的品格或个人特征也没有遭到扭曲。正如我们在第三章中所见，马克思是以关于现实的概念来描述真理的。因此人的自我对象化过程只要是以自己现实的特性及其意志的对象的现实特性为基础，就是在"真正地"在进行自我对象化；人对他人以及对对象的关系就是"真正的"关系。就此而言人是自由的——人摆脱了神秘的力量，这些力量会否弃并彻底改变人的品质。人也摆脱了与他人之间的、脱离人自身和他人的纽带。更重要的是，人在如下这种意义上是自由的，即自我本质上决定着构成人的自我对象化的欲望、能力和天赋的具体的整体。人的自我对象化不是对其他事物的力量和能力的实现。

最后，自由的这个方面所提供的是怎样的引导？如上所述，自我对象化没有规定任何特定的对象化，更不用说任何具体行为。马克思不是要告诉每一个人具体应该过怎样的生活。与此相关的是，他批判了那些试图对书报出版物实施检查制度的人：

你们赞美大自然令人赏心悦目的千姿百态和无穷无尽的丰富宝藏，你们并不要求玫瑰花散发出和紫罗兰一样的芳香，但你们为什么却要求世界上最丰富的东西——精神只能有**一种**存在形式呢？我是一个幽默的人，可是法律却命令我用严肃的笔调。我是一个豪放不羁的人，可是法律却指定我用谦逊的风格。**一片灰色**就是这种自由所许可的唯一色彩。每一滴露水在太阳的照耀下都闪现着无穷无尽的色彩。但是精神的太阳，无论它照耀着多少个体，无论它照耀什么事物，却只准产生一种色彩，就是**官方的色彩**！[《马克思恩格斯全集》（第1

卷),人民出版社,1995年,第111页。]

我相信这正表明,认为马克思试图告诉每一个人应该怎样生活的看法不仅是错误的,而且有悖于人的自我决定。马克思并不是要规定一种官方的色彩。

不过,马克思的确是规定了对象化实践应该具有的普遍形式,以使大自然尽显其"无穷无尽的丰富宝藏"。人必须力求使其意志和活动不仅仅作为对自身具体品质的表现,而且是对其所遇之人或对象的品质的包容和接受。由此可见,一些(前面指出过的)简单引导似乎的确与马克思的立场一致。如果我想得到爱,就必须使自己成为有爱心的人;如果我想感化别人,就必须使自己变得有趣并且能够激发人;如果我想得到艺术的享受,就必须培养自己的艺术修养。然而除了这些相当简单的指引外,马克思还认为自己的观点能够得出其他行动指南。例如,他认为从中还可以得出消灭货币、交换价值、雇佣劳动,以及在总体上消灭私有财产的道德必要性。在此,我所探讨的不是马克思这些看法的具体依据,及其观点的不同之处。显然,就自由对于私有财产等的意义所在,马克思得出与其他人相反的结论。例如黑格尔认为,所有权是人格的定在㉖,因而禁止持有私有财产,侵犯了人格的权利。㉗既然在黑格尔看来,自由与(人的)精神的充分发展息息相关,那么禁止私有财产也就是对自由的侵犯。然而,不应过分强调马克思与黑格尔之间的差异。马克思不是简单地反对一切(形式)的私有财产。他反对的是赋予人权力控制他人的那些私有财产形式。他反对与这种财产相关的一些态度,如贪婪、权力欲,以及只关心人和物的那些有利于人对其加以支配的品质。由于我在这里关心的是,呈现马克思对资本主义各种特征的谴责背后的一般价值结构,因此我将不予探讨马克思观点的具体特性,例如当它们涉及私有财产时是怎样的。我只想表明,马克思自由观的这一方面确实对社会和个人具有重大意义。

最后，人们无须断言或相信，上述讨论得出的指南能够回应人在道德层面上可能遇到的所有问题。马克思自由观的其他方面也可以用于解答这些问题。但是无论如何，上述指南显然确实对人类和社会意义重大。

七

自由有待考察的第三个（也是最后一个）方面，即自由要求个人之间的协同合作和联合——它需要共同体。

> 只有在共同体中，个人才能获得全面发展其才能的手段，也就是说，只有在共同体中才可能有个人自由。在过去的种种冒充的共同体中，如在国家等等中，个人自由只是对那些在统治阶级范围内发展的个人来说是存在的，他们之所以有个人自由，只是因为他们是这一阶级的个人。从前各个人联合而成的虚假的共同体，总是相对于各个人而独立的；由于这种共同体是一个阶级反对另一个阶级的联合，因此对于被统治的阶级来说，它不仅是完全虚幻的共同体，而且是新的桎梏。在真正的共同体的条件下，各个人在自己的联合中并通过这种联合获得自己的自由。［《马克思恩格斯文集》（第一卷），人民出版社，2009年，第571页。］

也就是说，自由对于共同体的关系是双重的。一方面，共同体为各个人提供"全"面培养自己才能的手段。简言之，共同体使个人的自我发展成为可能，这种自我发展在我们看来是自我决定的重要组成部分。因此，共同体作为实现个人自由这一目的的手段而存在。我们已在第三节中讨论过共同体的这一方面。另一方面，共同体生活本身就是实现自由的一部分。由此，共同的生活本身不仅仅是实现自由的一种手段，还构成这一目的的一部分,即自由的一部分。因此,共同体概念在马克思的自由概念中起着重要作用。在这里有必要明确马克思所说的"共同体"有何内涵,以及共同体与自由在他的理解中有何关联。

马克思是在两种不同的意义上使用"共同体"一词的。首先,马克思所指的封建或原始的共同体,包含一种中性或描述性意义。有时他把原始的共同体称为"自然形成的共同体"。[《马克思恩格斯文集》(第一卷),人民出版社,2009年,第584页。]在这个意义上,共同体就是在社会的、历史的和经济的各种纽带下生活在一起的人们的集合。其次,还有一种规范意义上的"共同体",马克思偶尔称其为"真正的共同体",与"虚假的共同体"形成对比。[《马克思恩格斯文集》(第一卷),人民出版社,2009年,第571页。]正是这种"真正的共同体",构成了马克思对自由的理解的一部分,也成为这里讨论的焦点。

马克思在两个不同的层面上说明了他所指的"真正的共同体"的内涵。一方面,马克思关于个人与(真正的)共同体的关系的本质有很多论述。㉓这些特性详细描述了一个自我决定的、因而是自由的人所具有的那种品格特征、气质等诸如此类的东西。另一方面,他指出了共同体所具有的各种积极的和消极的(结构)特征。这些特征在某种程度上似乎隐含着他关于构成共同体的那种人际关系的观点。鉴于前面那一系列特征具有基础性,我们首先来考察下马克思关于共同体中的人际关系的论述。

马克思的一些评论指出,共同体的存在是为了使其成员关系对每一个人都可以说是"**别人作为人在何种程度上对他来说成为需要**"。[《马克思恩格斯文集》(第一卷),人民出版社,2009年,第185页,参见第194~195页。] 马克思阐明这一论断的含义时指出:"对某种物(或另一物——本书作者注)的需要最明显、最无可争辩地证明:这种物属于**我的本质**;物的为我的存在、对它的**占有**,就是我的本质的属性和特点。"[《马克思恩格斯全集》(第42卷),人民出版社,1979年,第26页,参见第

37~38页。]简言之,自由包含把他人视为一个人自身本质的必要的组成部分或方面。由此,马克思明确主张把别人以及与他们的交往视为目的,而不仅仅作为手段:

> 当共产主义的**手工业者**联合起来的时候,他们首先把学说、宣传等等视为目的。但是同时,他们也因此而产生一种新的需要,即交往的需要,而作为手段出现的东西则成了目的。当法国社会主义工人联合起来的时候,人们就可以看出,这一实践运动取得了何等光辉的成果。吸烟、饮酒、吃饭等等在那里已经不再是联合的手段,不再是联系的手段。交往、联合以及仍然以交往为目的的叙谈,对他们来说是充分的;人与人之间的兄弟情谊在他们那里不是空话,而是真情,并且他们那由于劳动而变得坚实的形象向我们放射出人类崇高精神之光。[《马克思恩格斯文集》(第一卷),人民出版社,2009年,第232页。]

然而,这些论述不仅仅流于表面含义。问题在于,如何把这些论断理解为对马克思共同体概念的解释。

一种可能的解读是马克思认为,对他人的这种共同关系需要尊重别人的欲望,这意味着一个人"把其他人会受益视为自己采取某些行动的理由,并且把他人会受害当作反对自己那么做的理由"[29]。或者可以更充分、更准确地说,这可能意味着,对他人欲望的尊重所尊重的是"别人可能拥有的、经过充分认识和反思的欲望,它可能是不同于其实际欲望的"[30]。

然而这种对马克思共同体思想的理解是不充分的,因为它完全符合资产阶级的共同体内涵。也就是说,基于这种解读来看,共同体可能只是包含对于相互冲突和对立的利益的一种利他性平衡。虽然人们会把满足他人的欲望作为行动的理由,但是由于双方存在利益冲突,人们也可能有相反的行动理由。因此,我们很可能只是继续生活在包含相互冲突或对立的利益和欲望的市民社会或资产阶级社会中。可见,上述观点与人们继续作为不同阶级的成员生活于其中的社会是一致的。于是就需要国家通过各种总体目标来协调个人利益。然而它不会以此方式保障个人自由,或由此形成一个共同体。事实上,"某一阶级的各个人所结成的、受他们的与另一阶级相对立的那种共同利益所制约的共同关系,总是这样一种共同体,这些个人只是作为一般化的个人隶属于这种共同体……他们不是作为个人而是作为阶级的成员处于这种共同关系中的"。[《马克思恩格斯文集》(第一卷),人民出版社,2009 年,第 573 页。]可见,马克思的共同体概念比上文提出的关于共同体的看法要有力得多,后者是通过以最大限度地实现这些利益为目标,来调和陷入分裂的个人利益的。出于同样的原因,也不能把马克思自由观的这一方面仅仅理解为要求不伤害他人。个人以如此乏力的方式联系在一起所组成的"共同体",将不会是自由人的共同体,而只是免于相互碰撞的原子的集合。马克思的共同体概念不仅仅要求在上述两种意义上尊重他人的利益。

反之,把他人视为目的或当作人自身本质的必要组成部分——马克思的共同体思想——首先更多地是相关于人们欲望和利益的协调或统一[参见《马克思恩格斯文集》(第一卷),人民出版社,2009 年,第 574 页。],即克服个人利益之间的分裂和对立。它涉及"(一个人——本书作者注)在何种程度上对自己来说成为并把自身理解为类存在物"。[《马克思恩格斯文集》(第一卷),人民出版社,2009 年,第 185 页。]换言之,共同体存在的意义在于克服分裂的个人利益,这是在个人如下自我意识的实现中完成的,即意识到他们的生命作为特定的存在,反映并在本质上成为更大的社会秩序和理性秩序的一部分。

只有当现实的个人把抽象的公民复归于自身,并且作为个人,在自己的经验生活、自己的个体劳动、自己的个体关系中间,成为**类存**

在物的时候,只有当人认识到自身"固有的力量"是**社会**力量,并把这种力量组织起来……只有到了那个时候,人的解放才能完成。[《马克思恩格斯文集》(第一卷),人民出版社,2009年,第46页。]

于是才有了共同体、和谐利益的存在。那么我们该如何理解这些观点?

说人作为自由的或合乎人性的存在,是一种社会的或共同的存在,并且人由此把他人视为自身本质的一个必要组成部分,这一观点旨在表明,共同体中人与人之间的关系理应是某种和谐的关系。然而人们误以为这意味着,共同体的存在要求所有人之间都必须拥有同样强烈的和谐关系。其实,这种和谐关系可能是在不同层面、不同程度上存在的。因而马克思是在其中的一个层面上强调了,可能产生于人们之间诸如爱、共有的精神和愉悦等此类情感关系中的认同。例如马克思认为,在共产主义社会中,"别人的感觉和精神也为我**自己**所占有"。[《马克思恩格斯文集》(第一卷),人民出版社,2009年,第190页。]他再次指出,"只要人是**合乎人性的**,因而他的感觉等等也是**合乎人性的**,那么对象为别人(在感觉上——本书作者注)所肯定,这(例如吃、喝——本书作者注)同样也就是他自己的享受"。[《马克思恩格斯文集》(第一卷),人民出版社,2009年,第242页。]在另一个层面上,人们之间的认同可能存在于生产中对自身的对象化和表现之中。换言之,我的创造活动或生产活动可能不仅仅是对自身,还是对他人的对象化和肯定。为此,马克思指出:

假定我们作为人进行生产。在这种情况下,我们每个人在自己的生产过程中就**双重地**肯定了自己和另一个人:(1)我在我的**生产**中物化了我的**个性**和我的个性的**特点**,因此我既在活动时享受了个人的**生命表现**,又在对产品的直观中由于认识到我的个性是**物质的**、**可以**

直观地感知的因而是**毫无疑问的**权力而感受到个人的乐趣。(2)在你享受或使用我的产品时,我**直接**享受到的是:既意识到我的劳动满足了**人的**需要,从而物化了**人的**本质,又创造了与另一个**人的**本质的需要相符合的物品。(3)对你来说,我是你与类之间的**中介人**,你自己意识到和感觉到我是你自己本质的补充,是你自己不可分割的一部分,从而我认识到我自己被你的思想和你的爱所证实。(4)在我个人的生命表现中,我直接创造了你的生命表现,因而在我个人的活动中,我直接**证实**和**实现**了我的真正的本质,即我的**人的本质**,我**的社会的本质**。[《马克思恩格斯全集》(第42卷),人民出版社,1979年,第37页。]

以上论述引自马克思的早期著作,它常被认为构成了他对人的共同关系的定论。沙赫特(Schacht)由此认为,马克思式的社会性是"直接的和个人的(personal)"㉛。奥尔曼在他的众多观点中,也对人的共同关系进行了浪漫化处理,认为这种关系的特点仅仅是最强烈的、个人之间的相互关系。㉜然而如果此即关于马克思共同体思想的正确解读,那它们从一开始就必定毫无说服力。在合适的条件下,或许有些人能够以上述方式产生联系,但若认为所有人(甚至陌生人)都能并且将会以这些方式产生联系,则是匪夷所思的。而我并不认为,必须要把马克思理解成这样一位浪漫的共产主义者。综上可见,马克思认为,只有当人们能够并且确实认同或分享其他个人的各种体验、目标和活动时,才有可能形成共同体,人们才有可能是自由的。如果一个人只能认同自己的私人需要或欲望,那么这个人就既非共同体的一员,也不是自由的。要把他人作为人自身的一个必要组成部分,就是要认同他人的需要和欲望;目的是使他人成为一个人自我发展和自我决定的一部分。因此,马克思显然期待共产主义条件下的社会意识会大有不同。[参见《马克思恩格斯文集》(第二卷),人民出版社,2009年,第 52 页。]如何产生这样一种关于自己和他人的意识,不是我们当前探讨的主题。当然,这需要一场革命。事实上,革命的目的之一就是通过使人抛掉带有"(过去——本书作者注)一切陈旧的肮脏东西"的、对自己和他人先入为主的意识,促使形成新的意识:

> 无论为了使这种共产主义意识普遍地产生还是为了实现事业本身,使人们普遍地发生变化是必需的,这种变化只有在实际运动中,在**革命**中才有可能实现;因此,革命之所以必需,不仅是因为没有任何其他的办法能够推翻**统治**阶级,而且还因为**推翻**统治阶级的那个阶级,只有在革命中才能抛掉自己身上的一切陈旧的肮脏东西,才能胜任重建社会的工作。[《马克思恩格斯文集》(第一卷),人民出版社,2009 年,第 543 页。]

但由此无法推论:马克思式的共同体的所有成员,都必须共享上述那种同样强烈的体验。从中也无法推论出,他们必须始终与他人保持直接联系,或者不能允许他们因为工作或其他原因自行离开。马克思指出:"当我从事**科学**之类的活动,即从事一种我只在很少情况下才能同别人进行直接联系的活动的时候,我也是**社会的**,因为我是作为**人**活动的。"[《马克思恩格斯文集》(第一卷),人民出版社,2009 年,第 188 页。]同样无法得出的结论是,马克思的共同体概念不承认个人组成的亚共同体和小团体,包括其中的成员可能以更强烈的方式体验他们的共同关系。马克思赞扬巴黎公社,认为法国应由农村公社乃至最小的村落中的公社、各种"联合起来的合作社"组成。③由上述引文也无法断定,存在于共同体成员之间的和谐关系或认同,要求或隐含着对一切利益分歧的消除。人们在共同体中仍然可能以不同的方式表现自身,并且有着不同的利益。马克思强调的是,这些利益是和谐地联系并统一在一起的。它们可能正如音乐和弦的乐符一样,各不相同却仍然一起配合,形成一个连贯、和谐、有意义的整体。由此,利益的统一或和谐保留了各部分的特殊性:也就是"建立在人们的现实差别基础上的人与人的统一"。[《马克思恩格斯文集》(第十卷),人民出版社,2009年,第13页。]

据此可以期待,个人的不同利益在共同体中将会以不同的方式协调起来。简言之或许即,有些人想做X而另一些人想做Y,但X与Y互不冲突,而且做X和做Y的人的行为可能是相互肯定的活动。由于不是所有想做X或Y的人都能如愿以偿,或者做X和做Y的行为本身可能发生冲突(但假设X和Y与马克思自由观的其他方面是相符的),因而如果存在潜在冲突,就可能要基于潜在冲突的性质和程度来履行各种程序。例如,在共同体范围内进行投票,或做出彼此可接受的个人妥协。关于在多大程度上可能出现这类难题,马克思的态度也不甚明晰。或许有人认为在共产主义条件下,如果欲望和利益都能协调一致,那么冲突就永远不会发生。但这种看法过于乐观和浪漫。即使是兄弟和爱人,也有可能发生争吵。况且,马克思明确反对把共同体视为某种纯粹以爱团结起来的人的集合。[《马克思恩格斯全集》(第4卷),人民出版社,1958年,第12~13页。]

另一方面,马克思的确意在指出,在共产主义条件下所发生的争吵或冲突的性质,将与前共产主义社会所见证的大为不同。马克思承认民主投票程序及在个人共同决定行动方针的过程中所产生的互惠性影响,这一事实表明他显然不认为,人们利益的和谐在任何情形下都只是自发产生的。某些情形确实如此,但另有一些却并非这样。同理,民主程序在共同体中占有一席之地,这表明马克思也不认为,利益的和谐要求各种利益的同一和完全一致。如果人们的利益都是一致的并且从来没有冲突,也就没有投票的必要了——可以通过随机询问任何个人来了解共同体的情况。因此,马克思的共同体思想既承认各种民主程序,又为具有权威和领导权的职位留有余地,也就不足为奇。共同体成员共同参与对共同体事务的管理和指导工作,在此过程中,他们会进一步明确和认同其利益之所在。与此同时,每个人都在本质上决定着其自身自我对象化所要采取的具体形式。个人(以及整个社会)不是孤立存在的社会关系和力量的傀儡,而是共同决定着这些关系和力量将会具有的性质和发展方向。由此看来,马克思对共同体的理解也包含着他对民主的理解。

可见,最好不要(像有些人惯常所做的那样)把共产主义的共同体类比于蚁群,因为蚁群中的每个成员都是自发地,却又不加反思地、麻木地做着需要做的事。相反,共产主义的共同体是由反思的、理性的存在者组成的,他们意识到自己没有因为利益而四分五裂,反而是由这些利益团结起来的。如果这些说法显得有些言过其实,那它们不过只是揭示出马克思在一定程度上相信,社会冲突和个人利益不和谐的根源可以通过社会革命予以消除。

八

既然个人利益可能有所不同,并且在共产主义条件下个人也可能存在分歧甚至发生争吵,那就有理由追问,哪些利益是马克思认定会被社会革命所消除的敌对利益。对这些利益的描述进一步充实了马克思共同体概念的内涵。这也是在向共同体特征的第二个层面推进。首要的一点是,马克思的共同体思想意味着,生产中的利益分配必须被废除。在这一基础领域必须形成和谐的利益。对马克思而言,这意味着对私有财产、竞争和劳动分工的积极超越(扬弃)。以这种辩证的方式表述马克思的观点是很重要的,因为他的意思**不**是简单地说,这些不同制度的所有方面都将被完全废除。[参见《马克思恩格斯文集》(第二卷),人民出版社,2009年,第46页。]故而人们会期待劳动的专业化将继续存在,但是**强迫**人们进入某一具体的劳动领域,即强制他们一直从事某一特定工作的做法将被消除。这与第三节的论点紧密相连,即基于马克思的观点来看,一个人投身于某一特定领域的努力或活动不是不可能的。而在此要强调的重点是,共同体仍然会让人们从事不同的工作——这是不可避免的。人们会在不同的领域推进对利益的实现。**如此一来**,人们也就会有**不同的**利益。但是他们组织劳动的方式及其所要达到的目的应该**不**会使其拥有对立的、分裂的或敌对的利益。

可见,就这种组织劳动的方式而言,岗位轮换、投票推选职场领导、集体决定劳动本身的目的和方式,都蕴含在共同体的概念之中。有人[㉞]据此误以为,在自由的个人所组成的共同体中,是不会有人在另一个人的管控或指挥下工作的。然而仅仅基于有些人在他人的管控或指挥下工作这一事实,并不意味着自由的缺乏或共同体的缺失。毋宁说,是因为这种管控或指挥不具有合法性,才使其没能建基于或指向道德相关的目标和宗旨。例如,当一个人不是因为他的能力和他同事的认可,而是基于裙带关系、经济影响力或直接的身体支配才获得权威时,就属于上述情形。劳动所应该导向的目的不是利润,而是满足社会需要以及工人自身自我对象化和自我决定的需要。这些事宜成为内在于共同体的合理规划的对象,也是把共同体视为一种合理秩序的部分原因。由此,马克思式的共同体构成一种根本上不同于市民社会或自然社会的社会秩序。这种利益共同体所特有的道德标准,即每个人的自由发展是所有人自由发展的条件。[《马克思恩格斯文集》(第二卷),人民出版社,2009年,第53页。]然而这一标准必须基于上述论证来理解。它不应被理解为马克思版的帕累托最优性。它也不是关于正义或平等的评判标准。[㉟]毋宁说,每个人的自由发展之所以是所有人自由发展的条件,是因为人们没有因为利益导致彼此孤立或分裂,反而是被利益团结起来了。

马克思的上述观点——他概括为对私有财产的反对[《马克思恩格斯文集》(第二卷),人民出版社,2009年,第47页。]——显然不同于其他人对私有财产与自由的关系的看法。我们已经指出,在黑格尔看来,个人通过私有财产部分地获得了自我对象化和自我实现。就此而言,他们是借助私有财产才获得自由的。因而对黑格尔来说,禁止私有财产就侵犯了人格的权利。鉴于马克思吸纳了黑格尔认为个人通过其(生产)活动把自身对象化的观念,因而有必要简要指出,马克思为何得出了不同于黑格尔的结论。

黑格尔对私有财产的理解包含在他对市民社会的理解中。而市民社会充斥着利益的冲突和需要的对立。它不是一个共同体。因而在黑格尔的思想中,自由只有通过精神推向诸如宗教和哲学的其他领域才能实现。自由伴随着精神对自身的绝对认识。然而这种黑格尔式的自由丝毫没有触动市民社会。马克思否定了针对市民社会冲突的这种唯心主义的"解决方式"。他认为,必须通过共同的日常关系中真正的、现实的个人,才能完全获得自由。马克思这么认为显然是对的。由于私有财产制度的持续扩张,并在全球范围获得支配地位,由于它把一切都降低到以具有普遍偿付能力的货币来衡量的利润水平,马克思得出结论——私有财产必须消失。它不再是对黑格尔所赋予的功能的实现。不过,正如我们已经指出过的,马克思并不寻求完全废除私有财产。毋宁说,他寻求的是对私有财产的积极超越(扬弃)。这就要求消灭使人仅仅基于所有权就能控制他人劳动的一切私有财产。因此,不具有这种性质的私有财产仍然可能存在于共产主义社会。

马克思认为,如果在社会基础的层面上不存在利益对立,则社会的其他方面也会产生连锁反应。一方面,个人之间的人际关系会发生变化。如果劳动没有使人与他人对立起来,使人感受到他人的威胁,那么人与人的关系本身就会更加和谐。资产阶级社会优先关注自身利益的倾向将被克服,即对他人的关心不再仅仅因为他人是对一个人自身目的的实现。从这个意义上说,根本利益的和谐本身构成并促进了个人与他人之间更广泛、更深刻的认同。

另一方面,马克思也预见了它对于社会的结构性影响。其中比较显著的有以下三点。其一,劳动的社会化能够消灭不同阶级以及人对阶级的从属关系,因为在马克思看来,阶级差别取决于生产中的利益划分。其二,城乡之间的分裂和对立被超越:"消灭城乡之间的对立,是共同体的首要条件之一,这个条件又取决于许多物质前提,而且任何人一看就知道,这个条件单靠意志是不能实现的"。[《马克思恩格斯文集》(第一卷),人民出版社,2009年,第557页。]据此,马克思在《共产党宣言》中要求,建立共产主义社会的措施之一即"通过把人口更平均地分布于全国的办法逐步消灭城乡差别"。[《马克思恩格斯文集》(第二卷),人民出版社,2009年,第53页。]其三,国家本身变得多余并被超越。在马克思眼中,国家也取决于市民社会典型的利益划分。[参见《马克思恩格斯文集》(第一卷),人民出版社,2009年,第536页。]对国家的超越不仅包括消除国家的压迫机制,还包括终结社会在政治领域与公民领域之间的分裂状态,即结束普遍利益或共同利益与私人利益之间的对立。"现实的个人把抽象的公民复归于自身。"

这些观点或许在道德和经验上包含一定的合理性,但马克思对此几乎没有提供什么证明。显然,按照马克思大概设想的思路进行私有财产和劳动分工的转型,将对社会产生重大影响。而在这些影响中,有的是属于自然因果性的;另有一些则属于逻辑或概念上的影响。然而马克思很少理清过这些不同的影响。不过,这里评价的目的与其说是验证马克思的思想推论,不如说是为了描述它们在马克思关于共同体和自由的思想语境中的定位。马克思不是简单地出于审美甚或是与正义相关的原因,才反对城乡差别、阶级社会和国家。他之所以反对它们,毋宁说是因为它们本身同宗教一样,都是对人的自由的否定,因为它们是以一系列对立的利益为基础的。故而,马克思才会认同这样的观点:"对自由的要求使我们超越了自由主义原子论形式。在原子论的形式下,个人及其目的具有至关重要性。而社会的使命在于,与其他人的目的一起,允许他们的目的得到实现。"㊱ 生活的重要目的不是由私人追求其排他性目的界定的,而是在与他人的共同关系中得以明确的。与他人一起的社会生活、包含着彼此的自我决定的生活,或者拥有以和谐的利益为基础的政府,不只是人迫不得已的一种状态,为了外在的目的而追求一种奴役性的或令人厌烦的劳动。那种生活本身在本质上就是自由生活的一部分。

九

上述对共同体的理解何以成为自由的一个方面?对此,马克思可以提供一些回应。首先,自由就是自我决定。它是对一个人的欲望、能力和天赋的具体的总体的根本决定。我们已经看到,生活在与他人的共同关系中是指这样一种生活,即奠定社会基础的根本利益(也就是与生产生活相关的那些利益)不是相互对立的。如果它们是对立的,正如以私有财产为特征的那种生活一样,那么个人(工人**和**资本家)对其社会制度和社会关系就失去了控制。在此情形下,人不可能在本质上是自我决定的。相反,他们成了无常的、不受控制的命运的牺牲品。马克思对贸易的论述应该在这一语境下得到理解:

> 贸易——它终究不过是不同个人和不同国家的产品交换——又怎么能够通过供求关系而统治全世界呢?用一位英国经济学家的话来说,这种关系就像古典古代的命运之神一样,遨游于寰球之上,用看不见的手把幸福和灾难分配给人们,把一些王国创造出来,又把它们毁掉,使一些民族产生,又使它们衰亡;但随着基础即随着私有制的消灭,随着对生产实行共产主义的调节以及这种调节所带来的人

127 们对于自己产品的异己关系的消灭,供求关系的威力也将消失,人们将使交换、生产及他们发生相互关系的方式重新受自己的支配。[《马克思恩格斯文集》(第一卷),人民出版社,2009年,第539页。]

　　传统的自由观把视野局限于个人及其与其他个人的特定关系上。它们质问道:一个人在没有伤害他人的情况下做自己想做的事,会存在什么障碍吗?这个人可能不想生活在易受经济危机等类似的变化无常所影响的状态下,但是这被认为与此无关,因为人们或多或少把这类危机视为是自然发生的。它们是无法控制的,而且也与处于社会基础的利益对立无关。马克思反对这种看法。他认为这类危机是可控的。私有财产、劳动分工和城乡之间表现出的利益对立,可以在共同体中予以克服。就其被克服而言,人是自我决定的,因而也是自由的。这些论断的合理性很可能会引发争议。这里的关键是要将其置于马克思自由观的语境下。

　　其次,认为自由必然会使人彼此疏离,在人与人之间设置障碍,而不是把他们团结起来,这属于资产阶级的一种偏见。对于穆勒而言,人在自己的私人领域内是绝对自由的。只有当人踏出这一领域,并且可能会伤及他人时,才是重新融入社会,同时感受到对其活动的限制。马克思强调相反的观点:通过融入他人、认同他人,我们也可能获得自由——一种更高级的、更具重要意义的自由。他的这一观点显然值得一提。很多例证表明,在脱离他人的关系中寻求自由的人们,最终与他人形成纽带和对他人信守承诺的过程中发现自由。自由要求人与人之间的认同,它产生于人们协同合作的利益关系中。因此,人所感受到的他人不是作为障碍存在的,而是人的自身发展和自我实现的组成部分。马克思的共同体概念所抓住的正是自由的这一方面。这也就解释了共同体(人与他人的共同关系)何以成为马克思自由观的一个重要且合理的组成部分。

　　最后,马克思可能会指出,如上所述的共同生活是对自由的一个例证,同时也源于人是一种社会存在的事实。马克思写道:"人的本质不是单个人所固有的抽象物……(而是——本书作者注)一切社会关系的总和。"[《马克思恩格斯文集》(第一卷),人民出版社,2009年,第501页。]马克思的意思大致是,个人是通过与他人的关系并且在其中被界定的。不存在每个人所固有的亚里士多德式的理性本质可以用来表征人。如果人具有这样一种私人性本质,如果每个人都拥有与他人毫不相干的独特性,那从理论上说,他自己就可以实现这一本质。除非偶然要实现外在的、非本质的特性和需要,否则无须他人存在。在这种情形下,自由将通过阻止他人侵犯人的私人性自我来实现。

然而马克思却认为,必须通过理解人的关系来把握人的本质。而且,如果一个人在对他人的关系中把握到之所以为人的独特之处,那么只有当这些关系是积极的、合作的即共同的,人才是自由的。反之,假定人的关系充斥着冲突和分裂,人们就必须转向自我保护并做好防备。其他的人或阶级总是准备攻击或利用这些人。那么,人的本质本身就会充满冲突并且是分裂的。人也会变得自我分裂,遭到相反拉力的撕扯。他所要做的事会受到他自身其他方面的反对和限制。我们没有理由认为这样一个人——实际上在与自身交战的人——是"自由的"。同样,如果人的关系以冷漠和不干涉为特征,那么人就会漠然地感受着自己作为一个分裂的、孤立的存在。对于这样一种存在而言,自由甚至可能成为一个无关紧要的概念。因而,自由的存在似乎要求与他人保持积极的、合作的、和谐的关系。如果一个人认同他人,他人就不再是对这个人的威胁。别人的需要和需求都会被纳入人自身的考虑范围。他们不再是外在的制约力量,而成为与人的自我相符的内在表现。尽管也有可能存在分歧,但是这些分歧存在于一种共同的理解和担当之中,可以得到合理的解决。为此,马克思指出:"只要特殊利益和共同利益之间还有分裂,也就是说,只要分工还不是出于自愿,而是自然形成的,那么人本身的活动对人来说就成为一种异己的、同他对立的力量,这种力量压迫着人,而不是人驾驭着这种力量。"[《马克思恩格斯文集》(第一卷),人民出版社,2009年,第537页。]无论如何,按照上述各个方面来看,共同体都取决于利益的和谐。由此在共同体中,人作为自由的存在成全自己。

十

总之,以上各节已经阐发了马克思自由概念的本质。处于马克思的伦理学核心的,正是这一矗立在西方哲学传统之中的复杂概念。可以通过自由与马克思的实践要求之间的关系和关联性,以及马克思本人的著述,来表明自由之所以有如此核心的重要地位的依据所在。在接下来的章节中,我将力争进一步证实自由在马克思思想中的核心作用。

自由的各个方面特性显然是相互联系和关联在一起的。无论如何都显而易见的是,对马克思来说,自由本质上就是自我决定。正是这一基本特性,把自由的各个方面联结在一起。人在与他人及自然的关系中以具体的方式把自身对象化,同时,人的对象化在本质上是共同的,这些都是自由所表征的那种自我决定的限定性条件。

以此为特征的马克思的伦理学属于一种美德伦理学。它要求具有某些品格特征和气质的个人的内在发展。因而自由不仅仅是一个道德概念,还是一个本体论概念。这不意味着自由就是个人与生俱来的。人们必须为它做好准备,为它接受训导,并通过日常实践把它维续下来。它不只是简单地思考和感受某些东西,还包括在某些处境下以某种方式行事。㊲它是一种存在方式。可以说,它是理论与实践的统一!如果实现了这种生活方式或存在方式,我们就能理解马克思所说的:在共产主义条件下,人可以随心所欲地做事。[参见《马克思恩格斯文集》(第一卷),人民出版社,2009年,第537页。]这显然不同于资产阶级的自由所主张的做自己想做的事。

由此也能理解马克思为何几乎都没有尝试去详述，一个人对于这一或那一具体的道德问题应该如何抉择。

由于自由涉及的是一种本体论条件、一系列气质和品格,因而马克思不必担心指责他只是在把一种道德原则(如自我实现原则、康德式的义务原则等)强加于人的反驳意见。相反,他要求在历史发展中(参见第三章)找到一种发展方式,能够创造出恰是以那种方式存在的人。因此,他的道德要求包含一种物质的或自然的基础。由此可见,马克思自己的伦理立场与他的这段论述并不矛盾:

> 共产主义者根本不进行任何**道德**说教……共产主义者不向人们提出道德上的要求,例如你们应该彼此互爱呀,不要做利己主义者呀等等;相反,他们清楚地知道,无论利己主义还是自我牺牲,都**是**一定条件下个人自我实现的一种必要形式。[《马克思恩格斯全集》(第3卷),人民出版社,1960年,第275页。]

当然，这样一种自由的伦理学与对马克思思想的自我实现论式的理解是相关的。的确,人的自我发展在马克思的思想中扮演着一定的角色。但同时正如我们所见,马克思自由的伦理学与自我实现论的伦理学截然不同,而且是更高级的。自我实现论的伦理学普遍存在的问题对马克思而言不是问题。马克思没有致力于实现我们的"所有"能力。马克思式的自由人永远不可能招致行家里手(the artist)对自我实现论的伦理学所提出的问题:人的自我实现可能以牺牲他人为代价。[38]马克思没有像自我实现论的伦理学普遍所做的那样设定两种自我的存在，也没有只以其中的一种自我作为实现的对象。最后,自我实现论的观点通常是目的论的。据此,我们是有义务做出有利于自我实现这一目的的那些行动。但在把这一观点归于马克思时,遇到的问题不仅仅是应该如何考量这一目的。另一个问题是他反对把责任、义务强加于人的态度。其实，马克思的观点在如下意义上看似乎是老生常谈的（aretaic），即自由——以某种方式行事的复杂气质——本身在道德上就被认为是善的。它不是因为促成别的某个目的才是善的。这种善是自在自为的。

综上可见，自由概念是马克思衡量人和社会发展与进步的标准。就社会成员对上述自由概念的实现程度而言，社会或多或少是有所发展的，对于道德的生活也多少有所实现。第三章指出过马克思为证明这一自由概念的合理性所诉诸的理由。下一章将会从思考自由与正义的关系出发，进一步探讨自由的本质。

第五章

资本主义与正义

> 劳动力维持一天只费半个工作日,而劳动力却能发挥作用或劳动一整天,因此,劳动力使用一天所创造的价值比劳动力自身一天的价值大一倍。这种情况对买者是一种特别的幸运,对卖者也决不是不公平(unrecht——本书作者注)。[《马克思恩格斯文集》(第五卷),人民出版社,2009年,第226页。]

传统上对资本主义的一种批判是,它产生出这样一种社会,其中的成员在收入、财富、地位等方面存在广泛而不公平的差距。人们只需回顾过去两个世纪为资本主义社会引入重要的平等主义措施的那些改革和革命运动,就能认识到这一批判的重要意义。这些运动带来了累进制所得税、福利措施以及开放普选的政府机关。

于是,很多人以为马克思主义同样是为了正义才批判资本主义,也就不足为奇了。很多评论者断言,对于正义的热情、对资本主义制度的不正义的关注,是马克思思想的基础。①马克思本人似乎也认可这一点。他在早期对资本主义的分析中写道:

> 我们且从**当前的**国民经济的事实出发。
>
> 工人生产的财富越多，他的生产的影响和规模越大，他就越贫穷。工人创造的商品越多,他就越变成廉价的商品。物的世界的**增值**同人的世界的**贬值**成正比。……当然，劳动为富人生产了奇迹般的东西，但是为工人生产了赤贫。劳动生产了宫殿，但是给工人生产了棚舍。劳动生产了美，但是使工人变成畸形。[《马克思恩格斯文集》(第一卷),人民出版社,2009年,第 156、158~159 页。]

132　　因而,我们必须对马克思的正义观加以审视。马克思的伦理学是否蕴含正义诉求,作为对其自由观的补充？他批判的是资本主义的不正义,还是像其他人指出的,这是对他的一种误解？如果他确实批判资本主义的不正义,那他这么做是因为资本主义有违正义原则,还是因其违背了被视为美德的正义？不论就哪种情形而言,这一标准是否不仅可以适用于共产主义,还能适用于资本主义以及人类发展中的其他社会形态？简言之,自由与正义在马克思的思想中是怎样的关系？本章将对这些问题进行探讨,并证明,马克思对资本主义的批判**没有**诉诸正义,不论是作为原则的正义,还是作为美德的正义。鉴于正义在规范伦理学意义上是以正义原则的形式被归于马克思的,我会重点关注马克思是否诉诸正义原则这一问题。再次强调我的判断是,马克思批判资本主义不是因为它不正义,而是正如上一章所述,因为它没有为人提供充分的自由。

一

　　开篇就以警示相告或许是必要的,也是对前文所述内容的一个提醒。通过简单堆砌马克思本人以赞成或反对某一特定观点的方式所表达的内容,不可能(有些人却似乎认为可以)确证他关于任何论题的观点——对于目前所议论题的观点,尤其如此。就目前的论题而言,那些文本至多只能初步确证如下看法的合理性,即马克思批判资本主义可能是以正义原则为基础的。但是,仅凭这些文本本身无法证实这一论断,因为它的合理性很容易就可以被马克思表达了相反意思的其他文本所抵消。由此可见,马克思一方面指出过包含在占有剩余价值的过程中的偷盗、窃取、抢劫、欺诈等行径。例如,马克思认为,对剩余价值的占有就是一种窃取行为:"不付等价物而窃取的、逐年都在增长的剩余产品的一大部分"由此是被"资本化的"。[《马克思恩格斯文集》(第五卷),人民出版社,2009年,第706页。]然而,另一方面,马克思在《资本论》中还写道:

> 所以,如果说预付在工资上的价值额不仅在产品中简单地再现出来,而且还增加了一个剩余价值,那么,这也并**不是由于卖者被欺诈**,——他已获得了自己商品的价值,——而只是由于买者消费了这种商品。[《马克思恩格斯文集》(第五卷),人民出版社,2009年,第675页,强调为本书作者所加。]

马克思在早期著作中似乎也表明,他实质上关心的不是工人在工资收入中获得的分配份额:"强制**提高工资**……无非是**给奴隶以较多工资**,而且既不会使工人也不会使劳动获得人的身份和尊严。"[《马克思恩格斯文集》(第一卷),人民出版社,2009年,第167页。]②

可见,仅凭马克思在这里或那里说资本主义是正义或不正义的,并无法明确他的立场。我们不能排除这样一种可能:马克思的说法有时是不一致的,因为他尝试通过某些表述来争取一些策略性优势,甚或偶尔是非正式的写作,没有严格遵循他的理论承诺。③因而,在探讨马克思关于资本主义与正义的各种论述时,必须表明它们如何才能与他的总体思想最为契合。除非这些更具包容性的观点得到认真对待,并被时刻铭记于心,否则他的很多论述都会遭到误解和误读。④

遵照上述方法论要点,应当首先简要(但是会比现有的讨论更为充分)地描述一下构成资本主义生产关系的本质,它将成为基于正义的批判对象——如果马克思是基于正义展开批判的话。

资本主义是一种商品生产和交换的制度。因而,马克思的《资本论》从研究商品开始。商品是为了卖给他人而生产的产品。如此一来,它必然具有一定的**使用价值**——也就是说,它必须能够满足他人的一些需求,否则就不会有人费心购买了。商品还具有**交换价值**,即交换各种商品所形成的比例关系。不同于商品的使用价值,交换价值不是商品与生俱来的特性。相反,交换价值取决于生产商品所需的劳动时间。然而这并非像有人认为的那样,意味着生产商品所需的劳动时间越长,商品的价值就越高。毋宁说,商品的(交换)价值取决于生产该商品所需的社会平均必要劳动时间。这又取决于知识和技术水平、生产的地理和环境条件,以及社会及其中的个人所处的历史阶段。

可见,资本家生产这些商品——或者更确切地说,是使它们被生产出来——不是为了满足社会中人们的各种需求或欲望。相反,资本家生产这些商品的唯一目的——或者至少是主要意图——在于为自己创造利润。由此,资本家必须为他人生产商品,这恰恰是他能够得偿所愿的唯一途径。这些商品只是达到这一根本目的的手段。在《资本论》的第一卷中,马克思为自己设定的根本问题,就是解释资本家的利润来源。资本家是从哪里获得他所追求的利润的?

马克思认为,这种利润不是源于资本家对投入商品生产的各种原材料的购买行为,也不是来自已被生产出来的商品的流通本身。马克思假定,每件商品都是以其全部价值进行交换的。这意味着,当资本家把他的特定商品投入市场时,就会从中获得收益,这种收益不论是呈现为货币形式,还是其他商品形式,都完全等价于他投入市场的商品——也即在这一商品的生产过程中所投入的价值（劳动）量。显然，人们不是以这种方式创造或赚取利润的。

准确地说，资本家追逐和赚取的利润源于生产过程中的劳动者。正如资本家必须购买各种原材料或购买生产新的商品所需的商品一样，他还必须购买工人提供的另一种商品，即工人的劳动力。也就是说，工人卖给资本家一种非常特殊的商品——工人的劳动力，也即工人在正常工作日里工作一定时间的劳动能力。如此一来，这种商品（即劳动力）同其他所有商品一样，也具有交换价值和使用价值。认识到这一事实，马克思就能表明资本家的利润来源了。

同其他商品一样，工人劳动力的交换价值等于生产这一劳动力所需的劳动量。其中包括为工人及其家人提供足够的食物、衣物和住所。马克思把这一劳动量称为"必要劳动"。然而工人劳动力的使用价值并不取决于其交换价值。更确切地说，工人劳动力的使用价值是工人在正常工作日的生产和劳动能力。关键在于，这两种价值量之间存在差额。构成劳动力交换价值的小时数，即必要劳动的小时数，要少于这种劳动力所能投入生产的小时数。这一差额正是资本家在购买工人的劳动力时所觊觎的。因为既然工人投入生产的时间比生产自身劳动力所需的时间更长，工人就产生了**剩余劳动**。既然构成产品价值的是劳动，工人额外的工作时数就产生了**剩余价值**——实际上即资本家的利润。因此，通过购买这种极不寻常的商品——同时不要忘记，马克思认为资本家为其购买的每件商品都支付了全部价值——资本家就已经能够为自己创造利润。这种利润正是资本主义制度的全部核心和目的所在。

通过对资本主义典型的生产关系的简要描述，现在我们可以转而谈谈马克思关于这一制度正义与否的观点。我们需要进一步详细阐明这种生产关系。不过在展开讨论前，可能需要指出人们对于马克思有关资本主义与正义的观点所普遍认同的如下看法。

这种看法认为，马克思会承认，在资本主义条件下确实存在各种特定的不公平现象，就此而言，它们可以通过资产阶级社会条件下的正义原则加以判定。例如，如果个别资本家企图向一些工人支付低于其劳动力全部价值的工资，那么这些工人就遭受了不公平的待遇。资本家为做到这一点而试图延长工作日，使它超出这些工人再生产自己的劳动力所需的时间。资本家缩短工人的午餐时间，延长工人必须花在工作上的时间，等等。简言之，资本家试图从工人那里获得多于正常工作日法定的工作量。这种做法减少了这些工人终其一生可以出卖的劳动力，从而也就降低了他们从其不得不出卖的商品——劳动力——所能获得的价值回报。

马克思可能认为，这些企图会造成工人在资本主义制度下遭受不公平待遇。[参见《马克思恩格斯文集》（第五卷），人民出版社，2009年，第270~271页。]类似地，当工人扣留资本家已经购买的一些劳动力时，资本家也可能受到工人的不公平对待。

在对马克思思想的解读中，这种不正义不是作为问题存在的，因为它可能是凭借资本主义制度下有效的正义原则来衡量的。现在大家都会认同，马克思肯定是没有对资本主义制度中的不正义视而不见。但显然，看到这些不正义不等于探讨了资本主义制度本身正义与否的本质。否则人们可能会以为，这些不正义现象都可以被根除，使资本主义成为一个完全正义的生产关系体系。

对于由此产生的两个关于资本主义正义与否的主要问题，我们将在本章予以探讨。首先人们可能会问，就算以在资本主义条件下形成的原则作为衡量标准，马克思认为资本主义是不正义的吗？在马克思看来，资本主义**从理论上说**是不可能消灭上述不正义现象的吗？资本主义制度就其本身的正义原则而言，难道必然是一种不正义的制度？

其次是与上述问题的答案无关的一个问题：马克思是基于某种既适用于共产主义，又适用于资本主义的共产主义原则，才认为资本主义是不正义的吗?换言之,马克思是否持有一种跨文化、跨历史的正义原则?第一个问题的答案既可能是肯定的,也可能是否定的,资本主义以其自身的基础来看,可以说是正义的,也可以说是不正义的,这个问题目前仍然是开放的。本章接下来探讨的正是这两个常见问题。

二

有两个原因可以解释,即使基于资本主义制度下形成的正义原则,资本主义从理论上说也不可能是一种正义的制度。第一个原因正如我们已经解释过的,马克思认为,在资本主义制度下形成的正义原则要求每件商品都被付以全部价值。我们也已看到,工人劳动力的全部价值就是在正常工作日内替代这一劳动力所需的劳动时间:

> 同任何其他商品的价值一样,劳动力的价值也是由生产从而再生产这种独特物品所必要的劳动时间决定的。……劳动力所有者今天进行了劳动,他必须明天也能够在同样的精力和健康条件下重复同样的过程。因此,生活资料的总和应当足以使劳动者个人能够在正常生活状况下维持自己。[《马克思恩格斯文集》(第五卷),人民出版社,2009年,第198~199页。]

然而,资本对剩余价值(剩余劳动)有着不懈的追求——它始终想方设法获取更多剩余价值。资本就其本性而言,总是寻求从工人那里获得比在正常工作日中理应提供的更多的劳动。关于资本,马克思指出:

> 工作日就是一昼夜24小时减去几小时休息时间。没有这种休息时间,劳动力就根本不能重新工作。首先,不言而喻,工人终生不外就

是劳动力,因此他的全部可供支配的时间,按照自然和法律都是劳动时间,也就是说,应当用于资本的自行增殖。至于个人受教育的时间,发展智力的时间,履行社会职能的时间,进行社交活动的时间,自由运用体力和智力的时间,以至于星期日的休息时间……——这全都是废话!但是,资本由于无限度地盲目追逐剩余劳动,像狼一般地贪求剩余劳动,不仅突破了工作日的道德极限,而且突破了工作日的纯粹身体的极限。它侵占人体的成长、发育和维持健康所需要的时间。它掠夺工人呼吸新鲜空气和接触阳光所需要的时间。它克扣吃饭时间,尽量把吃饭时间并入生产过程本身,因此对待工人就像对待单纯的生产资料那样,给他饭吃,就如同给锅炉加煤、给机器上油一样。资本把积蓄、更新和恢复生命力所需要的正常睡眠,变成了恢复精疲力竭的有机体所必不可少的几小时麻木状态。在这里,不是劳动力维持正常状态决定工作日的界限,相反地,是劳动力每天尽可能达到最大量的耗费(不论这是多么强制和多么痛苦)决定工人休息时间的界限。[《马克思恩格斯文集》(第五卷),人民出版社,2009年,第305~306页。]

由此可见,既然资本主义始终设法侵犯劳动者所拥有的一切——依据资本主义自身的正义原则而言——资本主义本质上就是一种不正义的制度。

人们由此会以为,资本自身的利益要凭借维持工人生存才能维系,这就会促使它抑制对剩余价值(劳动)的渴求。[参见《马克思恩格斯文集》(第五卷),人民出版社,2009年,第306~312页。]事实上,马克思在某些地方也确实写道,工人通常得到的工资足以再生产他的劳动力。[《马克思恩格斯文集》(第五卷),人民出版社,2009年,第670~671页。]不过,马克思还写道,资本总是能够找到足够的工人,这样它就不必关心它贪婪积累的剩余劳动力来源的命运。[《马克思恩格斯文集》(第五卷),人民出版社,2009年,第312~313页。]也就是说,鉴于如前所述的劳动价值理论,资本家似乎没有任何内在的必要,去关心劳动力在这个或那个具体的人身上得到生产和再生产。某物的价值是生产它所需的社会必要劳动时间。但是,任何特定的人都只是一个可以产生劳动力的器具(vessel)。如果能找到另一个价值更低,却可以产生等量劳动力的器具,这就应该是资本家寻求的劳动力来源了。

因而从理论上讲,资本主义社会甚至永远都不可能是一个正义的社会,因为资本主义社会的内在力量本质上始终在寻求超越正义的界限——也就是说,资本就其本质而言,即试图向劳动者提出超出正常工作日允许范围的要求。

然而即便前面关于资本的描述是正确的,也得不出上述结论。要理解这一点就必须认识到,正常工作日——衡量工人劳动力全部价值的尺度——是一个可变量。"因此,工作日是可以确定的,但是它本身是不定的。"[《马克思恩格斯文集》(第五卷),人民出版社,2009年,第268页。]如上所述,工作日的长短取决于若干因素。对某物的价值界定首先是通过社会必要劳动来表达的,马克思指出,这取决于各种具体状况,"其中包括:工人的平均熟练程度,科学的发展水平和它在工艺上应用的程度,生产过程的社会结合,生产资料的规模和效能,以及自然条件"。[《马克思恩格斯文集》(第五卷),人民出版社,2009年,第53页,参见第199、651页。]其实,工作日的界限最终是由资产阶级与工人阶级之间的阶级斗争确立的:"工作日的正常化过程表现为规定工作日界限的斗争,这是全体资本家即资本家阶级和全体工人即工人阶级之间的斗争。"[《马克思恩格斯文集》(第五卷),人民出版社,2009年,第272页。]

这意味着当工人阶级处于弱势时,工人彼此是分裂的,"正常的"工作日将成为一段漫长和令人煎熬的劳动时间。这时的劳动质量往往会很低。

不过,只要工人获得足以维持如此低水平的生计所需的生存资料,他们就算得到了公平的工资。甚至在他们大量死亡,但同时可以由其子女或来自本国及世界其他地区的劳动者取而代之的这种极端情况下,也是如此。因为即便是在这样的情形下,工人过剩的事实也会被纳入工人劳动力的生产所需的成本计量中。⑤另一方面,当工人阶级强盛时,劳动力更新的质量会更高,因为工作时间——正常工作日——将会更短。但工人仍会得到其劳动力的全部价值。

可见,不论资本的本性如何,资本主义社会在理论和实践上似乎都可能是正义的。考虑到对正常工作日的确定方式,就资本主义社会的正义原则而言,工人似乎得到了公平对待。必须承认,这不意味着个别资本家不会寻求通过各种新手段攫取更多的剩余价值。不这么做才是有违资本家的本性。不过,由于对正常工作日的那种确定方式,资本家这么做就要面临压力,重新回到对社会规范的遵从上来。并且,他们所履行的这一社会规范,正是此处所探讨的正义的衡量标准。

现在,有人可能抱怨这样的结论真是莫大的讽刺。人们甚至会指出,上述内容只是表明这种关系是**经济**正义的——并没有表明它是**道德**正义的。而马克思很可能回应说,正是他的现实主义使其看到资本主义制度下事态发展的真实状况,以及由此何以不仅在经济上是正义的,而且在道德上也是正义的。如果有人想抱怨这种事态,就必须要么证明在资本主义条件下存在另一种正义原则,要么运用外在于资本主义的其他正义原则。此处假定,我们在这里讨论的正义原则是在资本主义条件下获得的。至于在马克思那里,关于正义是否有或可能有其他任何外在的道德原则,则仍有待探讨。

资本主义在理论上之所以不可能是正义的第二个原因,必然与雇佣劳动的表象与实质相关。表面上看,工人的劳动价值都得到了报酬——例如,他12个小时的劳动全部都得到了报酬。"在资产阶级社会的表面上,工人的工资表现为劳动的价格，表现为对一定量劳动支付的一定量货币。"[《马克思恩格斯文集》(第五卷)，人民出版社，2009年，第613页。]这应该是资本主义社会正义原则的要求。然而雇佣劳动的实质是工人只得到了一部分的劳动报酬,尽管是他**劳动力**的全部价值。而且根据与资本主义相适应的正义原则来看，这是正义的。因而有人指出："基于资本主义社会用以评价表面上发生的事情的原则,实际发生的事情是不正义的;但是它似乎又没什么不正义之处,因为它看上去并非不正义。而依据支配实际发生的事情的原则来看,实际发生的则是正义的。"⑥他继续论证道：

> 向劳动者支付低于其劳动"价值"的报酬,这种做法与要求劳动者获得相当于其劳动"价值"的工资的原则是相冲突的。相对于这一原则来说,这种做法就是不正义的。既然这一原则是资本主义的代理者和辩护者用以评价资本主义实践的原则,因而,资本主义以其自身的标准来看就是不正义的。⑦

这一论证存在两个问题。其一,资本主义的辩护者等通常使用的原则是**不适用**于资本主义的。"货币即对象化劳动同活劳动的直接交换,也会或者消灭那个正是在资本主义生产的基础上才自由展开的价值规律,或者消灭那种正是以雇佣劳动为基础的资本主义生产本身。"[《马克思恩格斯文集》(第五卷)，人民出版社，2009年，第614页。]由此可见,这一原则无法真正用以评价资产阶级实践的正义与否。或许这里可以用一个类比来形容。如果上帝真的不存在,那么说一个社会因为没有遵从上帝的意愿而是不道德的,就是没有意义的。仍然相信上帝的人可能认为,这样的社会是不道德的。但是,没有什么比由一些人相信神灵这一事实证明有神灵存在,或证明我们应该照其所说的去做,更能表明社会的不道德了。同理,上述论证的关键只是表明,人们在资本主义社会中运用并持信的,是一种不适用的正义原则——这不是为了表明，资本主义从这一原则看确实是不正义的。

其二，更为重要的是，上述论证断言了运用于资本主义社会的两种不同的正义原则——一种是表象层面上的，一种是实质上的。然而有人提出质疑，这里实际上并不包含两种不同的正义原则，而只是对同一原则的两种不同应用。因此，可以把资产阶级的正义原则简单地规定为用等价物交换等价物。[参见《马克思恩格斯文集》(第五卷)，人民出版社，2009年，第204、226页。]这一原则在资本主义制度下遭到曲解和误用，被视为是以工资交换一定时长的劳动而非劳动力。可见，以资本主义自身的标准来看，就不存在不正义的问题了。毋宁说，在资本主义及其神秘性之下，人们没能理解他们自己的行为和评价。具体而言，在马克思看来，按劳动而非劳动力被付以报酬的观念，根本就是无稽之谈。如果一个人是按其劳动(即按他工作的小时数)得到报酬的话，就不再会有利润的来源，资本主义也将随之不复存在。

但是，何必要隐藏或掩盖真实的关系呢？为何需要这种神秘性？马克思说道：

> 劳动力的价值和价格转化为工资形式，即转化为劳动本身的价值和价格，具有决定性的重要意义。这种表现形式掩盖了现实关系，正好显示出它的反面。工人和资本家的一切法的观念，资本主义生产方式的一切神秘性，这一生产方式所产生的一切自由幻觉，庸俗经济学的一切辩护遁词，都是以这个表现形式为依据的。[《马克思恩格斯文集》(第五卷)，人民出版社，2009年，第619页。]

为何必须这样自欺欺人？假定事实上，人们突然意识到资本主义社会真实的经济基础。他们认识到，自己的工资不是按工作时长计算的，而是按生产劳动力所需的劳动量来支付的。他们之前以为那个资本家对他们说的是"如果你工作 X 小时,你所工作的每一小时都会得到报酬"。现在他们意识到,资本家实际上指的是"如果你以你的能量即劳动力为我劳动,我会为你生产那些能量(劳动力)之所需支付报酬"。因而他们会意识到,自己作为这一协议的当事人,有义务生产其劳动力的全部使用价值,由此应该被付以全部交换价值。但是,为何认识到这些是危险的?为何人们有必要(或为何重要的是)相信,他们应该按劳动时数而不是按生产其劳动力所需的劳动量,被付以报酬?

要得到答案,就必须超越前述情形,进而强调如下事实:尽管工人劳动力的全部交换价值都得到了报酬,但这是少于他们的劳动所生产的价值量的。当然,基于上述理解而言,这是正义的。不过,人们还是想知道,为何事情应该如此?正如我们所见,马克思的回答是,这在资本主义制度下是必然的。这两种价值之间的差额即资本家的利润来源。马克思还认为,**任何**制度都必须有剩余劳动的存在,也就是说,人所生产的必须多于其因生产劳动力之所需而获得的回报。

> 剩余劳动一般作为超过一定的需要量的劳动,应当始终存在。只不过它在资本主义制度下,像在奴隶制度等等下一样,具有对抗的形式,并且是以社会上的一部分人完全游手好闲作为补充。……资本的文明面之一是,它榨取这种剩余劳动的方式和条件,同以前的奴隶制、农奴制等形式相比,都更有利于生产力的发展,有利于社会关系的发展,有利于更高级的新形态的各种要素的创造。[《马克思恩格斯文集》(第七卷),人民出版社,2009 年,第 927~928 页。]

可见,生产一个人的劳动力所耗费的,与他的劳动力所能生产的产量之间存在差额,且存在这一差额的必然性不局限于资本主义。资本主义的这一特性是无法消除的。因此它不可能是资本主义不正义的根源,除非马克思断言,所有制度——甚至包括共产主义——都是不正义的!

现在看来,假使资本主义制度下的人们也能明白这一点,他们或许仍然会问,是谁——以及基于什么——决定了他们的劳动生产量要比生产他们劳动力的耗费多出多少?⑧上文已经指出,这是在阶级斗争中决定的。不过,现在让我们站在资本家这边来考察一下阶级斗争。资本家是基于什么参与这一过程的?是什么赋予他决定一个人应付出的劳动量这一角色的合法性?一个传统的答案是,这一角色是由生产出来的商品财富而得到辩护的。但是马克思拒绝接受这一答案。有时确实会有产品过剩的情况发生,然而这些产品没能落到工人手中。正如马克思所说,工人生产的越多,他就越贫穷。不过,这其中不存在什么不正义,因为资本主义坚持的是程序正义——而不是结果正义。一个社会是正义的,这不是就某种特定的最终状态——例如财富的平等分配——而言的。毋宁说,不论社会最终实现的是何种状态,如果实现这种状态的所有程序都是正义的,这个社会就是正义的。这就是资本主义的情形,因为每个工人都得到了他劳动力的全部价值。

对于上述问题的另一个标准答案是,这一制度之所以合理,是因为它保护了个人自由。在资本主义制度下,人们可以——而不是必须要——把自己的劳动力卖给这个或那个资本家。个人是自由的——只要他不伤害别人,就可以做自己想做的事。但是问题就在于此。这就是为什么雇佣劳动的神秘性是必要的。

让我们来看看实现资产阶级自由的关系的本质。资本家何以扮演着决定一个人劳动量的角色?要回答这一问题,我们必须在资产阶级生产关系的历史背景下考察这种关系的本质。首先可能要指出,为了基于其自身来理解资本主义的生产制度,我们必须就其本身来考察每一个别的交换行为。"因此,如果要把商品生产或属于商品生产的过程按商品生产本身的经济规律来加以判断，我们就必须把每个交换行为就其本身来加以考察，撇开它与以前和以后的交换行为的一切联系。"[《马克思恩格斯文集》（第五卷），人民出版社，2009年，第677页。]由此，我们可以设想两个人将其产品推向市场进行销售的情形。假定这些产品是他们各自的劳动成果。[参见《马克思恩格斯文集》（第五卷），人民出版社，2009年，第672页。]这里应该注意的是，他们拥有面向市场的产品这一事实意味着，他们并不需要自己生产出来的全部产品。有些产品是剩余的，他们可以卖给其他人。因此他们的劳动一部分是必要的，一部分就成为剩余的。在此，剩余劳动仅仅指满足人们自身需要所需的劳动以外的劳动。

这些产品中的每一件都有使用价值——否则没有人会想要它，以及交换价值——生产这一产品所需的劳动量。当这两个人的产品都以其全部交换价值进行交换时，就是正义的。此即用等价物交换等价物。这种交换很难说是资本主义的。它已然存在于早期社会。

那么，这些关系和这种交换是如何转化为资本主义制度的？"货币和商品，正如生产资料和生活资料一样，开始并不是资本。它们需要转化为资本。"[《马克思恩格斯文集》（第五卷），人民出版社，2009年，第821页。]马克思的回答是：

> 这种转化本身只有在一定的情况下才能发生，这些情况归结起来就是：两种极不相同的商品占有者必须互相对立和发生接触；一方面是货币、生产资料和生活资料的所有者，他们要购买他人的劳动力来增殖自己所占有的价值总额；另一方面是自由劳动者，自己劳动力的出卖者，也就是劳动的出卖者。自由劳动者有双重意义：他们本身既不像奴隶、农奴等等那样，直接属于生产资料之列，也不像自耕农等等那样，有生产资料属于他们，相反地，他们脱离生产资料而自由了，同生产资料分离了，失去了生产资料。商品市场的这种两极分化，

造成了资本主义生产的基本条件。[《马克思恩格斯文集》(第五卷),人民出版社,2009年,第821页。]

144　导致这种情况产生的过程又是怎样的?

因此,创造资本关系的过程,只能是劳动者和他的劳动条件的所有权分离的过程,这个过程一方面使社会的生活资料和生产资料转化为资本,另一方面使直接生产者转化为雇佣工人。因此,所谓原始积累只不过是生产者和生产资料分离的历史过程。这个过程所以表现为"原始的",因为它形成资本及与之相适应的生产方式的前史。……

直接生产者,劳动者,只有当他不再束缚于土地,不再隶属或从属于他人的时候,才能支配自身。其次,他要成为劳动力的自由出卖者,能把他的商品带到任何可以找到市场的地方去,他就必须摆脱行会的控制,摆脱行会关于学徒和帮工的制度以及关于劳动的约束性规定。因此,使生产者转化为雇佣工人的历史运动,一方面表现为生产者从农奴地位和行会束缚下解放出来;对于我们的资产阶级历史学家来说,只有这一方面是存在的。但是另一方面,新被解放的人只有在他们被剥夺了一切生产资料和旧封建制度给予他们的一切生存保障之后,才能成为他们自身的出卖者。而对他们的这种剥夺的历史是用血和火的文字载入人类编年史的。[《马克思恩格斯文集》(第五卷),人民出版社,2009年,第822页。]

这一大段引文之所以言之有理,是因为它们清楚表明,在马克思看来,整个资产阶级关系的制度都有赖于以往对生产者施以强迫和强制的历史,最终使其除了出卖自己的劳动力外一无所有。马克思控诉的是工人

不得不出卖他们的劳动力,他们是**被迫使**、**被强制**进入这些关系的。生产者没有属于自己的生产资料,而他们又必须劳动。于是,工人要使用资本家的生产资料生产自己赖以生存的必需品,实际上就必须向资本家支付报酬。工人(以剩余劳动的形式)付给资本家**贡品**,从而获得了工作,并由此得到工人自己的生存资料。

资本主义生产过程在本身的进行中,再生产出劳动力和劳动条件的分离。这样,它就再生产出剥削工人的条件,并使之永久化。它不断迫使工人为了生活而出卖自己的劳动力,同时不断使资本家能够为了发财致富而购买劳动力。现在已经不再是偶然的事情使资本家和工人作为买者和卖者在商品市场上相对立。过程本身必定把工人不断地当作自己劳动力的卖者投回商品市场,并把工人自己的产品不断地转化为资本家的购买手段。实际上,工人在把自己出卖给资本家以前就已经属于资本了。工人在经济上的隶属地位,是通过他的卖身行为的周期更新、雇主的更换和劳动的市场价格的变动来实现的,同时又被这些事实所掩盖。[《马克思恩格斯文集》(第五卷),人民出版社,2009年,第665~666页。]

可见,无须工资连带的神秘性,就可以防止工人因不公平的工资水平或类似的情形而奋起反抗,甚至可以防止他们质疑自己为何一直被迫——正如资产阶级生产关系制度化所要求的——为了生存而出卖劳动力。如果我相信自己每分每秒的劳动都能得到报酬,正如市场条件所决定的那样⑨,那么,尽管我可能会抱怨我的劳动时长和条件,但是我和我的雇主都得到了应得的报酬。然而如果我意识到,我的劳动力是由市场条件决定的,它的价值与我所生产的价值之间存在差额,这一价值差额的大小及其目的指向,取决于产生它们的那些基于强迫和强制的关系,且资本家所扮演的角色就是决定这一差额的性质,因为我们的关系体现了资本主义赖以存在的这种制约性。我就很可能会对我所身处的不公正的社会关系结构,对我所遭受的暴行、强迫和强制高声抗议、表达愤慨。⑩在现存的这一系列关系中,我或许能得到我所应得的报酬,但我是不得不加入这些关系的。我被告知一份工作很有价值,但是继而我却要被迫接受这份工作。正义没有受到侵犯,但是我的自由遭到侵犯。

现在看来,这里受到威胁的自由,与资产阶级的自由不是一回事——至少,如果资产阶级的自由仅仅被理解为人的需要和行为缺少直接的、即时性妨碍的话。因而,基于资产阶级的道德原则就无力反驳称,对无产阶级施以的强制和强迫——以及随之而来的对他们自由的侵犯——本身就是一种不正义。资产阶级的正义以及自由的道德原则,在资本主义制度下是被实现了的。因此,这里的危险在于,如果人们认识到自己生活和工作的真正基础,就会被推向对资产阶级自由观的超越,走向马克思的自由观和共产主义。

在结束本节内容前,我想考察一个针对上述论证思路的重要反驳。这一反驳意见认为,马克思确实把工人向资本家提供的剩余劳动说成是"无酬劳动",即资本家从工人那里掠夺来的劳动。简言之,工人的一部分劳动没有获得等价物。[参见《马克思恩格斯文集》(第五卷),人民出版社,2009年,第675页。]马克思的这些说法难道不正表明,不正义确实构成他对资本主义批判的一部分吗?对此,答案是否定的,原因(至少)有三个方面。

首先应当指出的是,马克思认为在资本主义制度下,不等价交换以诸多其他形式发生在很多地方。也就是说,资本家没有为其赖以生存的很多"东西"买单。除了(被认为)没有为工人的剩余劳动支付报酬,资本家也没有为他从劳动分工[《马克思恩格斯全集》(第31卷),人民出版社,1998年,第168页。],从其所使用的科学力量[《马克思恩格斯全集》(第31

卷），人民出版社，1998年，第168页；《马克思恩格斯文集》（第五卷），人民出版社，2009年，第699页。]中获得的收益买单，没有为他需要的人口增长[《马克思恩格斯全集》（第31卷），人民出版社，1998年，第168页。]买单。此外，他也没有为来自许多工人共同劳动的剩余劳动力[《马克思恩格斯全集》（第30卷），人民出版社，1995年，第526页；《马克思恩格斯文集》（第五卷），人民出版社，2009年，第378、387页。]，或为保存新产品中的劳动工具的价值[《马克思恩格斯文集》（第五卷），人民出版社，2009年，第240页。]买单。然而所有这些都属于攫取剩余价值所必需的生产力。因此我们不应简单地认为，"不等价交换"专属于工人通过提供给资本家劳动力来换取工资这一情形。此外，既然不能说，资本家没有（对谁？如何？）为他所使用的科学力量、来自劳动分工的收益以及人口增长本身买单属于**不正义的**行为，那我们也不应仓促推论，工人的遭遇及其工资状况是不正义的。

其次，"无酬劳动"这一短语的使用本身是可疑的——而且这是就马克思本人提供给我们的依据而言的。"劳动的价值"即买卖劳动和为劳动支付报酬的观念，是一种不合理的表达，属于虚幻的用语。[《马克思恩格斯文集》（第五卷），人民出版社，2009年，第616~618页。]"劳动的价值只是劳动力的价值的不合理的用语。"[《马克思恩格斯文集》（第五卷），人民出版社，2009年，第618页。]而劳动力的报酬已然得到了全额支付！那马克思所说的"无酬劳动"是什么意思？他必定指的是，工人得到全额支付的劳动力所生产的价值，超出了他所得到的作为报酬的价值，由此还形成一种公平交换。这不是说，他劳动的**一部分**没有得到报酬，因为实际上他**没有**得到劳动的任何报酬！这也不是说，他劳动力的报酬没有得到全额支付。毋宁说，他的劳动力价值与其劳动力所能生产的产品价值之间存在差额。

现在看来，正如前文所述，这是不足为奇的。正因如此，资本家首先要做的就是购买劳动力。

> 劳动力的价值和劳动力在劳动过程中的价值增殖,是两个不同的量。资本家购买劳动力时,正是看中了这个价值差额。劳动力能制造棉纱或皮靴的有用属性,只是一个必要条件,因为劳动必须以有用的形式耗费,才能形成价值。但是,具有决定意义的,是这个商品独特的使用价值,即它是价值的源泉,并且是大于它自身的价值的源泉。[《马克思恩格斯文集》(第五卷),人民出版社,2009年,第225~226页。]

再者,资本家在这样使用劳动者的劳动力时,并**没有**欺骗工人。既然他已支付全部的交换价值,全部的使用价值(及其成果)就都属于资本家:

> 劳动力这种特殊商品具有独特的使用价值,它能提供劳动,从而能创造价值,但这并不触犯商品生产的一般规律。所以,如果说预付在工资上的价值额不仅在产品中简单地再现出来,而且还增加了一个剩余价值,那么,这也并不是由于卖者被欺骗,——他已获得了自己商品的价值,——而只是由于买者消费了这种商品。[《马克思恩格斯文集》(第五卷),人民出版社,2009年,第675页。]

可见,马克思对"无酬劳动"一词的使用是无济于事和令人困惑的;他对"无偿劳动"的使用亦然。这些词不是对所发生之事的字面描述——马克思本人的解释表明这是错误的。相反,它们属于煽动性用语,理应促使我们思考——人们为何会以这种方式劳动,把自己创造的一部分价值拱手相让给另一个人,任由其处置?正如我们所见,马克思的答案是,他们是被迫这么做的,他们必须提供这种贡品,才能确保为自己创造生活资料的这份工作。强迫可能是隐蔽的,也可能是公开的,强制可能是显性的,也可能是隐性的。然而无论哪种情形,马克思都会针对这样一种生产制度提出异议:它是以威胁、强迫、强制和暴力行为基础的。总之,马克思所看到的,也即他反对"不等价交换"的理由,是对自由的侵犯。

最后,对于占有剩余价值即掠夺[《马克思恩格斯文集》(第五卷),人民出版社,2009年,第672页。],马克思是如何评价的?正如我们已经指出的那样,马克思认为,资本主义在历史上是建立在劫掠和其他一系列暴力行径基础之上的:"大家知道,在真正的历史上,征服、奴役、劫掠、杀戮,总之,暴力(在资本和财富的原始积累中——本书作者注)起着巨大的作用。"[《马克思恩格斯文集》(第五卷),人民出版社,2009年,第821页。]这种暴力的对象及其运用方式多种多样:

> 掠夺教会地产,欺骗性地出让国有土地,盗窃公有地,用剥夺方法、用残暴的恐怖手段把封建财产和克兰财产转化为现代私有财产——这就是原始积累的各种田园诗式的方法。[《马克思恩格斯文集》(第五卷),人民出版社,2009年,第842页。]

可见,在资本主义制度下生活和工作的人们目前所处的关系,至少部分地产生于一段时期的劫掠、欺骗等。现在看来,"劫掠"(robbery)在这里的意思是直截了当的。某人从别人那里拿走了不属于自己的东西。就算是在资本主义道德的考量下,这也可以被视为是劫掠。然而资本主义坚持一种法定时效(a statute of limitations):子不应代父偿罪。于是,我们发现 J.S. 穆勒论证道:

> 任何国家的法规都承认,若干年内从未在法律上提出疑义的所有权,是完全的所有权。即令这种占有是不合法的,过一个世代以后,

由也许是真正的所有者取回这种物品,重新行使其久未行使的权利,这样做通常会比将原先的不公置之不问,带来更大的不公正,而且经常会带来更大的公私祸害。⑪

因此,即便在资本主义伊始,资本主义的道德或许也得被迫承认,它的开端包含着劫掠和不道德,但是它使自身免受其责难,并宣称它现有关系包含正义性。

149　现在看来,马克思认同对资本主义的这种评价:以其自身标准来看,资本主义现存的关系是正义的。工人与资本家之间的个人关系不包含欺骗或不公正。现有的资本家个人不曾参与资本主义的早期阶段;资本家本人及其代理人都没有强迫这个或那个工人出卖劳动力给他;而且他也支付了劳动力的全部价值。只有当人们把分析从个人转向阶级层面上时,马克思才谈及对剩余价值的劫掠:

> 合并追加劳动力的生产资料,以及维持这种劳动力的生活资料,都不外是剩余产品的不可缺少的组成部分,即资本家阶级每年从工人阶级那里夺取的贡品的不可缺少的组成部分。如果资本家阶级用贡品的一部分从工人阶级那里购买追加劳动力,甚至以十足的价格来购买,就是说,用等价物交换等价物,那还是征服者的老把戏,用从被征服者那里掠夺来的货币去购买被征服者的商品。[《马克思恩格斯文集》(第五卷),人民出版社,2009 年,第 672 页。]

也就是说,如果确实发生了劫掠,那也是发生在阶级层面上,而不是在这个资本家与那个工人之间的个人关系层面。然而要转到一个阶级对另一阶级施行劫掠的层面上来说,就等于要应用外在于资本主义的标准:

诚然，如果我们对资本主义生产从它的更新的不间断进行中加以考察，而且我们考察的不是单个资本家和单个工人，而是他们的整体，即资本家阶级和与它对立的工人阶级，那么，(工人的工资所得的——本书作者注)情况就会完全不同了。但这样一来，我们就得应用一个与商品生产完全不同的标准。[《马克思恩格斯文集》(第五卷)，人民出版社，2009年，第676~677页。]

可见，即便马克思对"劫掠"的使用确实表明，他认为资本主义是不正义的，那也不是以资本主义自身的理由或标准为依据。只有在超越资本主义原则的基础上，这样一种控诉才有可能得到支持。

由此，我们可以总结一下这部分针对马克思正义观的考察。我认为，马克思批判资本主义是不正义的这一观点，是令人无法接受的。相反，对资本主义的责难必然要基于它对自由的侵犯，而这种侵犯是由资本主义生产关系制度化所致。然而这种自由是一种非资本主义的自由，是马克思主义的自由，这就要求我们超越资产阶级的道德标准。由此，我现在要转向一个更为宽泛的话题：马克思是否或可能持有这样一种正义原则，它是跨文化和跨历史的，它不仅适用于共产主义，还可以被马克思用以批判资本主义和其他社会，正如他对自由的应用一样。

三

有人认为马克思是以普遍的正义原则谴责资本主义的，这一论断遇到的主要问题来自马克思的意识形态观。我的论点是，这些观点有效反对了跨文化和跨历史的正义诉求，尽管它们是允许这样一种自由诉求的。为此，必须简要指出马克思意识形态观点中的那些有碍于任何这类普遍正义原则的方面。

马克思认为，一切人类社会都建基于满足人们需要和需求的生产活动之上。然而这些生产活动不仅仅是满足人的物质需求和需要（以及创造新的需要和需求），它们还决定着人对自身、他人及其时代所具有的那种意识。现在看来，这种意识呈现为各种各样的形式——宗教、国家、法、道德、科学、艺术等——并反映出孕育它们的生产方式。同时，它们本身也在一定意义上构成这种生产方式。马克思由此认为，任何社会的道德原则都是对基础性物质条件的"反映"或"表现"。它们还被认为是与这些条件相"适应的"。也就是说，这些道德原则在占主导的生产方式中发挥着具体的作用，它们作为"该生产过程的一个现实的因素"产生作用。⑫因此，它们只针对某些条件或社会是适用和有效的。可见，马克思的意识形态观似乎否弃任何普遍的正义原则。

通过考察判定资本主义的不正义所依据的（所谓）共产主义的正义原则，我们就能阐明上述这点以及这里所关注的问题。马克思对"各尽所能，按需分配"这一说法的使用，轻而易举地被过度诠释为，它不仅构成马克思共产主义的正义观，还成为一条将会或者应该适用于一切社会的原则。马克思很少使用这一说法。⑬也就是说，马克思本人并没有着力强调它。不过，在描述马克思的观点时着重强调它的做法之所以错误，也不仅仅是因为这个原因，还必须考虑以下几个方面。

首先，这一正义原则**不可能**在资本主义条件下实现："实现这个（共产主义的——本书作者注）分配正义原则要以物质的丰富为先决条件，它一方面是生产力高度发展的结果，另一方面是工作的本质和条件以及人们对待工作的态度有所转变的结果。"⑭既然如此，就不能依据这一原则评判资本主义社会。资本主义社会（当然也包括以往的社会）缺乏这样一种正义原则的物质基础。承认这一点就相当于承认，以此原则评判资本主义是不恰当的。

对此有人回应道：

如果只是因为缺乏现实或制度的前提而无法实现规范，这并不会使这些规范变得无意义。马克思的……平等和正义等观念只是在资本主义社会中缺乏制度前提，它们却没有因此毫无意义。在无产阶级的意识转变中，这些观念发挥了批判性作用，它们为无产阶级意识赋予了否定的力量，使之成为革命变化的能动因素。⑮

然而，这一回应并没有解决问题。一方面，这些规范何以具有如此效力？如果（让我们假设）19世纪还没有使这些规范得以存在的先决条件，它们就能拥有这样的效力，难道在10世纪就不可能有同样的效力吗？！但是不言而喻，马克思认为这毫无道理可言。各种规范和理想确实可能把无产阶级意识转化为革命力量，但这只有在适当的物质条件下才能实现。否则，这种观点就只是某种形式的唯心主义，它相信思想占据支配地位。另一方面，认为共产主义的正义原则虽不能为资本主义所实现，却仍然能够用以评价和谴责资本主义，这种看法或许是合理的，如果我们可以假定，资本主义是在与共产主义原则完全相符的意识形态的基础上运行的，从而使资本主义的生存条件可以在一定程度上越来越符合共产主义的正义原则的话。然而这一假设毫无根据。历史不是对当前或以往某一社会赖以存在的意识形态基础的平稳且持续的发展。马克思看到了当前和以往社会的意识形态基础中所包含的差异和对立。大多数道德哲学家却没有理解这一点，因为他们隐晦地假定生存的物质条件与道德无关。马克思阐明并否定了这一假设。同时，他也否定了上述论点背后的预设。

当然，平等趋势是我们这个世纪所特有的。认为以往各世纪及其完全不同的需求、生产资料等等都是为实现平等而遵照天命行事，这首先就是用我们这个世纪的人和生产资料来代替过去各世纪的人和生产资料，否认后一代人改变前一代人所获得的成果的历史运动。

[《马克思恩格斯文集》(第一卷),人民出版社,2009年,第611~612页。]

因此,说到资本主义及其正义,指的是正义的一系列条件,它们既与共产主义不相容,也不能以共产主义的正义原则加以评判。⑯正如人们不会也不可能以国际象棋的规则评判跳棋的走棋一样,我们也不能以所谓的非资本主义的正义原则评判资本主义的分配正义。

其次,有人可能会认为,既然任何社会都有可能是正义的——可能实现共产主义的正义原则——共产主义的正义原则也就可能适用于资本主义,只要它"能在自身生产的可能范围内满足人们的需要":

> 马克思并不认为资本主义不正义的原因在于其生产制度的技术基础不能生产出满足人们需要的大量物质,相反,他认为,资本主义不正义的原因在于,它不能在自身生产的可能范围内满足人们的需要,因而资本主义违背了按需分配原则。马克思反对的不是技术基础,不是生产力,而是运用它们的社会方式,即生产的社会关系,尤其是占有和分配年产品的方式。
>
> 一个社会为了满足其需要,必须把基本生产效率水平上的可支配劳动时间运用于社会所需要的物品和服务的生产。但是,资本主义"没有自觉地调节生产"……⑰

然而,这一观点基于马克思有关资本主义等社会制度性质的观点来看,简直就是无稽之谈。自觉、合理地尝试分配资源,就意味着资本主义的终结。但马克思不会认为,构成资本主义的社会关系自其产生以来,在任何时候都可以被消灭,从而形成共产主义的正义。相反,资本主义是共产主义发展所必要的,因而也是合理的一个阶段。只有在资本主义发展了生产力,从而产生共产主义之后,他才承认资本主义可以被克服。上述那种论点是以非马克思的方式,把生产力与生产关系割裂开来。正如上述观点所认为的,资本主义可以建立完全不同的生产关系——自觉、合理地分配生产资源——由此实现正义。除非这是可能的,否则资本主义就不可能属于共产主义正义原则的论域。但正是生产关系发生的这种根本变化,才使得生产资料的合理分配成为可能,而资本主义却无法做到这点,并且终究还是资本主义。因此,认为可以用共产主义的正义原则评判资本主义是错误的。

再次,马克思在《哥达纲领批判》中引述"各尽所能,按需分配"之前就评论道,"权利,就它的本性来讲,只在于使用同一尺度"[18]。资本主义制度下的平等标准是以"劳动,抽象的人类劳动"为尺度的。由此,面对在共产主义第一阶段的资本主义正义原则下产生的不平等,马克思指出,为了避免所有这些缺陷,权利必定会是不平等的,而不是平等的。他实际上是说,不可能提出某种权利或正义原则,能够兼顾个人的种种不同等之处(inequalities)。"不同等的个人……要用同一尺度去计量,就只有从同一个角度去看待他们,从一个**特定的**方面去对待他们,例如……把他们**只当做劳动者**,再不把他们看做别的什么,把其他一切都撇开了。"[19]但这是在"狭隘眼界"或"被限制在一个资产阶级的框框里"看待人。由此可见,正义原则本质上是不可能就个人的复杂性、能力和需要看待人的。也就是说,这些正义原则本质上是无法从具体方面看待人的。因此,当马克思说资产阶级权利的狭隘眼界只有在共产主义社会中才能被完全跨越时,他的字面意思是说,正义原则会被抛弃。果真如此的话,马克思就没有也不可能有一种普遍或绝对的正义原则可以适用于一切社会,并据以批判资本主义的生产关系。

最后,从马克思关于分配正义原则性质的各种其他评述中,可以得到对以上关于马克思的论述和观点的理解的支持:

消费资料的任何一种分配，都不过是生产条件本身分配的结果；而生产条件的分配，则表现生产方式本身的性质。例如，资本主义生产方式的基础是：生产的物质条件以资本和地产的形式掌握在非劳动者手中，而人民大众所有的只是生产的人身条件，即劳动力。既然生产的要素是这样分配的，那么自然就产生现在这样的消费资料的分配。如果生产的物质条件是劳动者自己的集体财产，那么同样要产生一种和现在不同的消费资料的分配。庸俗的社会主义仿效资产阶级经济学家……把分配看成并解释成一种不依赖于生产方式的东西，从而把社会主义描写为主要是围绕着分配兜圈子。既然真实的关系早已弄清楚了，为什么又要开倒车呢？⑳

　　现在看来，马克思不是简单地说，正义原则具有某种根源性基础、因果性起源——而是认为，这对于可以适用这些原则的制度合法性而言是无关紧要的。他其实是指出，分配正义原则与特定的生产方式联系在一起。事实上，这里需要考虑两种分配。首先最关键的是"生产条件本身"的分配。这种分配与生产方式在逻辑上联系在一起："生产条件的分配，则表现生产方式本身的性质。"[《马克思恩格斯文集》(第三卷)，人民出版社，2009年，第436页。]第二种分配即消费资料的分配，是第一种分配的"结果"，但被认为是"无意识形成的"。因此，分配正义的关键原则是与生产条件的分配相关的那些原则。它们构成生产方式本身。因而在资本主义的生产方式下，人们得到的是包含资产阶级分配正义的制度。

　　可见，只有否认或撇开马克思的意识形态观，认为马克思持有绝对的正义概念的观点才能得到维系。正义等道德观念产生于特定生产方式下的特定时代，它们只有在这些条件下才能得到理解。例如，资本主义私有制和生产关系的意义在于区分不同个人的劳动所得。这些个人的劳动所得被资本家所占有。当这种占有以如下方式完成时，即当工人得到其劳动力的全部报酬,而资本家获得工人劳动力的全部使用价值时,正义就在资本主义的制度下得以实现。但是"在一个集体的、以生产资料公有为基础的社会(即共产主义——本书作者注)中,生产者不交换自己的产品;……'劳动所得'……的用语,便失去了任何意义"[21]。因此,资本主义交易中的正义基础之一就被削弱了——并且不是因为它被证明是不正义的,而是从更根本的层面上说,它变得毫无意义了。由此再次表明,正义原则与特定的生产方式相关。

因此我的结论是,马克思不可能持有普遍的(更不用说是绝对的)正义原则。因而就此来说,他对资本主义的谴责不是也不可能是对资本主义不正义的谴责——至少,就这一观点的持有者所遵循的资产阶级正义的标准来看是这样的。

四

如果马克思不可能以正义批判资本主义——它的社会关系与资产阶级的正义原则相符,也不存在适用于资本主义的共产主义的正义原则——那上述论点难道没有同时表明,他也不可能是以自由批判资本主义的?马克思怎么能诉诸自由批判不同的社会,却不以正义展开批判?

首先应该注意到,马克思的思想在正义与自由之间可能存在某种反差。在讨论资本主义时,马克思很少使用"正义"一词,而当他确实以"正义"谈论资本主义时,却经常说资本主义并非是不正义的。[参见《马克思恩格斯文集》(第五卷),人民出版社,2009年,第226、619、675、676页。]在对资本主义的探讨(和谴责)中,马克思对"自由"一词的使用更为公开和频繁。正如马克思所写的:

这种个人自由(在资本主义条件下——本书作者注)同时也是最

彻底地取消任何个人自由,而使个性完全屈从于这样的社会条件,这些社会条件采取物的权力的形式,而且是极其强大的物,离开彼此发生关系的个人本身而独立的物。[《马克思恩格斯文集》(第八卷),人民出版社,2009年,第180~181页。]

156 关于资本主义或资产阶级社会,马克思从来没有用"正义"一词表达过类似内容——否则鉴于他的上述观点,将是令人难以置信的。他从未说过,资产阶级统治下的人要屈从于最彻底地取消正义!

其次,马克思之所以如此,以及他为何能够批判资本主义所体现的缺乏自由,是因为他认为,自由与正义之间存在诸多潜在的不对称性。当然,它们在以下方面是相似的。正义原则与分配各种益品(goods)、荣誉、生产条件(如财产)等相关。这些(理想的)分配方式因社会而异,它们本身也与各个社会的生产方式密切相关。同样,自由观也与生产方式相适应。因而,存在资产阶级社会所特有的某种具体的自由观。正是基于这样一种自由观,马克思指出,这种自由观念本身只是建立在自由竞争基础上的社会条件的产物,[《马克思恩格斯文集》(第一卷),人民出版社,2009年,第757页。]接着他又写道:"在现今的资产阶级生产关系的范围内,所谓自由就是自由贸易、自由买卖。"他继续写道:

关于自由买卖的言论,也像我们的资产者的其他一切关于自由的大话一样,仅仅对于不自由的买卖来说,对于中世纪被奴役的市民来说,才是有意义的,而对于共产主义要消灭买卖、消灭资产阶级生产关系和资产阶级本身这一点来说,却是毫无意义的。[《马克思恩格斯文集》(第二卷),人民出版社,2009年,第47页。]

正义与自由之间原始存在的显著差异,与它们对生产方式的不同关系有关。就正义而言(如上文所述),特定的生产方式产生并包含着特定的分配(原则)。二者或多或少是紧密相连的。就自由而言,存在一种干预因素,即生产方式对以之为基础的个人和社会的影响。正如第三章和第四章中所述,这里的问题涉及马克思的实践观。具体来说,人们满足需要和需求的方式(即通过他们的生产方式)所造就的,不仅仅是他们的生存之道及其对生活资料的分配,还创造了人自身。马克思明确指出:

> 人们用以生产自己的生活资料的方式,首先取决于他们已有的和需要再生产的生活资料本身的特性。这种生产方式不应当只从它是个人肉体存在的再生产这方面加以考察。更确切地说,它是这些个人的一定的活动方式,是他们表现自己生命的一定方式、他们的一定的**生活方式**。个人怎样表现自己的生命,他们自己就是怎样。[《马克思恩格斯文集》(第一卷),人民出版社,2009年,第519~520页。]

可见,在不同的历史时代,生产方式的发展本身就是个人和社会的潜力和实力的发展。而且通过生产力和生产关系,人的能力和才能发展成为对这些生产力和关系(特别是他自己创造的那部分)有意识的驾驭和控制,正是人的这种发展构成了自由。也就是说,自由是通过促成个人力量和能力的发展,才与生产力和生产关系的发展关联起来。我们已经看到,这正是马克思为了自由而对资本主义展开批判的基础。资本主义把这种自由限定在个别人身上。

现在看来,正义则不存在相应的基础。正义涉及的要么是益品的分配方式,要么是分配益品的某些原则,而对分配结果不予理会。[22]无论这两种情形中的哪一种,正义都只涉及对社会益品(等)提出要求,而不是关心这些益品的发展状况。此外,这种施令行为"都不过是生产条件本身分配的结果……(这种分配反过来——本书作者注)则表现生产方式本身的性质"㉓。然而一个社会更加正义,又不仅仅是因为拥有更发达的生产方式。因此,基于马克思的意识形态观来看,跨文化的正义评价是没有依据的。而自由却不同于此。与关乎正义的评价相对,对自由的评价存在一种依附于自由的本体论维度上的依据。同正义一样,自由也不是自发产生的,而是马克思加诸社会的某种理想。但与正义不同的是,自由不仅仅是一切社会赖以存在的生产力和生产关系发展的产物,还是对它们的评价尺度。也就是说,自由的基础是人与社会通过社会生产力的发展而实现的自我发展。需要再次强调的是,正义不存在类似的基础。

对于这一观点,有两种反驳意见应予考量。对这些反驳意见的讨论将进一步得出马克思的正义观与自由观之间的不对称性。其一,有人或许会以为,虽然正义的确关系到(社会)益品的分配,但自由本身就不失为一种社会益品。于是,资本主义的问题就在于构成了对自由的分配不公。资本家做决定,工人执行决定。资本家享有工人被剥夺了的自由。故此,资本主义因其给予工人的自由少于提供给资本家的自由,而侵犯了工人的自由,对其施行了不义。㉔针对这一反驳的回应相对而言并不复杂。一方面,这一反驳对马克思主义自由本质的描述是错误的。这种自由不仅仅是另一种必须予以分配的"社会益品"。毋宁说,它就是人类的福祉所在(the human good),所有人都应以此方式生活。虽然在不同的历史水平上,一种社会比另一种社会更能充分地实现这种自由,但是马克思主义的自由并不像收入、财富等可以不公平地进行分配。马克思主义的自由是对人们所处关系的性质的描述,而不是个人在这些关系中得到的对特定善品——无论是收入还是资产阶级自由——的分配。因而,把自由视为诸多需要分配的社会善品之一,是错误的。另一方面,上述反驳意见的正确之处则在于,资本家显然能够(即有自由)做工人无法做到的事。但这不是马克思批判的重点。马克思的自由伦理学认为,资本家自身也缺乏第四章所阐发的那种意义重大的马克思式的自由。此外,资本家事实上所享有的那些(资产阶级意义上的)自由,是由工人在出卖其劳动力时做出的(同样是资产阶级意义上的)自由、自愿的决定所赋予的。因此,如果诉诸资产阶级意义上的自由,那么不论是资产阶级还是无产阶级,都没有理由抱怨缺乏对方所拥有的自由。相反,如果诉诸马克思主义的自由观,那么资产阶级和无产阶级就都不是自由的。因而,一方抱怨比另一方更少自由,同样不具合法性。可见,上述第一条反驳意见是没有根据的。[25]

其二,有人可能反驳道,不论谁比谁有更多或更少自由,干涉人的自由本身就是一种不义。这种观点的经典来源之一即康德。康德认为:"任何不公正之事都是对普遍法则规定的自由的妨碍。"[26]或又如一位评论者所言:"根据正义的普遍法则,任何人干涉他人的合法自由(或普遍法则规定的自由),在司法上都是不正当的或是不公正的。"[27]现在看来,这一论断的基础在于个人拥有道德权利运用他们的自由。因而,干涉人的自由就是对人道德权利的侵犯。既然侵犯人的权利是一种不义,那么干涉人的自由就是一种不义。鉴于资本主义对人(包括资本家和无产者)的自由构成干涉,因此它被谴责为是不正义的。

这一反驳意见同样没有根据。首先,资本主义与共产主义(马克思主义的自由)之间在总体上不是前者对后者的制约关系,而是前者作为后者发展的必要阶段。没有资本主义对生产力的必要发展,共产主义将会沦为空想。只有当资本主义相当发达了,马克思才会将其生产关系视为生产力发展的桎梏、束缚或限制。资本主义生产关系阻碍了生产力的进一步发展,以及向共产主义生产关系的过渡。现在看来,由于自由与个人和社会生产力的发展是相连的,因而可以认为,这些束缚对(马克思主义意义上的)自由构成了干涉。那么基于这一事实,是否就能断言对生活在资本主义制度下的人们施行了不义?只要把正义与道德简单等同起来,就可以这么认为。由此也就必须承认,侵犯人的自由是一种不义。然而这是在通过概念设定(conceptual legislation)"解决"当前的问题。这样的"解决方案"在我看来无足轻重,因为更合理的观点似乎是认为,并非每个道德正当的行为或情境都包含正义,或反言之,并非每个不正当的情境、条件或行为都是或者构成不义。虽然诸如柏拉图和康德等哲学家都倾向把道德整体与正义等同起来,但这种等同是不合理的。有些行为(如怯懦、乱伦等)虽然道德失当,但是并非属于不正义的问题。对此,亚里士多德说得很清楚:

> 我们要探讨的是作为德性之**部分**的公正,因为我们断言这种公正是存在的。同样,我们探讨的不公正也是作为恶的部分。这两者的存在也是有例可证的:[首先],一个人对别人做了错事,例如,因胆怯而丢了盾牌,或者因坏脾气而骂人,或者因吝啬而不愿出手相助,这证明他事实上做了不当之事,但他却没有贪婪的过错,他也不是经常地犯这些错,而且也确实不可能作总体的恶,不过却做了一件特定形式的坏事——既然人们谴责他——尽管如此这是一种不公正。所以,无论如何还是存在另一种类型的不公正:作为总体不公正的一个特殊部分的不公正和作为总体不义之特殊部分的不义,违法的不义。㉓

因而,我们必须区分开包含某些正当的(justified)或不当的行为和性格特征的道德整体,以及包含就公正(just)或不公正而论的一些正当的或不当的行为和性格特征的那部分道德。那么问题就变成,随着共产主义和马克思主义自由的到来,对资本主义生产关系(及其来自资产阶级的维护)的干涉,在马克思看来(就上述意义而言)构成一种不义吗?

它是否构成不义,似乎取决于马克思是否认为,资本主义制度下的人们对马克思主义自由拥有一种道德权利。这一问题的答案似乎是肯定的,原因如下:在康德和诸多其他哲学家看来,对某事物拥有一种道德权利,即有权强制他人以某种方式行事。而正如我们将要在第六章讨论的,马克思认为,无产阶级凭借强制和强迫实现共产主义是合理的。由此,他似乎坚信人们拥有对自由的权利,因而对这一权利的任何侵犯都是一种不义。但是具体情况更为复杂。

权利概念是一种以道德的法律观念为基础的个人主义概念。[29]马克思寻求从赋予人权利(也可能对他人施行强制)的个人主义道德,以及道德的法律观念中挣脱出来。正如我们在第四章所看到的那样,他阐明自由观依据的不是人们所拥有的权利,而是人们应有的某种生活方式。然而这里的问题是,他是否执念于认为人对这种自由拥有道德权利,而不论如何阐明自由本身。

之所以说马克思不认为自己执念于此,是因为他的自由的伦理学与法权(rights)毫无瓜葛。为此,马克思谈到"个人相信那个他们**应当**从头脑中挤出去的法的概念"。[《马克思恩格斯全集》(第3卷),人民出版社,1960年,第420页。]法的领域是个人彼此割裂并相互分离的一个领域——在其中,人被授予权利强行进入他人的私人领域。由此,马克思认为"法……从人们的物质关系以及人们由此产生的互相斗争中产生"。[《马克思恩格斯全集》(第3卷),人民出版社,1960年,第363页。]但是共产主义超越了这种斗争。道德的生活不是我们借助各种法权保护自身免受彼此妨碍的一种生活。在康德看来,道德生活并非一面是自己与他人那些相互冲突的欲望之间永恒的斗争,另一面是普遍法则。据此,马克思否定施蒂纳的观点:"在共产主义社会中谈得上'义务'和'利益',也就是只属于资产阶级社会的一个对立的两个相辅相成的方面……"[《马克思恩格斯全集》(第3卷),人民出版社,1960年,第233页。]即便存在道德的生活,它也是我们消除冲突的根源后所体验到的利益和谐的生活。因而在共产主义社会中,权利和正义等概念本身因其与强制和敌对概念绑定在一起而被克服了。可见,认为马克思的自由伦理学有赖于对自由的一种权利,正因为它遭到资本主义的侵犯和干涉,马克思才谴责资本主义为不正义,这种看法是被误导得出的,是执迷不悟的。这不是说,马克思认为对权利的呼吁没什么地位或作用。他写道:"其实无产者只是通过长期的发展过程才达到这个统一的状态(一种使其能够'把整个至今所存在的世界秩序草草了结'的统一状态——本书作者注),在这个发展过程中,对自己权利的呼吁也起了一定的作用。"但他立即补充道:"而且,对自己权利的这种呼吁只是使他们成为'他们'、即成为革命的联合的群众的一种手段。"[《马克思恩格斯全集》(第3卷),人民出版社,1960年,第370页。]也就是说,对权利的呼吁是或可能是在共产主义出现**前**就作出的。它们在团结无产阶级方面发挥着策略性和工具性作用。这是可以理解的,因为在这个阶段,资本主义凭借它的权利和正义概念,仍然在基础性的阶级对立中占支配地位。然而这些概念不仅被用以超越资本主义,还超越了概念本身。在中世纪,生产方式在政治上表现为特权;在现代,生产方式的政治表现是权利。[《马克思恩格斯全集》(第3卷),人民出版社,1960年,第375页。]到了共产主义社会,权利就会消失,正如资本主义特权作为制度的基础消失一样。同理于此,资本主义可能被认为是不正义的任何基础也都将消失。

最后,宜在更一般的意义上对本章中的争论的本质作一评论。显然,通过简单地曲解语词来坚持这样或那样的论点,是没多大意义的。实质性问题仍然存在。有鉴于此,可以对上述探讨作一总结。我所尝试表明的是,马克思谴责了资本主义,并且是基于他的自由观进行谴责的。如果要在广义上说,资本主义缺乏对马克思主义的自由的实现是一种不义,那就随它去吧。我指出过,如果把正义等同于道德,这种看法或许能得到支持。然而我认为这是不合理的。无论如何都应注意到,这样一种不义并不构成独立的正义原则,而只是缺乏对马克思主义自由的实现。我们不妨说,不去实现这种自由是不当的、错误的、不合理的,也可以说,没有实现这种自由造成了不义。我自始至终关切的一个问题即,是否存在一种独立自存的正义原则,必须附加于马克思的自由观之上。承认前文所述内容,不等于承认存在任何这样一种独立自存的正义原则。

此外,上文辩护的立场旨在表明,马克思不是基于资本主义制度下对商品的分配不公来批判资本主义的。可见,"既然马克思讨论的是生产资料的分配,难道他真的不关心正义吗?"这一问题的答案就是"不关心"。他所探讨的是这些条件的本质。这不是说私有制在道德上可以接受,而是指我们必须以不同的方式进行分配。这一制度本身必须被取消,代之以社会公有制。这就需要一种不同性质的制度。"再分配"意味着重新安排已有之物。马克思力求根本改变现存的一切,并创造一种新的秩序。如果私有财产就是盗窃,则人们可能会力图从资本家手中收回这些财产,并把这些(私有)财产交给无产者。这将是一种合理的再分配。但马克思并没有考虑这么做。

现在可能有人争辩说,我——或者说是马克思——把正义内嵌于自由概念之中。正如第四章所阐述的那样,自由包含与他人和谐相处。可以说,这是隐晦地在自由之中嵌入正义原则。对于这一反驳的回应是,马克思在共产主义条件下所预见的和谐关系,是以生产力的提高及人的本质和意识的改变为基础的,这将消除传统上需要正义原则存在的那些条件。于是一方面,共产主义社会中的生产力是如此发达,以至于竞争将会变得多余。[《马克思恩格斯全集》(第 3 卷),人民出版社,1960 年,第 378 页。]而竞争若是多余的,是否需要正义原则就值得怀疑了。休谟评论道,只有在物品稀缺,人们必须为得到物品而竞争的情况下,才需要正义的存在。如果不具备这一条件,那就不再会有对正义的要求。另一方面,人们的意识也将发生变化,以至于似乎不再需要正义。休谟又指出,即使存在稀缺,如果人们以非竞争的方式与他人产生关系等等,那正义也会是多余的。㉚而马克思设想的和谐关系似乎就是这样一种情形。因此,说马克思在他的自由论述中嵌入正义原则,是不正确的;相反,他是想摒弃需要这样一种原则存在的那些条件。这就更有理由认为,他不可能持有正义原则并以此谴责资本主义是不正义的。

那么马克思如何看待资本主义对自由的干涉？在资本主义已然形成的那些桎梏下，无产阶级的道德状况如何？马克思可能确实认为无产阶级推翻资本主义具有历史（和道德）的正当性。这种正当性建基于超越资本主义将会带来的生活观念之上。也就是说，自由王国的建立是正当的。正义——或更确切地说即资本主义的不正义——在对资本主义的谴责中没有发挥作用。因此，马克思在谈论对工人的剥削时不可能以"剥削"意指不正义的情形。那么这个词又意指什么呢？对此答案已经浮现。就"剥削"一词带有一种消极的道德意涵而言，它与劳动者经历的自由的缺失相关。工人被迫在种种条件下以各种方式劳动，这些劳动条件和方式不是他自己选择的，也无法促进他的发展。从马克思主义的意义上说，他不是自由的。就此有人正确地指出："马克思努力表明，剥削的机制不是基于对工人的舞弊（malversation）和欺骗，而是基于劳动被视为一种商品，可以换取等价的商品这一事实。"[31]

第六章

革命道德、暴力与共产主义

为了报复统治阶级的罪行,在中世纪的德国曾有过一种叫做"菲默法庭"的秘密法庭。如果某一所房子画上了一个红十字,大家就知道,这所房子的主人受到了"菲默法庭"的判决。现在,欧洲所有的房子都画上了神秘的红十字。历史本身就是审判官,而无产阶级就是执刑者。①

在本章中,我想从两个不同的方向追溯马克思伦理学的意涵。首先我想考察的是,他的伦理学对于那些生活在前共产主义社会中的人们的意义所在。借由"前共产主义社会",我不仅能理解生活在资本主义社会中的人们,还包括那些生活在已经摆脱资本主义却尚未实现共产主义的社会中的人。这样一种过渡社会通常被马克思称为共产主义的第一阶段。它只有在共产主义革命之后才会出现,并以无产阶级专政为特征。它"是刚刚从资本主义社会中**产生出来的**"②共产主义社会。既然马克思最关心的问题是共产主义的产生,则在此有待考察的最重要的问题就是,马克思的伦理学对于完全实现共产主义社会的意义所在。为实现这一目标,人们应该做些什么,应该如何行动?这部分内容将主要关注,马克思关于共产主义者为实现共产主义而使用暴力（violence）、强制（force）、强迫（coercion）——因而也包括革命——手段的观点。

本章第二部分探究的是，马克思的伦理学对生活在共产主义社会中的人们的意义，因为它"是在它自身基础上已经**发展了的**"③。马克思把这样一种社会称为共产主义的第二阶段、充分发展了的阶段。鉴于本章的第一部分内容聚焦于使用暴力和强迫手段的问题，第二部分也会把这一问题作为关注焦点。对于生活在共产主义条件下的人们，可以合法地使用任何形式的强制、暴力或强迫手段吗？我们尤其会考察的是，马克思对于在共产主义条件下惩罚个人有何看法。既然马克思伦理学的核心要素是自由概念，既然这种自由意味着消除人类生活中的强制、暴力和强迫，那么马克思如何才能证明在共产主义条件下施以惩罚是正当的，就成为一个合理的问题。这些问题再次把我们引向为共产主义奠基的基本假设和根本观点。

一

恩格斯在马克思墓前的讲话中对马克思评价如下：

马克思首先是一个革命家。他毕生的真正使命，就是以这种或那种方式参加推翻资本主义社会及其所建立的国家设施的事业，参加现代无产阶级的解放事业，正是**他**第一次使现代无产阶级意识到自身的地位和需要，意识到自身解放的条件。斗争是他的生命要素。很少有人像他那样满腔热情、坚韧不拔和卓有成效地进行斗争。④

在探讨马克思的伦理学时，重要的是既不要忘记、也不要低估马克思在多大程度上作为（或至少自认为是）一位革命家。然而同样重要的是，还要明确这意味着什么,不要为了哗众取宠(for sensationalist purposes)而夸大这一事实。或许应该清楚明白地记得,卢梭、甘地、列宁和马丁·路德·金都是革命家。就此而言,我们必须理解马克思作为一位革命家意味着什么。为了实现共产主义,可以或必须使用怎样的手段?简言之,马克思的自由伦理学对于革命道德的意义何在?

马克思的革命观不同于一些革命发动者的显著特征之一,即马克思明确认为,为了实现他所设想的革命,强制、暴力和强迫可能是必要的,而且是正当的。例如,马克思曾断言:"批判的武器当然不能代替武器的批判,物质力量只能用物质力量来摧毁。"[《马克思恩格斯文集》(第一卷),人民出版社,2009年,第11页。]在《共产党宣言》中,马克思、恩格斯坚称,"共产党人……公开宣布:他们的目的只有用暴力推翻全部现存的社会制度才能达到"。[《马克思恩格斯文集》(第二卷),人民出版社,2009年,第66页。]更具说服力的是,马克思在19世纪50年代初称,德国无产阶级面临着"即将发生的流血冲突":

> 工人在发生冲突期间和斗争刚结束时,首先必须尽一切可能反对资产阶级制造安静局面的企图,迫使民主派实现他们现在的恐怖言论。工人应该设法使直接革命的热潮不致在刚刚胜利后又被压制下去。相反,他们应该使这种热潮尽可能持久地存在下去。工人不应反对所谓过火行为,不应反对人民对与可恨的往事有关的可恨的人物或官方机构进行报复的举动,他们不仅应该容忍这种举动,而且应该负责加以引导。⑤

可见,暴力、强制甚至恐怖行为对于建立共产主义可能是必要的,这一观点在马克思那里似乎清晰可见。此外,他还指出"在大陆上的大多数国家中,暴力(Gewalt——本书作者注)应当是我们革命的杠杆;为了最终地建立劳动的统治,总有一天正是必须采取暴力"⑥。

尽管马克思可能认为,创建共产主义需要暴力,但值得注意的是,他并**没有**认为,这种暴力在**任何**情况下都是必要的。他明确说道,在其他情况下,根本性变革可以通过和平的措施来实现。由此他还指出:"我们知道,必须考虑到各国的制度、风俗和传统;我们也不否认,有些国家,像美国、英国,——如果我对你们的制度有更好的了解,也许还可以加上荷兰,——工人可能用和平手段达到自己的目的。"⑦相应地,马克思强烈谴责那些断言暴力是一切革命必不可少的要素的人:

> 当然,这些**密谋家**并不满足于一般地组织革命的无产阶级。他们要做的事情恰恰是要超越革命发展的进程,人为地制造革命危机,使革命成为毫不具备革命条件的即兴之作。在他们看来,革命的唯一条件就是他们很好地组织密谋活动。他们是革命的炼金术士,完全继承了昔日炼金术士固定观念中那些混乱思想和偏见。他们醉心于发明能创造革命奇迹的东西:如燃烧弹,具有魔力的破坏性器械,以及越缺乏合理根据就越神奇惊人的骚乱等。他们搞这些阴谋计划,只有一个最近的目标,就是推翻现政府;他们极端轻视对工人进行更富理论性的关于阶级利益的教育。这说明他们对黑色燕尾服,即代表运动这一方面的多少有些教养的人的憎恶并不是无产阶级的,而是平民的;但是,因为后者是党的正式代表,所以密谋家们始终不能完全不依赖他们。⑧

由此可以得出两点结论。首先,如果我们可以假定,和平手段的使用可能是一个渐进的过程,它需要一定的时间,这也就意味着马克思承认,向共产主义的转变不一定是突然或突发的。然而人们通常认为,鉴于马克思的辩证法观点,向共产主义的转变必定具有突发性。⑨这一变化是在资本主义积累的量变基础上发生的突如其来的质的变化。长期的和平过渡不会构成一场革命,而只会成为一种渐进式的演变、改革。但是马克思关于和平过渡到共产主义的可能性的评论驳斥了这种观点。而且从马克思的观点看,没有理由认为历史巨变必然是突如其来的。对于从古代社会到封建社会,或者再到现代资本主义社会的过渡而言,他无疑从未表露过这样的看法。[参见《马克思恩格斯全集》(第3卷),人民出版社,1960年,第432~433页。]不过,马克思显然认为,资产阶级的发展具有革命性。而且在谈到工业革命时,"革命"都不必再加引号了。但是需要再次强调,构成这场革命的变化**不**是突如其来的。在这些变化中至关重要的是,前后发生的事情已经大为不同。如果发生了这种状况,我们就可以合理地把这一变化视为革命性的。

很多人之所以认为共产主义革命必定是突如其来的,原因在于他们正确地希望,能把马克思主义的历史观与资产阶级的区分开来。后者认为,历史是(或构成了)"一条平滑的演进线"⑩。于是,承认共产主义可能要通过一段长期的和平过渡来实现,似乎采纳的是资产阶级的历史观。但这是错误的。马克思可能认为历史发展不是平稳持续的一种演变,同时他也仍然坚信,共产主义是通过长期的和平过渡实现的。他所要坚持的是,共产主义不是简单地对资本主义的设想、价值和结构进行拓展,而是为人类生活形成根本不同的设想、价值和结构。从一套设想向另一套的转变是突然发生的还是渐进式的,这并不重要,因为历史在这两种情形下都是不连续的,而且这已不再是基于资产阶级观点的思考方式。因此无论共产主义是以长期和平的方式产生,还是通过强制、暴力的方式突然实现,马克思都可以继续谈论共产主义革命。⑪

其次,从引述的那段评论中还可以看出,马克思关于是否需要暴力的观点是就语境而论的。"在将来某个特定的时刻应该做些什么,以及应该**马上**做些什么,这当然完全取决于人们将不得不在其中活动的那个既定的历史环境。"⑫在马克思那里不存在某种解决办法——暴力或和平手段——被盲目运用于所有情形。他在晚期著作中强调了这一点,指出自己的观点主要考虑的是西欧的情形,因而它们不一定适用于俄国或世界的其他地区。⑬从这个意义上说,马克思显然比许多自称为革命家,并鼓吹暴力而不问具体情形如何的人更为公道合理。同理,我还要补充一点:他也比那些宣称暴力从来就是不正当或不被允许的人更为公道合理。对马克思来说,暴力纯粹就是一种手段;它从来都不是目的。共产主义可以和平地实现,这表明马克思的伦理思想与暴力、强制或强迫没有直接联系;它们本身并不需要暴力。正是其他因素,才使这种暴力成为必要。

但马克思是如何区分各种情形的?暴力基于什么,才在某一情形而非另一情形下被证明是正当的?什么目标需要通过暴力达成,而无法以和平的方式去实现?探讨这些问题之前有必要在此回顾一下,马克思关于共产主义革命将要改造的社会的基本观点。

马克思、恩格斯在《共产党宣言》中开宗明义地指出:"至今一切社会的历史都是阶级斗争的历史。"[《马克思恩格斯文集》(第二卷),人民出版社,2009年,第31页。]同其他社会一样,处于资本主义社会核心的是阶级之间的斗争、战争。他们在1879年给德国社会民主党领导人的一封信中强调了这一点:"将近40年来,我们一贯强调阶级斗争,认为它是历史的直接动力,特别是一贯强调资产阶级和无产阶级之间的阶级斗争,认为它是现代社会变革的巨大杠杆"⑭。

现在看来,尽管阶级斗争有时以和平的方式进行,但除非人们认识到它是以包含强制、暴力和强迫的关系为基础的,否则就会很难理解。这至少在三方面不同的意义上是正确的。第一,阶级斗争以公开、直接的暴力和强迫为特征。马克思认为,英国资本主义的基础是通过强行征收农民土地奠定的。[《马克思恩格斯文集》(第五卷),人民出版社,2009年,第823~842页。]⑮此外,不仅仅是在资本主义社会中,就算在更早形式的社会中,国家本质上也是一种强制力,一种维持现状的力量:国家是"一个阶级用以压迫另一个阶级的有组织的暴力"。[《马克思恩格斯文集》(第二卷),人民出版社,2009年,第53页。]警察、军队、法院等随时准备迫使持不同政见者放弃改变现状的努力。由此,工人阶级在各国取得的进展就得益于,工人阶级所可能使用的隐秘和公开的暴力威胁和强制。马克思指出,共产党之所以取得成功,是因为它没有放弃使用强制手段和暴力:

> 但是,赤色幽灵的秘密如果不正是资产阶级对它和无产阶级之间必然发生的生死斗争的恐惧,对现代阶级斗争的必然结局的恐惧,那又是什么呢!只要取消了阶级斗争,那么无论是资产阶级或是"一切独立的人物"就"都不怕和无产者携手并进了"!但是上当的是谁呢?只能是无产者。⑯

马克思认为,阶级斗争的暴力性质是一个必须承认和面对的基本事实。在社会的历史发展中,暴力、强迫和强制发挥着重要作用。正是在这个意义上,马克思写道,"暴力是每一个孕育着新社会的旧社会的助产婆"。[《马克思恩格斯文集》(第五卷),人民出版社,2009年,第861页。]不承认或者没能认识到这些事实的人,就不属于唯物主义者。

因此,达尔文的《物种起源》及其关于动植物界中斗争和冲突的讨论激起马克思的极大兴趣,这并非偶然。马克思认为,达尔文描述的动植物界的特征同样也属于人类历史。事实上,达尔文只是在非人类的世界中,看到了人类世界迄今为止的特征。

值得注意的是,达尔文在动植物界中重新认识了他的英国社会及其分工、竞争、开辟新市场、"发明"以及马尔萨斯的"生存斗争"。这是霍布斯所说的一切人反对一切人的战争,这使人想起黑格尔的《现

象学》，那里面把市民社会描写为"精神动物世界"，而达尔文则把动物世界描写为市民社会……⑰

达尔文的错误不在于看到斗争、暴力和冲突，而是相信或认为一切生灵，包括人类，都必须**始终**遵循这些原则。这是斯宾塞和他那个时代的政治经济学家得出的结论。相反，马克思认为人类有可能克服这种暴力和冲突。为此，我们首先必须认识到它们的历史性。马克思思想的一个基本前提就是认为它们能够被克服，尽管会伴有进一步的斗争和暴力。

然而还有第二种更加微妙的暴力，马克思认为它隐含在前共产主义社会的人际关系和阶级关系中。这就是马克思谈到的工人在日常工作和生活中遭遇强制、暴力和强迫时所暗含的意义，但不是指他人或其他阶级对工人的直接影响，而是间接影响。这种情形就是，人们在有害的、非人的条件下劳动或生活着，统治阶级虽然可以改变这些条件，但是他们并没有。⑱统治阶级或其成员没有尽举手之劳去改变这些条件，这其实是对工人阶级的另一种暴力行为。例如马克思所记录的那样："只在基尔迪南(在科克附近)的一家打麻工厂里，从1852年至1856年就一共发生6起造成死亡和60起造成严重残废的事故，而所有这些事故本来只要花几先令，安上一些最简单的装置就可以防止。"[《马克思恩格斯文集》(第五卷)，人民出版社，2009年，第554页。]这种对于在资本主义条件下发生的，并且在其现有的社会关系中可以减免的重大伤亡事故不作为的行径，与上文强调的第一种暴力一样，都属于统治阶级暴力的例证。

资本主义制度下的工人(和资本家)还遭受着最后这样一种暴力——资本主义特有的关系的本质使人遭受的暴力或强迫。在资本主义社会，生活事务就是商业事务，并且任由供求规律所左右，供求规律成为一种支配人类生活的自然的、不可改变的规律。

> 至于贸易——……不同个人和不同国家的产品交换——又怎么能够通过供求关系而统治全世界呢?用一位英国经济学家的话来说,这种关系就像古典古代的命运之神一样,遨游于寰球之上,用看不见的手把幸福和灾难分配给人们……[《马克思恩格斯文集》(第一卷),人民出版社,2009年,第539页。]

尽管在这样的条件下,人们似乎比以往更自由,但马克思指出,实际上"他们当然更不自由,因为他们更加屈从于物的力量"[19]。然而人们不是仅仅受迫于供求规律,才不得不以对他们造成损害的方式行事。总体而言,资本家和工人都屈从于资本主义制度"外在的强制规律"。[《马克思恩格斯文集》(第五卷),人民出版社,2009年,第683页。]由于这些规律及其有效发挥作用的条件不是永恒的或者不可改变的——尽管资本家可能持相反观点——人们在这些条件下所遭受的损害,就构成强加于人的暴力和强迫。

第三种意义上的暴力是制度化的。它成为日常事务的一部分。这不是一种特殊的异常行为,也不是任何人或任何机构的不作为。毋宁说,它就是现有关系结构的特征所在。第二种与第三种暴力的区别在于,从第二种意义上讲,产生不作为的关系本身不一定具有暴力性或强迫性。此外,就第二种意义而言,理论上是可以赋予个人或制度消除所涉强制、暴力或强迫的可能性的;而在第三种情形下,鉴于资产阶级社会的性质,这种可能性不复存在。承认资产阶级关系的强迫性或暴力性质,就是放弃自身的理论基础。

可见,资本主义社会中的人们生活在这样一种社会制度下,它不仅偶尔明显具有直接的暴力性,而且无时无刻都隐含着暴力性和强迫性。正如我们所见,马克思把这一制度的方方面面和不同要素——如法律、行为、事物、人、自然和机构——都描述为是暴力的或具有强迫性的。在这些不同的情形下,马克思显然是在相当宽泛和重合的意义上使用强迫、强制、武力和暴力概念的。其中的每个概念都被用以描述前文提到的三种不同意义的暴力。把暴力的这些不同概念或意义统摄在一起的是,不论哪种情形都有人或是所有人受到某些行为或事件或大或小的影响,这对他们造成了损伤或侵害(无论是否有意为之),但这是可以人为改变的(即使相关的个人可能不这么认为)。现在有人或许会反驳道,这样一种宽泛的理解本身,就是对我们常用的概念施以"暴力"。这种反驳是有一定道理的。然而马克思可能回应说,这一反驳仅仅反映出这些术语通常被赋予的有限的、主观主义的和意识形态的释义。通常对暴力的理解往往只看到故意伤害某人的公开行为中的暴力,它在资本主义内部的作用在于,使这一制度免受严肃质疑和变革诉求的挑战。反之,一旦人们认识到资本主义生活广泛蕴含的暴力性质,正如马克思所描述的那样㉚,就不再会默许这种制度继续存在。人们就会追问,如何能够超越资本主义?必须使用更多的暴力吗?或者可以期待一次(相对)和平的转变?正如我们已经指出的,马克思认为答案取决于我们正在讨论的这种特定的社会。然而尽管马克思需要确定共产主义者在每种具体情形下是否应该公开使用强制手段和暴力,但他总体上的观点是在**所有**情形下,共产主义者都同所有其他人一样,是武力和暴力的适用对象,无论在显性还是隐性的意义上。因此每当他要求使用武力时,总是以武力对抗武力,以暴力对抗暴力!

马克思没有对此展开道德说教。他不是简单地将其视为一种可以从当前社会中消除的恶。对于善恶,不可能这样分而论之。在这一具体情形及其他情形下,善恶都是不可分割地绑定在一起。改善社会的可能性(至少在某些情形下)有赖于进一步有效和彻底地使用暴力和武力改变社会。那么马克思是如何区分不同的社会和具体情形的?可以依据什么证明暴力在这一情形而非另一情形下是正当的?

马克思对暴力革命的正当性条件的分析,在其思想发展过程中是有变化的。在此，可以对他早期和晚期的观点作一区分。即便如此，在他早期和晚期著作中，暴力革命的正当性条件与暴力革命成功的条件——即实际上以共产主义为目标来改变社会的革命——是相连的。没有成功走向共产主义第一阶段的革命或反抗，就不能算是正当的共产主义革命。正如我们在第三章中所见，理论与实践、证明与实现，在马克思那里**不**是割裂开来的。

直至 1845 年，马克思早期的思想主要关注的是德国革命，他认为以下条件足以证明革命是正当的：

第一，必须进行一次彻底的变革。马克思对人和社会的分析揭示出，资本主义条件下人的生活取决于"使人成为被侮辱、被奴役、被遗弃和被蔑视的东西的**一切关系**，一个法国人对草拟中的养犬税发出的呼声，再恰当不过地刻画了这种关系，他说：'可怜的狗啊！人家要把你们当人看哪！'"[《马克思恩格斯文集》(第一卷)，人民出版社，2009 年，第 11 页。] 这一观点既源于马克思所认为的"人是人的最高本质"[《马克思恩格斯文集》(第一卷)，人民出版社，2009 年，第 11 页，略去重点标示。]，也来自他对德国社会的研究：

> 这是指描述各个社会领域相互施加的无形压力，描述普遍无所事事的沉闷情绪，描述既表现为自大又表现为自卑的狭隘性，而且要在政府制度的范围内加以描述，政府制度是靠维护一切卑劣事物为生，它本身无非是**以政府的形式表现出来的卑劣事物**。[《马克思恩格斯文集》(第一卷)，人民出版社，2009 年，第 6 页。]

这些条件下的生活不仅仅是对自由的侵犯，也是对自由的公然冒犯；不仅仅是缺乏自由，而且是主动拒斥自由。在这些条件下生活需要幻觉。因此，"要求放弃对现实处境的幻觉，就是**要求抛弃那需要幻觉的处境**"。

[《马克思恩格斯文集》(第一卷),人民出版社,2009年,第4页。]这是一种需要彻底改变的处境。

第二,这一状况必然无法通过局部的纯政治的革命来补救。"德国……如果不摧毁当代政治的普遍障碍,就不可能摧毁德国特有的障碍。"[《马克思恩格斯文集》(第一卷),人民出版社,2009年,第14页。]支持这一观点的理由有很多。一个核心的理由,即资本主义社会的政治领域与市民社会是彼此分裂和相互对立的。这本身就反映出"人分为**公人和私人**"[《马克思恩格斯文集》(第一卷),人民出版社,2009年,第32页。]:

> 在政治国家真正形成的地方,人不仅在思想中,在意识中,而且在**现实**中,在**生活**中,都过着双重的生活——天国的生活和尘世的生活。前一种是**政治共同体**中的生活,在这个共同体中,人把自己看做**社会存在物**;后一种是**市民社会**中的生活,在这个社会中,人作为**私人**进行活动,把他人看做工具,把自己也降为工具,并成为异己力量的玩物。政治国家对市民社会的关系,正像天国对尘世的关系一样,也是唯灵论的。政治国家与市民社会也处于同样的对立之中,它用以克服后者的方式也同宗教克服尘世局限性的方式相同,即它同样不得不重新承认市民社会,恢复市民社会,服从市民社会的统治。人在其**最直接的**现实中,在市民社会中,是尘世存在物。在这里,即在人把自己并把别人看做是现实的个人的地方,人是一种**不真实的**现象。相反,在国家中,即在人被看做是类存在物的地方,人是想象的主权中虚构的成员;在这里,他被剥夺了自己现实的个人生活,却充满了非现实的普遍性。[《马克思恩格斯文集》(第一卷),人民出版社,2009年,第30~31页。]

可见,试图消除在政治领域**内**需要彻底变革的那些条件,没有也不可能触及问题的根源。此外,德国阶级的落后性和利己主义甚至都无法为政治革命——"毫不触犯大厦支柱的革命"——带来希望。

局部的纯政治的革命的基础是什么呢?就是**市民社会的一部分**解放自己,取得**普遍**统治,就是一定的阶级从自己的**特殊地位**出发,从事社会的普遍解放。只有在这样的前提下,即整个社会都处于这个阶级的地位,也就是说,例如既有钱又有文化知识,或者可以随意获得它们,这个阶级才能解放整个社会。[《马克思恩格斯文集》(第一卷),人民出版社,2009年,第14页。]

但是在德国,没有一个阶级的胆识或冷酷无情,足以使其能够扮演这一角色。因此上述处境既无法寄希望于采取局部的补救措施,也不可能通过任何意义上的政治变革获得彻底补救。

第三,马克思认为,在这种情形下需要一场彻底的变革——一场将削弱资产阶级大厦支柱的革命。但是由于这种情形的存在,由于德国阶级、政府和德国人的落后和时代错乱,必须在德国社会中形成可能产生这一变革的新的要素。这就是无产阶级——一个不属于市民社会阶级的阶级,并且认识到普遍的苦难是革命的物质基础。此外,尽管德国无产阶级背负着苦难、忍受着堕落,但是它特别适合发挥它的革命作用,因为它具有接受教育的卓越能力和作为欧洲无产阶级的理论家的能力。[《马克思恩格斯全集》(第3卷),人民出版社,2002年,第390~391页。]由此,马克思自问自答道:

德国解放的**实际**可能性到底在哪里呢?

答:就在于形成一个被戴上**彻底的锁链**的阶级,一个并非市民社会阶级的市民社会阶级,形成一个表明一切等级解体的等级,形成一

175　个由于自己遭受普遍苦难而具有普遍性质的领域，这个领域不要求享有任何**特殊的权利**，因为威胁着这个领域的不是**特殊的不公正**，而是**普遍的不公正**，它不能再求助于**历史的**权利，而只能求助于**人的**权利，它不是同德国国家制度的后果处于片面的对立，而是同这种制度的前提处于全面的对立，最后，在于形成一个若不从其他一切社会领域解放出来从而解放其他一切社会领域就不能解放自己的领域，总之，形成这样一个领域，它表明人的**完全丧失**，并因而只有通过**人的完全回复**才能回复自己本身。社会解体的这个结果，就是**无产阶级**这个特殊等级。[《马克思恩格斯文集》（第一卷），人民出版社，2009年，第16~17页。]

可见，马克思基于如前所述的德国现状推断，德国的任何革命都将是而且必然是暴力革命："批判的武器当然不能代替武器的批判，物质力量只能用物质力量来摧毁"。[《马克思恩格斯文集》（第一卷），人民出版社，2009年，第11页。]在德国，暴力革命既是必要的，也是正当的。在这种情况下，"因而迫切需要""最英勇的献身精神"。[《马克思恩格斯文集》（第一卷），人民出版社，2009年，第42页。]简言之，他的论点就是，鉴于德国经济、社会和政治环境的卑劣不堪、道德腐化和落后性，不可能有其他出路。法国的处境则有所不同。在法国，经济、政治和社会状况都优于德国。因此，"在法国，全部自由必须由逐步解放的现实性产生"。在法国，

　　　　因此，**解放者**的角色在戏剧性的运动中依次由法国人民的各个不同阶级担任，直到最后由这样一个阶级担任，这个阶级在实现社会自由时，已不再以在人之外的但仍然由人类社会造成的一定条件为前提，而是从社会自由这一前提出发，创造人类存在的一切条件。[《马克思恩格斯文集》（第一卷），人民出版社，2009年，第16页。]

但是在德国，需要再次强调的是，现实生活不允许这样一种逐步解放。相反，只有当德国人受**迫**于他们的处境和锁链时，他们才会要求现存社会解体。[《马克思恩格斯文集》(第一卷)，人民出版社，2009年，第16页。]

这样的革命真的会发生吗？无产阶级会做被要求去做的、在当前处境之下具有道德正当性的那些事情吗？显然，马克思认为答案是肯定的：

> 哲学把无产阶级当做自己的**物质**武器，同样，无产阶级也把哲学当做自己的**精神**武器；思想的闪电一旦彻底击中这块素朴的人民园地，**德国人**就会解放成为人。[《马克思恩格斯文集》(第一卷)，人民出版社，2009年，第17~18页。]

因此通过暴力革命反对德国资产阶级社会，是正当的。鉴于哲学批判活动的成功，以及无产阶级所处的苦难和堕落现状，这样一场革命指日可待。无产阶级将会崛起，手持武器、打击敌人。

应当注意到这一早期认识所具有的一些特点。首先，马克思的自由伦理学起着至关重要的作用。为暴力的革命行动进行辩护的一个必要条件就是，社会中的人们过着非人的生活，他们没有实现完全意义上的自由。早在1843年，马克思就很清楚地认识到，为了实现自由，必须在革命中改变生活的社会条件，而不仅仅是、也不主要是改变政治条件。事实上，因为无产阶级迄今一直囿于政治的框架内思考问题，"它就会认为一切弊端的根源都在于**意志**，认为全部补救办法就在于**暴力**，在于把这种或那种**特定**的国家形式**推翻**"。就此而言，无产阶级已误入歧途。结果致使它"把自己的力量浪费在那种不理智的、无益的、(已——本书作者注)被扼杀在血泊中的骚动上"。[《马克思恩格斯全集》(第3卷)，人民出版社，2002年，第393页。]因此，既然人被剥夺了自由，既然自由（如第四章所界定的)——

不仅仅是推翻现有的国家形式——是无产阶级努力的目标，而且非暴力手段无法根本改变社会，那么暴力革命就是正当的。其次，马克思对暴力革命的论证不仅仅停留在前述三个方面的因素上。理论本身(何况是处于德国现状中的理论)就无能为力。"**思想**永远不能超出旧世界秩序的范围，在任何情况下，思想所能超出的只是旧世界秩序的思想范围。思想本身根本**不能实现什么东西**。思想要得到实现，就要有使用实践力量的人。"[《马克思恩格斯文集》(第一卷)，人民出版社，2009年，第320页。]然而马克思的伦理学并非如此无能，这不仅仅是因为，它被马克思主义者用以澄清并启发他人认清自身的现实处境，还因为现实本身也在努力实现这一理论。[《马克思恩格斯文集》(第一卷)，人民出版社，2009年，第12页。]社会需要这样一场根本变革，这对社会也是真正有益的。这一需要是人们在经历堕落和苦难的过程中所体会到的。马克思的理论著作以及共产主义团体和党派的实践活动，都是为了使广大民众意识到他们的堕落和苦难，对这一需要有所觉醒。一旦他们在自我意识和认知层面上体会到这一彻底变革的需要，就会通过他们的愤怒和谴责表达出来。因此，马克思的论证包含双重基础：一旦人们的现实处境得以清晰呈现在他们面前，**并且他们也体会到革命的需要**，就会迎来一场具有正当性的革命(在德国即一场暴力革命)：

> 由于在无产阶级身上人失去了自己，而同时不仅在理论上意识到了这种损失，而且还直接被无法再回避的、无法再掩饰的、绝对不可抗拒的**贫困**——**必然性**的这种实际表现——所逼迫而产生了对这种非人性的愤慨，所以无产阶级能够而且必须自己解放自己。[《马克思恩格斯文集》(第一卷)，人民出版社，2009年，第262页。]

再次，无产阶级遭受的苦难是双重的。一方面，它饱受缺乏足够的消费能力、衣不蔽体、没有健康的栖身之所等等之苦。而另一方面,它还受到生产条件的限制——这些条件限制并制约着它的发展,使其成员精疲力竭,等等。也就是说,无产阶级不论是作为消费者还是生产者,都饱受摧残。有人指出,正是人类苦难的这第二个方面,在共产主义革命的条件中至关重要:"发动革命的人是作为受挫的生产者的人,而不是作为不满的消费者的人。作为生产者,人需要自由地发展和自由地表达其多方面的生产活动力,其在物质生活中的创造潜力。"㉑尽管必然存在"作为生产者的人对其生活条件的反抗"㉒,但我认为,马克思是否仅基于此预见了革命的发生,是值得怀疑的。他经常强调贫困具有革命性和颠覆性的一面。之所以强调"作为生产者的人……的反抗",是因为它使人正确地看到,马克思的观点不是功利主义的,不是享乐主义的,也不是建立在正义基础之上的——他的伦理学不是简单地寻求减轻痛苦或者获得等量的消费品。与证明革命的正当性所依据的那个目的——即共产主义——本质上关联在一起的,与其说是苦难本身,不如说是人之为人所应有的生活方式——自由的生活。不过,马克思并非由此不把这种痛苦视为成功和正当的革命的物质条件。事实上在马克思看来,只要一个人经历了上述双重苦难中的任一种,就是不自由的。

最后,在他后期思想中起着重大作用的生产力与生产关系之间的冲突,在其早期思想中却几乎没什么位置。同样,虽然马克思早期对生产方式的论述包含阶级关系,但是相对而言,阶级的作用在其中尚未得到阐发。其实,德国之所以需要革命,有部分原因就在于其生产条件和阶级的发展如此落后。事实上,无产阶级因其利益的普遍性而被认为是非阶级的。尽管如此,生产方式在马克思早期的论述中确实起着重要作用。他认识到,"德国无产阶级只是通过兴起的**工业**运动才开始形成"。[《马克思恩格斯文集》(第一卷),人民出版社,2009 年,第 17 页。]此外,既然是私有财产使无产阶级得以产生,他指出,"私有财产在自己的国民经济运动中自己使自己走向瓦解"。[《马克思恩格斯文集》(第一卷),人民出版社,2009年,第261页;参见《马克思恩格斯全集》(第42卷),人民出版社,人民出版社,1979年,第258页。]但是,生产方式的这种作用使人忽视了他后期观点的种种基本特征。事实上,正是由于他在后期观点中关于生产方式在革命中所起作用的修正,使得一些人认为,暴力对于革命而言不再是必要的。㉓下面我就来谈谈他后期的那些观点。

马克思后期关于革命和暴力的理论,在很多方面都不同于他早期的观点。这是因为他改变了早期观点的某些方面;同时,他就这些早期观点也有加入新的要素。一以贯之的是,他诉诸自由的伦理学,强调只有在别无他法的情况下才能证明暴力是正当的,并认为理论对于揭示人们的真实处境起着重要作用,同时他仍然深信,无产阶级必须发展出和感受到彻底变革的需要,就此而言,现实本身必须努力走向理论。

马克思在论述中新增的一个要素,就是生产力与生产关系的冲突。在迄今为止的所有社会形态中,生产关系对生产力的发展都有一定的限制作用。当且仅当后者对前者构成压力时,革命才会发生。现在如果生产力尚未得到充分发展,那么任何革命行动都或者无法改变制度,或者即便能改变制度,也不会进一步走向共产主义,反而可能产生某种反动的政体。正如我们所见,关于这种生产力必须具备的发达程度,马克思的态度相当暧昧,其实也是一种开放的态度。他显然并不认为,必须先行实现一种完全自动化的工业生产体系,革命行动才有机会获得成功,从而可能证明其正当性。相反,马克思似乎认为,作为共产主义的基础,19世纪先进的西方社会所具备的生产力发展程度已足矣。此外,既然马克思不是宿命论者,那么他认为各种革命行动不仅仅是为了改变生产关系,还是针对生产力本身的这一观点,就不是自相矛盾的。如果相信人们只需坐等其成,直到生产的所有环节、生产力的一切都发展到位后,或许才敢采取行动,那就完全误解了马克思的思想。马克思式的革命者同样可以正当地采取行动,"推动"生产力向前发展。不过,这种行动对生产力可能实现的推进程度显然是有限的。但问题的关键是,马克思的观点并没有排除在这一限度内采取革命行动的可能性。

其次,正如早期观点所认为的,只有在生产力已充分发展成熟,却没有改变生产关系的其他可能这种情形下,革命暴力才是正当的。马克思在1848年谈到德国时指出:"只有一个方法可以缩短、减少和限制旧社会的凶猛的垂死挣扎和新社会诞生的流血痛苦,**这个方法就是实行革命的恐怖**。"[24]然而革命行动、暴力行为必须有改变制度的现实的可能性。因而在马克思看来,孤立的恐怖行为,甚或是为反对现状而犯罪,都是无法容忍和不正当的。它们只不过是愚蠢的行为。

现在有人指出,马克思实际上是认为,当物质条件成熟时,革命就已蓄势待发,而不再需要武力或暴力了。"根据马克思的看法,恐怖的诉求是对革命希望实现的目标在当前不能得到实现的最终证明。恐怖与其说是实现革命目标的手段,不如说是失败的标志。"[25]由此可以说,马克思"一贯地反对武装暴动的所有极端企图"[26]。暴力、恐怖行动、武力只是"一种主观主义的谬误,脱离了真实的经济和社会环境"[27]。当社会和经济环境发展成熟时,无须武力就能获得革命成功。

正如前面的讨论所表明的,这种对马克思的暴力观和革命观的解释是站不住脚的。的确,马克思强烈反对许多群体在他所认为的革命时机成熟前,就企图投身于反抗资产阶级社会的斗争。但是这并不意味着,当革命条件成熟时,可能就不再需要暴力和武力。依马克思的观点看,在共产主义到来前,暴力就是生活的一部分。他认为,在创造一种超越暴力的生活的过程中,无产阶级没有理由在需要暴力时却不应该使用它。

再次,阶级在马克思的后期思想中起着至关重要的作用。工人阶级不再被认为是非阶级的,而是成为完全的、合法意义上的阶级。其实,革命只有在无产阶级团结起来,并把自身组建成为一个阶级的情况下才有可能。

180　这意味着马克思不同于之前的如下见解：为了实现共产主义，无产阶级必须首先夺取政权，甚至在革命后也要行使这种权力。因此，马克思写道：

> 无产阶级将利用自己的政治统治，一步一步地夺取资产阶级的全部资本，把一切生产工具集中在国家即组织成为统治阶级的无产阶级手里，并且尽可能快地增加生产力的总量。要做到这一点，当然首先必须对所有权和资产阶级生产关系实行强制性的干涉……[《马克思恩格斯文集》(第二卷)，人民出版社，2009年，第52页。]

这样一种政治权力将通过无产阶级专政得到行使。本节内容的目的不在于探讨马克思后期革命观的这一特点。在此只需要说明，马克思对专政概念的理解与如今常见的理解方式大不相同就够了。无产阶级专政首先是由绝大多数人组成的阶级对另一阶级的专政。故此，马克思才说无产阶级赢得了民主之战。此外，无产阶级的"专政"在马克思那里指的是，使用强制、强迫和暴力手段统治资产阶级。由此，无产阶级专政的重要意义被过分夸大了。资产阶级也同样对其他阶级使用强制、强迫和暴力手段。因而，马克思也有谈到资产阶级的专政。[参见《马克思恩格斯文集》(第二卷)，人民出版社，2009年，第161、164、171页。]不过，人们通常对"无产阶级专政"一词备加关注，而对"资产阶级专政"的关注相对较少。理解的连贯性似乎会要求，对这两种专政使用的武力和暴力手段给予相似程度的关注。在为无产阶级专政的暴力、压迫等作辩护时，马克思表达的关切是仅仅将其作为实现共产主义的手段——目的是为了不再使用这些社会控制手段。可见，无产阶级专政的概念在马克思的理解中就是，无产阶级必须夺取并行使政治权力。据此界定来看，它是具有压迫性的，而且很有可能包含对武力和暴力手段的使用。只有通过这种方式，社会才有望超越暴力，实现进步。㉘

最后，在马克思后期对暴力在革命中的正当性的深思熟虑中，还有更深层次的一点发挥着重要作用，即革命对于革命参与者的影响。马克思认为，这样一场革命在某种程度上净化或洗涤着参与者。他就此写道：

> 无论为了使这种共产主义意识普遍地产生还是为了实现事业本身，使人们普遍地发生变化是必需的，这种变化只有在实际运动中，在**革命**中才有可能实现；因此，革命之所以必需，不仅是因为没有任何其他的办法能够推翻**统治**阶级，而且还因为**推翻**统治阶级的那个阶级，只有在革命中才能抛掉自己身上的一切陈旧的肮脏东西，才能胜任重建社会的工作。[《马克思恩格斯文集》(第一卷)，人民出版社，2009年，第543页。]

可见，认为革命手段的使用以及可能随之而来的暴力行为，可能会污损那些想要重建社会的人，这一看法与马克思的观点相去甚远。甘地、马丁·路德·金等这类人与马克思的观点也大相径庭。人不应该像梭罗那样，为使自己对一个没有暴力、终结了强迫的社会做好准备，而致力于消极的不服从。反之，使用暴力完全符合马克思所追求的目标，而且实际上也有助于目标的达成，并非像其他人所认为的那样有损于它。

现在人们可能会问，马克思何以能够持有这样一种观点。如果正如他所认为的那样，个人在很大程度上是由其所处的环境及其所从事的活动塑造的，那革命和暴力为何不会对人产生侵蚀、损害的作用，反而会为其在共产主义社会中生活扫清道路？我认为有两个答案。一方面，我们必须记住，当代资产阶级社会本身就是一个暴力的社会。暴力和武力是日常生活的特征。因而无产阶级在共产主义革命中使用暴力的事实，并不意味着他们突然以完全陌生和怪异的方式行事。可见，真正的问题是：如何才能把暴力的前共产主义社会转变为和谐的共产主义社会？这一问题的答案来自马克思的如下观点：革命将会消除暴力的多重来源——私有财产、竞争、分工、雇佣劳动、阶级等。这些机制也是无产阶级将使社会摆脱的旧时代"肮脏东西"的一部分。

马克思可能提供的第二个答案，是他对辩证法以及社会形态变迁的观点。马克思认为，在人类发展过程中，社会条件发生了各种性质的变化。我认为我们在暴力（以及利己主义、苦难、需要等[29]）的例子中可以看到这点，暴力发生在共产主义**之前**，但是由于向共产主义的转变，它实际上被排除在社会之外。甘地、马丁·路德·金等人的观点在这些方面显然是非辩证的。人们为走向新的社会所做的一切，会继续影响那些生活在新社会中的人们。摩西也不被允许进入应许之地。但是基于马克思的辩证思想来看，人类关系以及人自身都已发生质的变化，使共产主义条件下的生活得以免受用来实现共产主义的暴力的影响。当然，这点是否可信，取决于马克思描述的在共产主义前提下所达到的条件，以及他认为人们诉诸暴力的条件。

但是应当记住，在共产主义的第一阶段，发生在共产主义中的质变可能会经过一段多少有些长的准备时间。的确，鉴于共产主义第一阶段的粗鄙性质，所需时间似乎不会很短。以下是马克思对第一阶段相当生动的一段描述：

> 在它的最初的形态中……**实物**财产的统治在这种共产主义面前显得如此强大，以致它想把不能被所有的人作为**私有财产**占有的**一切**都消灭；它想用**强制**的方法把才能等等抛弃。……最后，这个……运动是以一种动物的形式表现出来的：用**公妻制**——也就是把妇女变为**公有的**和**共有的**财产——来反对**婚姻**（它确实是一种**排他性的私有财产的形式**）。人们可以说，**公妻制**这种思想是这个还相当粗陋的和毫无思想的共产主义的**昭然若揭的秘密**。……这种共产主

义——由于它到处否定人的**个性**——只不过是私有财产的彻底表现,私有财产就是这种否定。[《马克思恩格斯文集》(第一卷),人民出版社,2009 年,第 183~184 页。]

由此可见,人们在建立共产主义的过程中所经历的和必须经历的变化,不必然是且很可能也不会是突如其来的变化。似乎正是为了强调这点,马克思评论道:"革命……不是一个短暂的革命。现在这一代人,很像那些由摩西带领着通过沙漠的犹太人。他们不仅仅要夺取一个新世界,而且要退出舞台,以便让位给那些适应新世界的人们。"[《马克思恩格斯文集》(第二卷),人民出版社,2009 年,第 155 页。]因而,共产主义可能有待于新的一代人——甚至可能是两代(摩西徘徊了 40 年)——去实现。然而对于建立共产主义需要多长时间的猜测是徒劳无功的。这里要指出的重点是,时间的跨度不一定短,并且在此期间使用以往社会及个人所特有的暴力和强迫而带来的影响,可以通过消除其来源予以克服。这些影响是否**将**被克服掉?这又取决于马克思是否正确地辨识出暴力的来源,以及人类和社会变化的辩证过程。

然而,这里存在一种常被用以反驳马克思观点的道德异议。以往的探讨总是关注暴力的工具性。正是共产主义的目标——完全实现人的自由——最终证明,在革命情形下使用暴力是正当的。这一观点被视为仅仅是为达目的不择手段的一个显著例证,人们经常为此感到震惊和沮丧。在这个问题上,马克思等人真的可能持有这样一种观点吗?难道这一观点不是在允许(如果不是提倡)使用极端的、令人难以接受的手段实现一个人的目的? 正如我们所见,马克思容忍在反对"与可恨的往事有关的可恨的人物或官方机构"的革命中采取报复举动。基于这点来看,似乎对革命中可能的暴力行径没有什么限制可言。有人假定,马克思不认为这种"可恨的人物"包括无产阶级中总是存在个人纠纷的邻居。暴力和恐怖手段应该只是针对那些站在对立面的资产阶级成员。但即便就此而言也是有问题的，因为马克思认为，他们作为个人同样被困在自己的角色中。资本家同样是被异化的。这里充斥着悲剧性因素。

马克思对上述第一个问题的回答很简单："目的当然可以证明手段是正当的——如果目的不能证明它们，还有什么能证明呢？"这不仅是马克思的观点，也是许多其他哲学家所持有的观点。上文反驳意见的问题在于，它把这一回应理解为等于说，目的由此可以证明任何手段的正当性——尽管不一定要以此方式来理解马克思的回应。为证实马克思并没有认可令人反感的手段，有人引用了马克思的这一评论："需要不当手段完成的目的，不是正当的目的。"㉚但这所能提供的帮助是值得怀疑的，因为它源于马克思最早期的观点，早于他对历史唯物主义、意识形态或阶级斗争所阐发的观点。事实上，那时的马克思几乎还没有谈到革命。

反之，在我看来，马克思认为共产主义必然要借由卑劣的目标来实现。正如前文所述，马克思总体上认为，从资本主义到共产主义的发展必然经历一个野蛮的、暴力的、可怕的阶段。但是，马克思对共产主义者可能用以实现共产主义的手段有什么限制吗？暴力、恐怖行为、欺骗、搞两面派等，所有这些在无产阶级想要使用时都是正当的吗？我们已经看到，答案为"不是"。这些手段只有在满足下述相互关联的条件时才是正当的：(a)它们对建立共产主义是有效的；(b)无产阶级无法使用或被禁止使用其他和平的、开放的和(或)诚信的手段。当对共产党不再有禁令，也不再进行追捕或打压时，他们寻求公开说明他们的目的。[《马克思恩格斯文集》(第二卷)，人民出版社，2009年，第30页。]他们不是仅仅出于对阴谋的热衷而形成秘密社团。他们也不是仅仅出于恶意而做出虚伪的妥协和合作："这是斗争的法则和惯例。在观点、利益和目的不一致的情况下，新时代的幸福是不能用假想的合理妥协和虚伪的合作等办法来达到的，这种幸福只有经过各个党派的**斗争**才能达到。"[《马克思恩格斯全集》(第5卷)，人民出版社,1958年,第25页。]毋宁说,只有在其他手段失败时,才能使用传统上备受谴责的手段。

必须记住,这一答案针对的是在资本主义社会背景下提出的问题,而资本主义社会本身是以资产阶级世界试图用以否定共产主义者的非常手段为特征的。我们已经看到,无产阶级每时每刻都受到暴力和强迫的挟持。《资本论》力图把这种暴力导致工人伤残和死亡的数量和方式记录下来。而当他们没有被暴力直接致死时,他们还会自杀。[参见《马克思恩格斯全集》(第42卷),人民出版社,1979年,第300~317页。]如果共产主义者连暴力威胁都放弃,他们就将沦为失败者。可见,要求共产主义者成为资本主义地狱中的圣徒,是荒唐可笑的。马克思甚至可以断言,共产主义者与资本家对暴力、恐怖行径、欺骗手段的使用在道德上存在很大差异。共产主义者的行动旨在建立一个道德更加高尚的社会,一个摆脱对这些手段的使用的社会。资本家在资产阶级社会中的行为和对暴力等手段的使用尽管是无意识的、不经意的,同时还间接地推动了共产主义的发展,但却是有意识地、公开地、直接地与共产主义社会相对立的。他们的目标其实就是维续一个暴力的社会。因此,如果就使用暴力和其他令人憎恶的手段而言,共产主义者显然应该比资本家更少遭受谴责,也更有理由被证明是正当的。那些抵制这种暴力的人,不过是对资本家的暴力视而不见。可见,对于生活在资本主义社会中的人们而言,马克思自由观的意义就在于,为创造革命——不论是和平的还是暴力的——赖以成功的条件而斗争。

基于上述理解,显然还存在一个难题有待解决:特定的暴力行为在具体情境下是否具有正当性。不过,这类实际问题在**任何**暴力和革命理论中都会显得困难重重,无法轻易给出答案。马克思所做的就是提出一些一般性和客观性指引,以供人们在面对这些问题做抉择时参考。

总之,马克思的伦理观明确承认——甚至要求——在建立共产主义社会时(至少偶尔)使用暴力。共产主义革命是否需要阶级或非阶级的协同行动，是否需要无产阶级专政，暴力有何积极和消极的作用，对于这些具体问题，马克思早期或成熟时期的著作都有不同的答案。他**不**曾改变的观点是，暴力很有可能需要被使用，暴力可以被其所促成的目的证明是正当的。这种暴力只不过是对资产阶级社会以牙还牙的一种回应，共产主义条件下的个人将不再受到用以实现共产主义的那些手段的负面影响。在很重要的意义上，暴力是马克思思考资产阶级社会的一个核心主题。暴力概念在马克思的眼中有着一张普罗透斯似的脸；资本主义社会的缺陷之一就在于，它使人无法看清暴力的不同形式和样态，以及暴力在资产阶级社会中的构成性作用。马克思革命道德的典型特征是，通过使用暴力来超越一个以暴力为基础的社会，从而建立一个自由的社会。

二

假设共产主义革命——通过和平或暴力的途径——获得成功，而且（进一步地）社会主义初级阶段已被超越，那就有了一个完全成熟的共产主义社会。人们将会实现自由。民众、阶级、机构和社会关系可能行使或被施加的非法权力、暴力和强迫手段将被消灭。人们的生活——对他人和对自然的关系，将尽在自己的有效掌控之中。他们将生活在"这样一个联合体中，在那里，每个人的自由发展是一切人的自由发展的条件"。[《马克思恩格斯文集》(第二卷)，人民出版社，2009年，第53页。]

我们已经讨论过马克思主义自由的本质。不过，上节内容的探讨提出一种不同且有趣的观点，由此可以进一步阐明共产主义条件下作为自由生活的道德生活。在资产阶级社会中，道德准许并鼓励(sanctions)对不同个人包括阶级使用强迫和暴力手段。有时采取刑罚的形式，有时不是。暴力、强迫和刑罚在共产主义中可能发挥什么作用？它们会被合法地用以对付那些生活在共产主义条件下，却在某种程度上违背共产主义道德标准的人吗？伤害他人的人会怎样？他们会受到刑罚吗？如何实行道德戒律？权威在这样一个社会里将发挥怎样的作用？对这些问题的探讨，为我们提供了另一个反思自由和共产主义本质的机会。

可能有人一开始就会质疑，依照上述思路还有什么可讨论的。在共产主义的条件下，正如经常被描绘的那样，人们将不会伤害、强迫他人，或把自己的意志强加于人。人们将会一律各司其职。既然人的关系都将完全在自己的掌控中，这些关系也就不会对人造成强迫。斗争或冲突都将不复存在。人们将在完全自由、和平的氛围中展开日常活动。毕竟马克思确实指出过，共产主义是"人和自然界之间、人和人之间的矛盾的**真正**解决，是存在和本质、对象化和自我确证、自由和必然、个体和类之间的斗争的真正解决"。[《马克思恩格斯文集》（第一卷），人民出版社，2009 年，第 185 页。]就此有人断言，在共产主义的条件下将不会存在伤害的问题，也不存在对暴力、强迫手段或刑罚的使用。㉝这就是马克思说的在共产主义条件下所要实现的新人（the new kind of person），及其将拥有的新的意识的必要组成。革命将清除过往时代的肮脏东西。从暴力、强迫和刑罚中解放出来的人类，将在此后蓬勃发展。

然而，得出这样的结论是草率的。虽然马克思可能认为，共产主义有时是以这样一种生活构成的，但他似乎并没有始终甚或在根本的意义上致力于这种乌托邦理想。其实，上述理解是在人类身上预设一种简直令人难以置信的完美性。因而，我宁愿把马克思的观点理解为呼唤一种新人的出现，但是他们并非全能、全知的，而是的确（偶尔）会暴露出种种瑕疵。至少由此，我们可以对马克思的共产主义思想进行最为合情合理的重构。如果这些思想继而被发现是匮乏的，情况对于它们而言就会变得更糟——至少已经给过它们一切可能的机会。据此我认为，马克思确实是断言在共产主义条件下，引发人们彼此之间的伤害和暴力行径——以及随之要求刑罚——的制度设置、社会冲突和阶级对立都被消灭了。就此而言，共产主义是对人与人之间冲突的解决。但这并不意味着，一个人不会偶尔因为个人原因而伤害或侵犯他人。马克思的如下论述表明了这点：

> 资产阶级的生产关系是社会生产过程的最后一个对抗形式，这里所说的对抗，不是指个人的对抗，而是指从个人的社会生活条件中生长出来的对抗；但是，在资产阶级社会的胎胞里发展的生产力，同时又创造着解决这种对抗的物质条件。㉜

尽管共产主义会将大幅减少个人的对抗和伤害，但若相信它们可以从所有人类社会中完全消除㉝，就太过乌托邦了。一个人伤害他人，可能出于利他性动机或利己主义动机，出于（暂时的）不敏感或（长期）恶意的不敏感，也可能由于对他人的利益缺乏了解，或者因为知道他人的利益是易受伤害的。冲动、愤怒、缺乏反思可能引发对个人的伤害，正如一个阶级强加于另一阶级之上的压迫、剥削和奴役，可能伤害这另一阶级中的个人一样。马克思关于应该如何应对在个人关系中造成伤害的前述种种原因，以及是否可以或者应该给予刑罚的思想，为进一步揭示其共产主义思想提供了重要途径。

与马克思有关为实现共产主义而对各种人施以暴力的必要性和合法性的观点形成鲜明对比的是，他认为在共产主义的条件下对人施以暴力是不合宜的。马克思指出："**刑罚**、**强制**是和**人类**的行为方式相矛盾的。"［《马克思恩格斯全集》（第 2 卷），人民出版社，1957 年，第 229 页。］那么，这是否意味着不应存在暴力或制约呢？那些伤害他人或违反共产主义社会道德标准的人，难道不应受到刑罚吗？的确，他们应该受到刑罚，但这只是在他们因为自己的错误行为而惩罚自己的意义上来说的：

> 在**合乎人性**的关系中，刑罚将**真正**只是犯了过失的人自己给自

己宣布的判决。谁也想不到要去说服他,使他相信别人加在他身上的**外部强力**就是他自己加在自己身上的强力。相反地,他将看到**别人**是使他免受自己加在自己身上的刑罚的自然的救星,就是说,关系将恰好颠倒过来。[《马克思恩格斯全集》(第2卷),人民出版社,1957年,第229页。]

可见,在共产主义条件下还会存在刑罚,但这都将属于自我惩罚。人们可能合法使用的一切暴力,都将是自己加在自己身上的强力。

现在看来,不管这种观点作为一种刑罚理论,最初听起来是多么怪异和令人难以置信,它显然并无自相矛盾之处。我们确实也会说,一个人因为做了这样或那样的事而惩罚自己。他因为自己的错误行为而自责。这通常包括对某些所作所为的责任感,以及因为做了某事而感到懊悔、遗憾或愧疚。然而,自我惩罚不一定仅仅是感受的问题。一个人也可能通过否弃自己喜欢或喜好的某些东西来惩罚自己,或强制自己做某些不喜欢的事,经受各种不喜欢的经历。其实,相较于公开实施的刑罚,这种自我惩罚的严厉程度可能有过之而无不及。至少有一些自杀的例证表明,自我惩罚可能会走向极端。

在此,同样重要的是指出:承认共产主义社会存在自我惩罚,就等于承认某些行为方式可以被证明是正当或不正当的,可见,人们有可能做他们应该做的事,也可能反之。简单说,这意味着普遍遵循的道德标准并不总是会得到遵从。这就证实了我的上述观点:关于马克思的共产主义思想,最恰当的理解方式就是承认人类不是完美无缺的。因而我认为,通常所说的如下论断是错误的:"在革命后完美的社会里,将不再需要道德努力,因为每一个人的存在和行为都会符合所有人的期望。"㉝在我看来,这种认为没有人会做错或可能做错的共产主义思想,是对共产主义的讽刺。诚然,不应低估未来共产主义社会的颠覆性,这很重要。但另一方面,尽量把它视为一个人类的社会而不是天使的社会,也同样重要。因而,认为共产主义包含的根本性变革会使其滑向纯粹乌托邦的幻想,是危险的。惩罚意味着某人因为做错事而受到的处罚。可见,除非人们可能做出错误行为,否则说他们可能受罚或进行自我惩罚,是毫无意义的。

最后可能要指出的是,马克思的刑罚思想借鉴了黑格尔的刑罚理论。事实上,马克思所描绘的共产主义条件下的刑罚,可以说是对黑格尔描绘的资本主义条件下的刑罚的一种扬弃。黑格尔就曾认为,犯下罪行的人应该因其罪行而受到国家的刑罚。刑罚所否定或宣布无效的是否认他人法权(right)的罪行本身。然而除非罪犯在刑罚中意识到自己的自我定罪,否则这种刑罚毫无意义:"使罪犯遭受侵害(刑罚——本书作者注)……同时是他自在存在着的意志,是他的自由的定在,是他的法——,而且它也是加之于犯人自身的法,也就是说,是在他的定在着的意志中、在他的行为中立定的法。"㉟正如许多其他例证所表明的,马克思在黑格尔的论断中看到真理的内核,他力求在共产主义中对此予以保留。马克思从一开始就没有接受或借鉴黑格尔关于刑罚对罪行宣布无效或予以否定的观点。这本身就很重要。如果刑罚是对否定某个人法权的罪行的否定,那么刑罚就是对那一法权的重申。㊱然而我在第五章已表明,马克思不是从法权角度阐述他关于道德生活的理论的。因此马克思没有采纳黑格尔提出的有关刑罚的否定作用的观点,这既不足为奇,也是对第五章论点的重要印证。相反,马克思紧紧抓住的是黑格尔的如下观点:对一个人的刑罚必须是他自己自我定罪的结果。虽然马克思没有说刑罚是一个人的法的定在,但是他会(同黑格尔一样)认为,刑罚是一个人的自由的定在。黑格尔的错误不只是保留了国家针对个人施加的暴力,还在于保留了国家及其赖以存在的市民社会。马克思据此指出黑格尔思想中的真理内核即"罪犯自我定罪只不过是一种'**理念**',只不过是对**通行的经验刑罚**的一种思辨解释"。[《马克思恩格斯全集》(第2卷),人民出版社,1957年,第228页。]在拒斥黑格尔对现存社会法则的先验认可时,[《马克思恩格斯全集》(第11卷),人民出版社,1995年,第618页。]马克思只采纳了黑格尔的自我定罪观念,并把它转化为共产主义条件下个人的自我定罪思想。因此,尽管马克思的支持者们正如人们可能想象的那样近乎要彻底消灭刑罚,但是仍然不能说马克思完全取消了它。

那么马克思把刑罚视为自我惩罚的观点,在什么条件下是言之有理的?我的答案将分三步展开。第一步是指出马克思所认为的犯罪背后的各种缘由,以及刑罚在资本主义社会中的必要性。他为消除犯罪缘由所提出的建议,构成他认为自我惩罚是合理的一个重要原因。总的来说,马克思认为犯罪是由社会条件或周遭环境造成的。因而他指出,如果有人犯了罪,或者更广泛地说,沦为不道德的人,"那就不应当惩罚个别人的犯罪行为,而应当消灭产生犯罪行为的反社会的温床"。[《马克思恩格斯文集》(第一卷),人民出版社,2009年,第335页。]

基于这一总体判断,马克思指出至少有两种不同的周遭境遇,成为资本主义制度下引发犯罪的情形。其一,犯罪可能起因于,利己性个人利益与占统治地位的社会关系之间存在冲突。由此可见,犯罪是"孤立的个人反对统治关系的斗争……(它——本书作者注)不是随心所欲地产生的。相反地,犯罪和现行的统治都产生于相同的条件"。[《马克思恩格斯全集》(第3卷),人民出版社,1960年,第379页。]现行的统治关系取决于个人的物质生活、生产方式和交往形式,它们相互决定着。[《马克思恩格斯全集》(第3卷),人民出版社,1960年,第377页。]那犯罪所依赖的这种物质生活是怎样的? 马克思的答案是:"正是这些互不依赖的个人的自我肯定以及他们自己意志的确立(在这个基础上这种相互关系必然是利己的),才使自我舍弃在法律、法中成为必要。"[《马克思恩格斯全集》(第3卷),人民出版社,1960年,第378页。]也就是说,当一个人不是否定自我,而是利己地肯定自身利益时,犯罪就产生了——个人利益与占统治地位的利益之间存在冲突。因此，资本家个人有违其"契约和商品交换规律"，贪婪地试图从工人那里获得比他应得更多的剩余劳动。[《马克思恩格斯文集》(第五卷)，人民出版社，2009年，第271、279页。]同样，贪得无厌和自私自利的算计可能导致盗窃或对他人的伤害。可见，对于这种犯罪观而言，至关重要的是个人彼此之间的孤立和分离，以及由此产生的对他们意志的利己性坚持。简言之，这种观点认为，犯罪是资本主义特有的那类个人造成的后果。既然这类个人不是都会克制他们个人的、利己的意志，犯罪也就由此产生。

其二，更具体地说，犯罪源于资产阶级社会固有的社会关系的社会后果和经济后果。这些后果即无产阶级日益严重的赤贫现象、经济窘境和异化。例如马克思指出，在1841年至1848年间，贫民和罪犯的数量都在增加。[《马克思恩格斯全集》(第11卷)，人民出版社，1995年，第449页。]马克思对这一时期评论道："赤贫现象以加速度产生着赤贫现象。**犯罪行为**也随着赤贫现象的增长而增长，人民生命的源泉——**青年**日益堕落。"[《马克思恩格斯全集》(第5卷)，人民出版社，1958年，第368页。]此外马克思还指出，在无产阶级发展的过程中，工人

> 不仅仅攻击资产阶级的生产关系，而且攻击生产工具本身；他们毁坏那些来竞争的外国商品，捣毁机器，烧毁工厂，力图恢复已经失去的中世纪工人的地位。[《马克思恩格斯文集》(第二卷)，人民出版社，2009年，第39页。]

也就是说，因为资本主义的工人仅仅是机器的傀儡(instrument)，因为他们的工作是被贬低、被异化的，故而导向犯罪——捣毁机器、纵火，凭借偷窃维持生活。就此可见，资本主义社会中的犯罪起因是多方面的：个人以个人主义的、利己主义的自我肯定，对抗统治关系、贫困、经济窘境以

及异化。马克思甚至在文中指出，犯罪的"其中一部分人是由于习性"。[《马克思恩格斯文集》(第五卷)，人民出版社，2009年，第843页。]

不过，马克思总体上认为，上述任何一种犯罪原因或情形本质上都是由社会或环境因素造成的。正如我们所见，人是由他的环境所塑造的，他既可能被塑造成为善的，也可能成为恶的。而且马克思认为上述不论哪种犯罪原因，都应通过社会行动、社会环境的调整，通过建立一种消除贫困、反映个人和谐关系并促进人类全面发展的社会关系的制度，来加以纠正。要实现这种根本性变革就必须认识到，犯罪的原因与其说是与各国特定的政治制度有关，不如说是与现代社会本身的根本条件有关："社会的这一或那一部分国民犯罪行为的平均数与其说决定于该国的特殊政治制度，不如说决定于整个现代**资产阶级**社会的基本条件。"[《马克思恩格斯全集》(第11卷)，人民出版社，1995年，第619页。]由于资产阶级社会的基本条件产生了具有"物质现象那样的规律性"的犯罪，马克思认为"应该认真考虑一下改变产生这些罪行的制度，而不是去颂扬那些处死相当数目的罪犯仅仅是为新的罪犯腾出位置的刽子手"。[《马克思恩格斯全集》(第11卷)，人民出版社，1995年，第619~620页。]马克思由此指出(正如我们所知)，在共产主义条件下，私有财产、交换、货币、劳动分工、阶级、城乡二分(以及其他)都将被废除。消除这些基本的社会条件和关系，将实现对犯罪的斩草除根，从而也就消除了对他人进行刑罚和施加暴力的必要。

然而问题在于，这些观点对自我惩罚的合理性会有怎样的影响？马克思的回答是，如果犯罪的主要原因是社会性的，并且如果这些社会条件能够得到纠正，那我们只需再承认两个方面的条件，就可以确证自我惩罚的合理性。一方面，我们必须承认人本非恶，只要有机会，即具备共产主义的生活条件，人就能够而且也将会是善的。换言之，人的本质是善的。正如马克思所说：

并不需要多么敏锐的洞察力就可以看出，唯物主义关于人性本善和人们天资平等，关于经验、习惯、教育的万能，关于外部环境对人的影响，关于工业的重大意义，关于享乐的合理性等等学说，同共产主义和社会主义有着必然的联系。[《马克思恩格斯文集》（第一卷），人民出版社，2009 年，第 334 页。]

第二点必须承认的是，如果人本质上是善的，周遭环境也没有力量或条件导致或迫使他们犯罪、违反社会法则，那么一个人若做出不利于他人的事，就会认识到并且觉得要责任自负。他不能把自己的过错归咎于他人或环境。一个人若要为自己的行为承担这样的责任，他就会为自己的所作所为责备和谴责自己而非他人。而这么做就是在惩罚自己。

然而一个人是否会承担这样的责任呢？如果这是一个人必须遵守的唯一戒律，有什么理由相信他就会或者有可能把这种自我约束强加于己？他又如何知道自己应该做什么？要回答这些问题，我们必须转向论证的第二步。

马克思设想的根本性变革（例如消灭私有制）的结果之一，就是国家及其法院系统也将被消灭。这样，对人民施以暴力和刑罚的重要手段之一将被超越。同样，强制执行社会约束的一个重要源头也会被清除。不过，必须记住的是在马克思那里，国家被界定为用以压迫从属阶级的一种机构。因而马克思没有以他有关废除国家的论断进一步断言，应当废除权威、合法的权力加诸于人的关系。相反，他只是持信于这种较弱的论断：未来将不再有一个人对另一个人非法使用权力的情形。对个人合法使用权力即权威的情形仍然可能存在。从这个意义上讲，就一些人对另一些人使用权力的合法性而言，马克思完全属于西方哲学的道德和政治传统。他在《资本论》中明确指出：

一切规模较大的直接社会劳动或共同劳动，都或多或少地需要指挥，以协调个人的活动，并执行生产总体的运动——不同于这一总体的独立器官的运动——所产生的各种一般职能。一个单独的提琴手是自己指挥自己，一个乐队就需要一个乐队指挥。[《马克思恩格斯文集》(第五卷)，人民出版社，2009年，第384页。]

甚至在《德意志意识形态》那段田园牧歌式的著名描述中，马克思谈到一个人"随自己的兴趣……上午打猎，下午捕鱼，傍晚从事畜牧"等时，仍然不忘费心指出，还需要社会调节整个生产。[参见《马克思恩格斯文集》(第一卷)，人民出版社，2009年，第537页。]

此外，马克思早先也认为，工场中的权威与社会中的权威是互成反比的。[《马克思恩格斯文集》(第一卷)，人民出版社，2009年，第624页。]因而在资本主义社会中，权威多存在于工场里，而很少存在于社会的其他地方。而且马克思在《德意志意识形态》中指出，就工作而言，共产主义社会中的人们将有很大的选择余地。这似乎意味着，在寻求放松工场权威的共产主义社会中，会有更多的权威存在于社会之中。

就此有人可能会追问，这种权威在共产主义社会将扮演什么角色？它会拥有怎样的力量？然而马克思并没有对这些问题进行推测。例如，他只是评论道：

于是就产生了一个问题：在共产主义社会中国家制度会发生怎样的变化呢？换句话说，那时有哪些同现在的国家职能相类似的社会职能保留下来呢？这个问题只能科学地回答；否则，即使你把"人民"和"国家"这两个词联接一千次，也丝毫不会对这个问题的解决有所帮助。㊲

不过,就我们的目标而言,不必细究马克思从未回答过的这些问题。我们可以在更一般的意义上注意到,未来还会有权威存在,正如上文所述,它们将拥有权力"以协调个人的活动"。但这又意味或包含着什么?既然它是一种非政治性权威,那它就是一种非强制性权威。但若假设有一个人甚至更多的人都不认同权威对实际情况的评估,并拒绝按照提议开展活动,那么怎样呢?能对他们进行审查吗?可以对他们实施制裁吗?如果可以的话,这与刑罚有何区别?

我认为,马克思对此的回应包含两方面。首先,没有理由认为,在总体计划已被制定出来且社会已达成一致前,所有人都必须盲目认同别人的提议。马克思承认,为满足某一群人的社会需要,对于总体上应该如何抉择才是最佳,可能会有分歧和争议发生。如果上述问题表明,在共产主义条件下这不可能发生或是难以置信的,就会产生误导作用。其次,在总体计划和决议达成一致后,马克思显然并不认为社会约束的问题就会出现。他列举了两方面不同的依据。其一是 19 世纪初各种合作运动所取得的经验:

> 对这些伟大的社会试验的意义不论给予多么高的估价都是不算过分的。工人们不是在口头上,而是用事实证明:大规模的生产,并且是按照现代科学要求进行的生产,没有那个雇用工人阶级的雇主阶级也能够进行;他们证明:为了有效地进行生产,劳动工具不应当被垄断起来作为统治和掠夺工人的工具;雇佣劳动,也像奴隶劳动和农奴劳动一样,只是一种暂时的和低级的形式,它注定要让位于带着兴奋愉快心情自愿进行的联合劳动。[38]

这些"伟大的社会实验"之所以意义重大,不仅仅因为上述原因,还因为它们是不具有对立性质的权威、监督的实例:"在合作工厂中,监督劳动的对立性质消失了,因为经理由工人支付报酬,他不再代表资本而同工人相对立。"[《马克思恩格斯文集》(第七卷),人民出版社,2009年,第436页。]这些实验使马克思有理由相信,人们在共产主义条件下可以协同合作,共同生活和工作。

依据之二来自当代革命行动和革命团体的经验。例如马克思认为,巴黎公社至少部分地证实了他的观点。诚然,不能认为公社已经实现了共产主义社会。尽管如此,马克思还是迫不及待地指出犯罪率的下降,人们也能安全地行走于街头了:"公社简直是奇迹般地改变了巴黎的面貌!……尸体认领处里不再有尸体了,夜间破门入盗事件不发生了,抢劫也几乎绝迹了。事实上自从1848年2月的日子以来,巴黎街道第一次变得平安无事,而且不再有任何类型的警察。"㊴

据此可见,在对上述问题(pp.192-3)的回应中,自我约束将得到社会权威所要求的约束的支撑。这些权威本身就是现代共产主义社会运行所必需的。不过这种社会约束是非强制的,并且是非暴力的。它不再包括或使用刑罚措施。然而,关键还在于自我约束不是简单自为的。社会权威至少要告知其责任所在。但是这样的话,一个人如何才能担起自己的那些不承担就会导致自我惩罚的责任呢?这难道不仍然是一个意义重大的问题吗?马克思观点的第三部分为此提供了答案。

马克思明确认为,这一问题不会出现,因为生活在共产主义社会中的人们的意识和具体的自我认同会被有效地改变:"当然,个人关于个人间的相互关系的意识也将完全是另外一回事,因此,它既不会是'爱的原则'或dévouement(自我牺牲精神),也不会是利己主义。"[《马克思恩格斯全集》(第3卷),人民出版社,1960年,第516页。]在此我们谈到马克思的自我概念,及其与他人和共产主义社会的关系。这是马克思思想的基础,也是他自由伦理学的精髓。

正如我们所见,马克思认为:"个人怎样表现自己的生命,他们自己就是怎样。"[《马克思恩格斯文集》(第一卷),人民出版社,2009年,第520页。]现在看来,他们怎样表现自己的生命,取决于劳动条件等。在共产主义社会,个人能够多方面地发展自己。由此使个人的全面性(universality)得到发展:"例如一个人,他的生活包括了一个广阔范围的多样性活动和对世界的实际关系,因此是过着一个多方面的生活,这样一个人的思维也像他的生活的任何其他表现一样具有全面的性质。"[《马克思恩格斯全集》(第3卷),人民出版社,1960年,第296页。]也就是说,个人的全面性是在共产主义社会中获得实现的。人不再是表征资本主义社会的片面的、有限的、原子化的存在,而已成为一种全面的存在。这对于个人之间以及共产主义共同体成员之间普遍实现利益和谐意味着什么,已在第四章有过讨论。

然而正是个人的这种全面实现,最终为自我约束和自我惩罚的概念提供了合理性。必须记住,如果狭隘的、片面的、利己的资产阶级自我是由资产阶级社会造就的,共产主义社会就应该产生一种截然不同的自我。惩罚自己的自我不是一种与他人或社会存在根本冲突的自我。这种自我不是"指望使别人产生某种**新的**需要,以便迫使他作出新的牺牲,以便使他处于一种新的依赖地位并且诱使他追求一种新的**享受**,从而陷入一种新的经济破产。(它不是——本书作者注)……力图创造出一种支配他人的、**异己的**本质力量,以便从这里面获得他自己的利己需要的满足"。[《马克思恩格斯文集》(第一卷),人民出版社,2009年,第223页。]简言之,它不是一种在与他人的对立中界定自身的自我。毋宁说,它是一种积极地从与他人的相互支持和合作关系中获得认同的自我。马克思专门以男人对妇女的关系为例,充分说明了这种认同:

男人对妇女的关系是人对人**最自然的**关系。因此,这种关系表明人的**自然的**行为在何种程度上是**合乎人性的**,或者,人的本质在何种程度上对人来说成为**自然**的本质，他的**人的本性**在何种程度上对他来说成为**自然**。这种关系还表明，人的**需要**在何种程度上成为**合乎人性的**需要，就是说，**别人**作为人在何种程度上对他来说成为需要，他作为最具有个体性的存在在何种程度上同时又是社会存在物。[《马克思恩格斯文集》(第一卷)，人民出版社，2009年，第185页。]

就一个人认同他人，也在与他人的关系中寻得对自己的认同而言，别人之为人，也成为人的需要。人直接受到自己的行动对他人的需要和利益所产生的结果的重要影响。在此情形下，我们——我们所有人——都"以（某种——本书作者注）强烈的、怜悯的（pathetic）和重要的方式意识到彼此"[40]。

可见，把马克思认为自我惩罚意味着没有社会约束发挥作用的自我约束这一观点描述成"可疑的假定"[41]，是错误的。正如我们（在上一步论证中）所见，共产主义社会仍然存在权威和社会约束，尽管是非强制和非暴力的。但更重要的是我们还必须认识到，在共产主义社会中，既然人们紧密相连，又对彼此有所认同，因而认为人们彼此形同陌路——"事不关己，高高挂起"的这种看法是不正确的。人们彼此相互关联——这不仅是就他们的利益和所遇问题而言的，而且就其制定社会运行所依据的总体规划和决议来看也是如此。因而，尽管他人在评价和批评一个人的行动时可能颇有微词，但是这些考量并不构成强迫、限制或暴力行为。公开批评和揭露一个人的不端行为——这个人会面临自我批评和自我惩罚——可能在这样一种制度中发挥重要作用。他人的那些批评是否构成对人的自由的侵犯，将取决于人所拥有的自我认识的限度或广度。如果人的自我被认为是有限的，局限于自己的身体和私人体验，那其他的一切都将构成侵犯。另一方面，如果人的自我在共产主义条件下得到全面实现，如果一个人认同他人，认同他们的需要和利益，那么邻居或朋友的需求就会像胃功能的需求那样,不再被感受为是一种不合理的冲击。正如自治不是以牺牲他人为代价实现的,自我惩罚也不是我排斥他人的行为。

作为结论,我们可以考察一下对上述理解经常提出的两种反驳意见。首先,有人反驳称,这样一种理论可能只适用于同质性小群体。在这些群体中,紧密关联在一起的人们对彼此的迫切需要,可能是自我克制和自我惩罚的基础。然而在一个庞大的、文化多元的、流动的社会里,这一理论甚至连这种合理性都丧失了。文化的多样性削弱了一个人需要另一个人的迫切性,从而也削弱了可能对自己行为施加的限制。㊷因为在这样一个现代社会里,人们的流动性更强,他们"对行为的对与错有更加流变的、多样的信念",对他人则不再那么敏感,同时也不那么害怕在公开场合丢人和蒙受耻辱。故此,他们的责任感也就不比从前。㊸

这一批评低估了马克思设想的社会变革的根本性。它事实上预设了一种多元化自由社会的持续存在。相反,马克思直接把共产主义社会设想为一种世界意义上的社会(a world society),并不包含现存的许多民族的、文化的和社会的壁垒及多样性。马克思写道:"工人没有祖国。"[《马克思恩格斯文集》(第二卷),人民出版社,2009年,第50页。]"各国人民之间的民族分隔和对立日益消失。无产阶级的统治将使它们更快地消失。"[《马克思恩格斯文集》(第二卷),人民出版社,2009年,第50页。]代替不同文化的和民族的文学的,将是一种世界的文学。[《马克思恩格斯文集》(第二卷),人民出版社,2009年,第35页。]种族差别也将不仅不为人所承认和接受,而且会被消除:"甚至连那些……天然产生的类的差别,如种族差别等等,也都能够而且必须通过历史的发展加以消除。"[《马克思恩格斯全集》(第3卷),人民出版社,1960年,第498页。]实际上马克思是指,我们必须把世界变成一个全球性共同体,或(就像如今有人在非马克思主义的语境下所提到的)地球村。马克思朝此方向努力的动机和理由是,他认为:"要使各国真正联合起来,它们就必须有一致的利益。"[《马克思恩格斯文集》(第一卷),人民出版社,2009年,第694页。]他致力于消除上述反驳意见所依赖的那些文化的、社会的和自然的多样性。

第二种反驳意见认为,马克思设想的赋予自我惩罚合理性(暂且就算如此)的那个世界或全球性共同体,将形成一种死气沉沉、千篇一律的社会。一旦文化的、民族的、种族的差异被超越,且所有个人都能出于相似的兴趣认同别人,人们就拥有了一个索然无味的世界。作为回应,马克思可能会指出,生活在资本主义社会中的那些人作出这一论断是滑稽可笑的,因为按照他们自己的范畴来看,如此论断与其说是出于道德依据,不如说是出于审美依据的考量。然而,他们自己的理论却又使道德优先于美学。因此,资产阶级不能把这一反驳高举为根本性反驳。此外,如果资产阶级寻求的是多样性,想必资本主义本身就必须受到谴责,因为显而易见,资本主义已然削弱了这世上迄今存在的多样性:

> 资产阶级,由于一切生产工具的迅速改进,由于交通的极其便利,把一切民族甚至最野蛮的民族都卷到文明中来了。它的商品的低廉价格,是它用来摧毁一切万里长城、征服野蛮人最顽强的仇外心理的重炮。它迫使一切民族——如果它们不想灭亡的话——采用资产阶级的生产方式;它迫使它们在自己那里推行所谓的文明,即变成资产者。一句话,它按照自己的面貌为自己创造出一个世界。[《马克思恩格斯文集》(第二卷),人民出版社,2009年,第35~36页。]

既然资本主义正在造就的世界正是千篇一律的,问题就不在于世界是否存在这种单一性,而在于,它将如何组织以及要达到怎样的目的?基于自由组织起来的这样一个正在被以某种方式创造出来的世界,当然要比为生产剩余价值而组织起来的世界更为高级。最后,即便共产主义的世界将具有前所未有的单一性,马克思也仍会反驳称,这种单一性不会是死气沉沉的。死气沉沉的情形只有当人们及其思想和行动受到审查、约束和限制时才会发生。但共产主义是一种拓展人们真正的自由体验的尝试。只有当我们相信人们不再具有创造性、想象力和创新性时，我们才会预见这种单一性是死气沉沉的。但是没有理由相信这种情况会发生。

　　总之，马克思关于共产主义条件下的刑罚思想，为我们认识自由在马克思思想中的根本作用和本质提供了另一种途径。他的观点处于西方思想长河的尽头，尽显恢宏大气。基于他对犯罪、权威和个人认同的本质的观点，人们可以理解他对共产主义条件下存在自我约束和自我惩罚的可能性的坚持。基于他对自由、异化和暴力的观点，人们能够理解他对资本主义的谴责。基于他对历史唯物主义、意识形态和正当性辩护的观点，人们可以接受他的这一论断：对资本主义的谴责不仅仅是建基于另一种适用于西方人的外在理想之上。不论是这其中的哪种情形，我认为他的观点都是西方哲学的组成部分。因而如果有很多人反对他的观点，马克思可能会说，或许是因为这些人在他的作品中觉察到他们自己观点的负面影响和软弱无力，不论这种觉察是何等模糊不清。记住他说过的这句话并非不合时宜："*De te fabula narratur*"——"这正是说的阁下的事情"。[《马克思恩格斯文集》(第五卷)，人民出版社，2009 年，第 8 页。]

第三部分

对马克思的伦理学的一个评价

第七章

道德意蕴与伦理学结论

在科学上没有平坦的大道，只有不畏劳苦沿着陡峭山路攀登的人，才有希望达到光辉的顶点。[《马克思恩格斯文集》（第五卷），人民出版社，2009年，第24页。]

马克思的伦理学是一种自由的伦理学。他对资本主义的批判不依赖任何其他基础。除非理解马克思的自由概念，否则就无法理解马克思的其他观点。我已表明，马克思主义的（Marxist）自由是一个包罗万象的概念，它意指在对自然和他人具体、和谐的关系中的个体的自我决定。它既鼓舞人心又惹人忧心。普遍存在的人类共同体部分地限定了这种自由。不过，它的实现是以阶级斗争、暴力和革命为前提的。个体的自我发展是马克思式的（Marxian）自由的核心。但是个体的自我似乎在其发展中被超越了。马克思的自由概念立足于自路德以来的德国哲学传统中。这一传统的问题在他那里依然存在，尽管他有自己独特的解决办法。事实上，马克思式的自由是对自由概念的延伸和发展，自由概念在西方的道德和政治思想中发挥了近千年的核心作用，即便不是唯一的核心。并且就马克思的伦理学属于美德伦理学而言，他的思想根源可以回溯至两千年前的希腊哲学思想。

然而，对马克思观点的理解也应促成某种评价和评判。可以承认的是，在马克思的思想中很容易发现瑕疵和问题。当然，并非所有在马克思那里发现的或被认为有待揭示的困境都真实存在。因此，以往对历史唯物主义和他的伦理观的简化理解，要么属于误解，要么就是蓄意谋求非难他的思想。

但马克思那里确实存在困境。他没有深入探讨对历史唯物主义进行合理、充分的理解所必需和值得注意的那些细节。他思想背后的伦理学只是隐晦而零碎的。他并没有以他关于自由、利己主义、正义等的观点所需要的方式批判性地阐发或辩护它们。很多人指出，他对共产主义社会的探讨或许更为直接，却也成为败笔。

然而尽管对这类瑕疵和问题的发现构成对一位思想家的部分评价，但这显然无法构成评价的全部。在笛卡儿、康德、休谟或穆勒的著作中也不难发现其薄弱之处。如果仅仅基于他们作品中的过失和问题来评价他们，那我们今天是否还会谈论他们的著作或听到他们的名字，则令人生疑。显然，不能以其失误的总和来衡量这些人。马克思亦然。于是，我们还必须看到思想家身上积极有趣的、富有洞察力的东西。这也是我们必须在结尾这章要做的事。

本书前面的内容分为两个部分：马克思的方法论或元伦理学思想，以及他的规范道德思想。在本章，我也会大致保持这一划分。显然，我不可能对前面章节触及的所有要点的优劣之处都加以探讨。我也不打算讨论和评价马克思关于超越私有财产或劳动分工的各种具体观点，更不用说被归于他的有关历史和经济的不同预言。相反，我会把讨论限定在马克思关于伦理道德的基本思想上，这些思想赋予马克思确有提出的那些要求所可能具有的可理解性。马克思的观点包含很多有趣之处，且可能是富有成效的，同时它们在诸多方面也会令人不安。本章试图把马克思的自由伦学的这两面都展现出来。

一

人们处理道德问题的进路在很大程度上决定其最终结论。对马克思来说，一个人哲学的和（或）科学的方法论必须是系统的、物质的和历史的，才在根本上（at all）具有重要意义。它必须设法把握其研究对象真实的物质表现（material embodiment），而不只是这些对象当下的概念化表达（conceptualization）。而且，批判对象（即现象）不能被分析和理解为静态的、孤立的事物，而必定是动态的、与其他现象相互联系的事物。马克思认为如此一来，人们的方法论进路才能反映并抓住现实或真实的事物，而不是表象的或意识形态之物。

既然自由生活是马克思的终极关怀，我们对人的研究就必须按照人的实际情况，而不是简单依照人在其思想和理论中所构想的自我展开。马克思认为，我们发现人类生活划分为各种角色、权力关系和等级，其动力最终建基于为满足个人需要和需求而产生的那些基本关系之上。在这些关系及其背后的生产力和与它们相连的社会生活形式中，我们还发现历史和道德的发展。其中有些是显而易见的，有些则隐藏在神秘外表之下。然而只有通过对人类赖以生存的这些基本生产现实的考察，我们才能把握自由的本质和条件。这样一种考察——这样一种伦理学——对自由的把握是非常全面的；也可以说对它有唯物主义或自然主义方面的呈现。

由此进路可见，马克思与当代英美伦理学形成鲜明对比。马克思把基本社会关系中的人直接作为考察对象，而当代伦理学则把道德判断和表达道德判断的语言直接作为考察对象。马克思是在人的历史、社会、经济和心理背景下研究人的。当代伦理学对道德语言和判断的研究则一般独立于这些背景。在马克思看来，伦理学的核心问题涉及对人类历史发展中预设的价值的发掘和进一步实现。而对当代伦理学来说,核心问题关心的是"我应该做什么?"①在马克思看来,社会环境和历史背景对于有关人类和社会的理解和革命必不可少。而当代伦理学则一般以对伦理原则进行非历史的理解为(无意识的)目标;人们认为,如果所有心怀善意的人都能一起理性思考,变革就会随之而来。马克思坚持一种广义的、包容的道德观;当代伦理学则坚持一种狭义的、更具约束性的道德观。通过上述多方面的比较,我们可以同时看到马克思思想与当代伦理学思想各自的优劣。我想探讨的两组核心问题正是从这些对比中产生的。

首先,马克思伦理学的一个优势正在于,它指出道德的社会和历史背景发挥着突出作用。有几个方面原因可以支持这一论点。马克思因为专注于道德的社会维度和历史维度,而质疑当代伦理学无意间所作的种种假设——如,道德脱离阶级利益的独立性,个体性的原子化表征,以及人类价值和道德的非历史性。由于马克思的方法促使他对这些假设产生怀疑,因而他的伦理学不太可能只是对现状不加反思的辩护。因此,他的伦理学具有一种潜在的开放性和灵活性。而且由于他对伦理学和道德本身的论述要置于人类生产活动的历史发展背景下理解,所以他的伦理学结论本质上是面向实践的;它们旨在表明,道德变革在这些背景之下能够以及必将在何处发生;它们旨在产生效果,而不仅仅是对社会中的恶进行道德说教。简言之,马克思的进路是有趣且富有成效的,这不只是因为它提出了当代伦理学往往避而不谈的问题,还因为它在激烈的斗争中界定了自身;也就是说,它认为自己不只是在提供另一种道德解释,更是在为经由研究复杂现象本身所提出的实践问题给出具体答案。

我认为,上述每条理由都反映出当代伦理学相应的软肋。有两个例子可以说明这点。在马克思看来,人们在思想和价值观念上可能是错误的,而且是系统性错误——他们可能持有属于意识形态的或是虚假的意识。反之,当代伦理学则普遍认为,如果个人选择由一个"自由、公正、接受普世化（willing to universalise）、概念清晰并了解所有可能相关的事实"②的人做出，那就是合理的。然而，这不是要对这类个人的基本态度的性质、来源和作用提出重要疑问。尽管当代伦理学承认个人可能有错误的信念和价值，这些错误可能是系统性的，并且这种虚假意识可能源于社会结构，但这些都是它很少考虑的可能性。这也不是说，马克思对这一问题的分析没有明显问题。可以用什么标准辨别虚假意识与真实意识？个人同意对于确定其真正的需求或需要起着怎样的作用？需要或需求何时才是"真正的"需求或需要？对于这些问题以及其他相关问题，马克思在理想情况下本应给予更为缜密的考量。而在一个大众宣传、大众传播和其他导向泛滥的时代，对虚假意识以及人们的基本态度、需求和需要的发展过程和本质提出疑问，是很重要的。马克思的伦理学正是致力于此。

同理，由于英美伦理学关注的是独立于社会和历史相关性的道德判断和语言，所以它很少考虑可能被植入这些判断和语言的偏见和价值假设。例如，就当代伦理学的进路而言，语言中存在性别歧视因素的可能性根本不构成一个问题。通用"他"来表示男性和女性有何影响，其道德意涵是什么？这对男性和女性的价值图景有何影响？语言反映出怎样的权力关系？信息在多大程度上作为媒介发挥作用？这些问题不可能在其中得到答案。这足以表明，当代伦理学往往把这些问题排除在外，而马克思理论进路的长处就在于它直面这些问题，由此与当代伦理学形成鲜明对比。因而，我们的语言是否以及在多大程度上带有我们不应据以建构道德的隐性价值和假设，在马克思看来就成为一个问题。我们不能简单接受现有的道德语言作为伦理学最终的试金石。事实上，马克思一度指出我们的语言已遭严重异化，以致现在若以一种非异化的语言表达，则会难以理解彼此：

> 我们彼此进行交谈时所用的唯一可以了解的语言，是我们的彼此发生关系的物品。我们不懂得人的语言了，而且它已经无效了；它

被一方看成并理解为请求、哀诉,从而被看成**屈辱**,所以使用它时就带有羞耻和被唾弃的感情;它被另一方理解为**不知羞耻**或**神经错乱**,从而遭到驳斥。我们彼此同人的本质相异化已经到了这种程度,以致这种本质的直接语言在我们看来成了对**人类尊严的侮辱**,相反,物的价值的异化语言倒成了完全符合于理所当然的、自信的和自我认可的人类尊严的东西。[《马克思恩格斯全集》(第 42 卷),人民出版社,1979 年,第 36 页。]

确实有充分的理由和历史上可以明辨的依据表明,马克思的伦理学与当代伦理学之间存在上述差异。其实当代伦理学大多会认为,上述问题根本就不是恰当的哲学问题,而是属于经验问题,其决定性可能涉及哲学问题,并对规范性推论具有重要意义。如果哲学被界定为一种先验的(a priori)努力,独立并有别于其他研究领域而存在,那么上述看法是有一定道理的。只是马克思以及很多人会对此不屑一顾。在马克思看来,事实问题与概念问题是绑定在一起的。分而视之既是错误的,也是一种异化的理解。因此,哲学或批判不可能仅仅是一项先验的事业。它所涵盖的范围要广得多。伦理学、认识论、美学等都必须超越它们的概念边界,进而触及经验世界,并力求判定它们自身的努力对世界的影响和意义。它们的基本预设必定都是,如果没有详尽了解人类关系、道德和心理进程、制度设置及其强制力,所能获得的理解和提供的答案将是贫乏的。③相应地,哲学作为一个整体,它的理解把握和职责范围会得到拓展。哲学成为一种合理的理解方式,以"现存的现实**特有的**形式"④为始,并以人类总体的各个相互关联的部分和方面的实际影响为终。

现在看来,我不认为要承认比英美哲学体现的视野更广阔的哲学观是可取的,就必须完全接受马克思关于哲学和伦理学本质的观点。把哲学家视为从属性的、先验的计件工作者(pieceworker),可能会使哲学家脚踏实地的同时有着不切实际的想法。但也可能导致其埋头于双脚之间的地界内。尝试对自我和社会有一种更广泛、更包容的认识，总比发现二者都已擦肩而过（have passed one by）要好。马克思的哲学观是对这点的重要提醒。当代伦理学若想挣脱它受人指摘的内容贫乏，就不能仅仅专注于研究道德判断和语言，而不论其历史的、社会的和心理的——即客观存在的——背景如何。因而就此而言,伦理学必须再度变得体系化。它表面上宣誓放弃体系性建构，因为这种体系的建构导致过犹不及。但是它没有因此规避其所身处的,且无意识地从属其中的占主导地位的社会哲学体系。

然而不应认为马克思方法的上述优长没有掩盖其他相关缺陷。由于它使自身关注的是更大的历史图景以及构成自由生活的美德，因而它往往不仅忽视了个人提出的具体道德问题，还忽视了关于道德和道德判断本质的形式或逻辑问题。马克思似乎认为，如果解答了伦理学的物质基础和历史基础的一般问题，有关个人行为的具体问题以及关于道德的形式问题就会自行解决。然而事实并非如此。由此，以下这三个方面值得注意。

其一，马克思的伦理学需要得到补充，以回应个人提出的具体问题。对于尚未成为共产主义社会成员⑤，却又无法在道德层面上接受资产阶级社会的个人而言,这就尤为必要。然而即使假设已经实现共产主义，因而在此前提下的个人是自由的,也仍然存在具体的道德问题，而且对此马克思提供的帮助甚微。例如，当两个人的重要利益因个人自身有限的时间或资源而发生冲突时，作为自由人应该怎么办？他该如何在二者之间做出决定？对于堕胎、子孙后代的需要以及利益的亲疏远近，他应该如何看待？马克思的方法论没有引导他提出或尝试回答这类问题。这是马克思伦理学的一个明显的疏漏。因此，存在主义者、现象学家甚至分析哲学家尝试把回应个人提出的具体问题的一些方法，融入对马克思主义的解读中，或作为对马克思主义的补充。20世纪初出现的试图以康德来解读马克思的方式，也属于其中的一种举措。

其二,既然马克思在这方面所言甚少,解释的余地就会很大。由此,马克思思想的这一特点使其陷于庸俗化和蛮横无理的解读中,陷入为复杂问题编造简单、不恰当的(unfortunate)回应中。马克思本人在一定程度上应对此负责,因为他对这些问题没有给予足够关注。

其三,马克思没有注意到有关个人道德问题和现象的各种逻辑上的微妙之处和复杂之处,而它们很大程度上可能有助于澄清他的相关思想。黑格尔和马克思都反对康德伦理学纯粹形式的特征。马克思似乎假定,人类社会走向共产主义的历史发展,将在物质层面上体现康德重点强调的普遍性的形式要求。由此,马克思考察了人类的历史发展和物质发展。然而无论这些考察多么重要,都无法替代伦理学同时应该给予我们的对道德和道德判断的形式分析。我们需要分析道德上善的或合乎道德的事物在什么意义上适用于所有人,分析与道德不相容的种种决定性,以及人们可能为自己的行为辩解和辩护的各种诉求。这很少为马克思所明确揭示。此外,他对诸如自由、需要、剥削、和谐、阶级、合作、合理性等非常基本的概念,本应或者至少本可以有更为具体的分析,这非常有助于澄清马克思自己的观点,同时保护它们免受其所经常遭受的腐化之害。如果马克思有提供这样的分析,他在晚年很可能就不必再无奈地说"我不是马克思主义者"⑥了。

二

马克思的进路与当代伦理学之间的鲜明对比,通常还体现在另一方面。马克思的论点是,那些可以或应该用来衡量人的标准,必须源于对人本身的研究。在某种意义上,它们必须是人内在固有的,而非外在于人的。由此,马克思继续了对曾经非常困扰康德的人类自主性的关注。与康德不同,马克思认为道德标准不是先验地从理性本质推演得来,而是源于历史上不断发展的社会中的人的本质和经验。康德在其伦理学的建构中规避了这种人类学，而马克思的伦理学则有赖于哲学人类学和历史人类学。

但是正如我们所见，这种自然主义或人本主义的伦理学进路，与我们已经看到的事实与价值、"是"与"应当"二分的问题相悖，这一恶名远扬的问题在过去两个世纪一直困扰着伦理学。马克思显然意识到了这个问题。同样显而易见的是，他认为自己已经回避抑或解决了它。同黑格尔一样，马克思认为，哲学或科学(至少部分地)具有克服对立、对抗和冲突的特征。他们相信"是"与"应当"的二分属于已经克服的对立之一。

马克思的解决方式是多方面的。马克思指出，我们的思想、观察和语言的范畴本身就饱含着理论和价值。关于现实，不存在脱离人的需要和价值的"中立的"理论表征。我们所了解的现实只有通过我们生活在其中的社会生活形式才能被认识。因而，不存在是与应当的明显区分。毋宁说，人的应然状态是在人类影响下的历史发展中被发现的。正是在这个意义上，马克思指出，理论问题(诸如是与应当的问题)只能在实践中得到解决，并且在共产主义中我们看到了这些问题的解决。马克思的论点是，对人类及其发展历程的正确描述表明，自由正如他所界定的，是人类的目标。马克思的意思是说，道德及人类的基本价值具有历史基础和物质基础，这不仅仅是它们的实现条件，还是其有效性的基础。可见，他对人类历史和发展的描述**正是**对其伦理学的证明。

这种证明伦理学论断以及克服是与应当问题的方式，无疑会使当今的很多伦理学家颇有微词。他们会说，事实可以从价值中分离出来；描述性陈述与规范性陈述在逻辑上截然不同。马克思根本是把二者混为一谈。他把规范性陈述伪装成描述性陈述。而基于**二者的**构架来看，它们对社会历史发展的诉求显然也不是直接相关的。特别是在他们看来，要解决是与应当的问题，有两种做法可选。一种是可以诉诸各种逻辑技巧，然而这些技巧无法提供令人满意的解决办法。另一种正如有人可能认为的那样，伦理学论断的证明有赖于"能够决定智力的"⑦因素或措施。因此,对伦理学的证明被置于个人和智力的层面上——马克思会认为这属于主观主义和唯心主义的层面。

现在看来,如果马克思的伦理学框架和他对人的描述是正确的,那么前面的反驳意见就是错误的。马克思的伦理学就会得到证明。类比分析或许会有帮助。如果对樱桃树本质的恰当描述正如它在果园中存在的那样,那么似乎顺理成章可以推论:应该以某种方式对待它——比如,照料它以便使其结出成熟的樱桃。同理,如果我们把人类历史视为一系列连续的阶级斗争和生产方式变革,并且按照马克思采用的范畴来看,这些斗争和变革在人类发展过程中是相互联系和不断进步的,那么似乎就会得出结论认为,人是一种应以某种方式对待的存在——如,被允许自由地生活和行动。正如第三章所指出的,也许有人反驳道,即使人类就是这样发展起来的,也仍然应以不同的方式发展和对待。我们不能对这一反驳视而不见。不过,**如果**一个人确实认可马克思的历史观,这一反驳就必定只不过是句空话。也就是说,如果我们能够确定,在人类发展中有某些价值预设,现存社会在对这些价值的发展中体现为某种形式,并发现自身被引向在另一个全新的社会中进一步发展这些价值,同时这些价值不包括种族主义、种族灭绝以及普遍不信任等诸如此类的极端倾向,而是包含普遍友爱和自我决定等这类价值。那么,尽管可能有人反驳称人类应该有其他发展方向,应以其他标准接受评判,这一反驳也只会成为无的放矢。

于是,马克思与当代伦理学家之间存在的问题,就变成我们应该采用哪种框架看待道德的问题。当然,关于马克思式的框架有很多可以毛遂自荐之处。例如它深信,我们眼中的道德问题在本质上与社会其他方面是相互联系的,以生产活动为中心的社会各方面对社会性质具有普遍的、归根结底的重要作用,我们必须在历史的背景下看待道德问题,这些都是它值得推荐的理由。当代伦理学在这些论域中也暴露出自身的无力和浅薄。尽管如此,马克思关于历史和社会的论述显然也引发了严峻的问题和疑惑。首先,随后发生的历史使马克思论述中的很多具体方面变得令人生疑:如无产阶级革命的迫切性、工人阶级抵抗和平演变的能力,或许还包括资产阶级化、资本主义制度的顽固不化。在以上每一方面,当代社会的历史发展都对马克思的观点提出重要问题。由此使当代的马克思主义者不仅必须拒斥通常与马克思的名字联系在一起的某些观点,还不得不修正和调整马克思提出这些观点的依据。

除此之外,马克思对历史、社会和伦理学的论述还有一个更为基本的问题。起初,马克思以一种包罗万象的方式阐述了他对人类历史发展的观点。后来,他越来越多地把它限定在欧洲,继而限定于西欧。而要使其伦理学具有他所认为的普遍有效性,就必须证明,人类在世界其他地区的历史发展同样支持他的伦理学。也就是说,由于马克思认为每个社会(或统治阶级)所宣称的都是道德的,那么除非他同时认为,在人类发展中存在一系列相互联系的社会,否则就不能说可以作出更高级、更普遍的道德判断。他的伦理学似乎需要一种人类普遍的历史发展的理论。然而马克思没有为这样一种理解提供令人信服的论据,他能否做到这点也是值得怀疑的。甚至就此来看,他的现实主义也愈发与他的伦理学基础发生冲突。而且即便是对西方世界而言,也不甚清楚马克思的具体论述是否可信。比起如今作此假定的可能性来说,马克思更容易(以19世纪的良好风尚)假定人的完美性和社会发展的进步性。如果把马克思生活中的事例与当前相应的事件比较来看,这点就会得到凸显。据说马克思曾非常兴奋地注意到一辆正在展览的电车,并惊呼政治革命一定会随这样一种生产力的创造而产生。⑧人们有理由怀疑,他如今还是否会对最新演示的核反应堆有同样反应。当今生活以技术、人类价值、社会制度与政治制度之间关系的复杂性和不确定性为特征,这对19世纪的乐观主义提出挑战。在马克思的时代,落后的生产力和技术有望推动社会重建。而在我们的时代,生产力和技术却成为破坏任何社会重建的威胁。这一对比虽然过于简单化,但也至少表明,仅仅更多、更强大的技术就对解决社会基本问题具有至关重要性,已不再是明确可见的。同样无法明确的是,我们是否生活在一个具有进步性的历史运动中。

这就需要重新思考马克思关于历史发展的本质及其与伦理学的关系的观点。⑨可能最有理由选择的方向是,把对马克思主义伦理学的证明建基于对人类利益的理解之上,包括对人的能力、才干和天赋的实现。它拒斥伦理学的任何宗教基础或权威基础,同时会以"人是人的最高本质"[《马克思恩格斯文集》(第一卷),人民出版社,2009年,第11页。]这一观点作为基本前提。这一前提的依据可以从人的目的性和价值创造中找到。如果没有这些范畴就无法设想人类的话,那么人实现自己设定的目的和目标并在此过程中发展自我,就有理由作为伦理学的一个非任意性(non-arbitrary)客观基础。这一观点可以允许并将寻求发现我们自我概念的变化。它也敏于对人类关系的历史发展的理解,以及道德行为的心理性和遗传性决定因素。因此,它不需要简单地把马克思寻求的客观主义根基换成主观主义基础。显然,为使这一伦理学充实起来还需做得更多。在此不可能进行这一尝试。毋宁说,目前的关键在于指出马克思主义伦理学可能的走向,即把马克思为其观点提供的历史约束(historical sanction)视为多余的黑格尔式包袱(excess Hegelian baggage)。对于传统马克思主义者而言,这很可能属于异端邪说,但马克思所表达的道德观确实带有一种冲击力,就算没有他提供的历史分析,也可能是言之有据的。这种修正性观点仍然可以是针对阶级斗争而言的,它可以对一个社会的生产方式赋予特殊的重要性,或许它还能在从封建时代走向近代的欧洲社会中看到自由的逐步推进,由此使这一观点仍然有理由能被称为是马克思主义的。但它不会对全人类提出同样的普遍性历史论断。这无疑在很大程度上改造了马克思主义,特别是马克思的历史唯物主义。但是它可能为马克思伦理学的发展留下重要素材。而且这样做的好处是，不会使人误以为，马克思认为世事的某些变化是不可避免的——甚至可以坐享其成。在人们认识到自身的历史处境具有局限性的同时，变革的重任可能直接落在他们肩上——而不是由历史承担。最后，它会避免马克思把历史按阶段划分并以共产主义作为最终阶段的倾向。关于历史发展最终阶段的整个思想提出了不可避免的显著问题，马克思主义伦理学最好避免这些问题。

总之，任何论证或证明的起点都必然带有某些基本的前提预设。这自柏拉图和亚里士多德以来早已司空见惯。马克思对"非任意性前提"的论述表明他是承认这点的。接下来的问题是，哪种（马克思的还是当代伦理学的）进路可能使我们走得更远，增进对道德生活和自由生活的了解？坦白说，这个问题很难回答。但是显然，马克思的进路会毛遂自荐。首先，它促使我们认识到道德价值的系统性，即道德价值不仅事关个人，也属于社会性事务。其次类似地，它还促使我们看到社会中善与恶的相关性——如果不经常触动一个社会特有的结构，就无法直接消除恶的条件。最后，它促使我们认识到，道德变革不仅仅是意志的问题，更是一个有关社会的、物质的和历史的力量的问题。在这些方面，马克思的伦理学有很多可荐之处。不过，考虑到马克思伦理学存在的不足，接下来显然仍需对马克思伦理学的方法论进行实质性反思和修正。

三

如何看待马克思的自由观？很难把马克思的自由观与当代的自由观作比较，因为并不存在明晰、统一的当代自由观。其所包含的观点庞杂。不过，我们可以根据种种共性问题、批评以及当代自由观一般具有的典型特征，来讨论马克思的自由观。那么由此看到的马克思的自由观是怎样的？

首先（人们）可能会注意到，最近的讨论已取得一些一致意见，马克思也会认同它们。例如,现在人们一般认为,限制自由的行为不一定是蓄意而为的。对此,J.S.穆勒和以赛亚·伯林似乎是不确定的。⑩然而马克思并非如此。正如多数当代人所理解的一样,他很清楚,一个人的自由可能会受到他人有意无意的行为和影响的阻碍或限制。这一观点很重要,因为它承认,阶级关系、制度以及由人类活动等所产生的类似的意外后果,都可能对人的自由构成干涉。其次,马克思也认可多数当代人的理解,不认为任何一种无能为力都构成自由的缺失。正如第四章所指出的,没有理由相信马克思不得不认为,如果一个人无力或没能实现其所可能拥有的随便什么愿望,或在更一般的意义上说,未能实现一个人可能具有的每一种能力,就必然构成这个人是不自由的依据。最后,如果自由被界定为做自己想做的事情的能力,正如传统自由主义和穆勒式的自由观所坚信的那样,则或许有人会反驳,人还可能通过减少自己的欲求来相应地增加自由。因而一个人无欲无求或者仅仅面壁而坐就是自由的,甚或是最自由的。带着锁链的奴隶将会是自由的,只要他情愿由别人来决定他的生活,并热爱他的锁链。但这一切听起来都是反直觉的。这是一种常被归于苦行僧、斯多葛派和佛教徒的观点。这也是马克思和当代自由观都拒斥的观点。自由不是通过退居洞穴、放弃人可能拥有的任何欲望来实现的,而是通过满足甚至发展自己的欲望实现的。在这一问题和前述问题上,马克思的观点与当代的理解似乎是一致的。不过,现在让我们来考察二者之间似乎存在分歧的一些问题。

在当前的讨论中,有三个不同的重要问题可以用来考量马克思的自由观。它们是:(a)积极自由与消极自由之间的区别;(b)关于自由的论述的广义性或狭义性;以及(c)关于自由的论述所假定的个体自我与他人的关系。我将在本章的其余部分对此逐一进行探讨。

近来,伯林使得积极自由与消极自由之间的区别备受瞩目,这个问题极大激发了当代关于自由的讨论。消极自由是在回答如下问题时所涉及的那种自由:"主体(一个人或人的群体)被允许或必须被允许不受别人干涉地做他有能力做的事、成为他愿意成为的人的那个领域是什么?"⑪简言之,消极自由是不受强迫、免受他人和人类制度干涉的自由。而积极自由涉及回答的问题是"什么东西或什么人,是决定某人做这个、成为这样而不是做那个、成为那样的那种控制或干涉的根源?"⑫积极意义上的自由就是拥有自主性和自我控制力,是自我主导的,是参与控制自己生活的过程。⑬

伯林的区分在此之所以很重要,有两方面原因值得思考。首先,这一区分本身对于帮助我们理解关于自由的论述具有重要意义。在伯林看来,马克思的观点代表积极自由而非消极自由。其次,考虑到积极的自由观会助长欺凌、专制和暴政,它由此被认为是一种危险的观点。原因在于,代表自主性的积极自由概念暗示了一个人的真实自我与经验自我之间的区别。真实自我的目标是理性的自我控制,而这却不一定是经验自我的特征。但这既然是每个人的真实自我的目标指向,积极自由的支持者就会觉得,有理由把他们认为是满足人的真实自我的目标强加于日常的经验自我。此外他们还宣称,人的目标指向其实就是真实自我要他们去做的事,尽管他们在愚昧状态下会有意识地抗拒。他们的经验自我可能对其真实自我知之甚少,但真实自我却是唯一值得将其目标考虑在内的自我。那些拒绝被迫接受这些目标的人,对自己真实目标的性质、理性的自我决定存在误解、感到迷惑,因而有理由受到约束。伯林由此推断,一旦一个人接受这种观点,他就会"无视个人或社会的实际愿望,以他们的'真实'自我之名并代表这种自我来威逼、压迫与拷打他们,并确信不管人的实际目标是什么……它们都必须与他的自由——他的'真正的'、虽然常常是潜在的与未表达的自我的自由选择——相同一"⑭。

乍看起来,伯林似乎正确地把马克思的观点视为对积极自由的例证。例如,马克思曾明确认为,可能必须对一些社会成员采取强制措施,以克服他们对共产主义的反对立场。就此而言,他会认为人们可能被迫获得自由。其次,自我决定和意识形态这两个马克思自由观的核心概念,似乎也符合伯林对积极自由的描述。例如,人们可能因为拥有作为意识形态的意识或虚假意识,而抗拒尝试实现那种允许他们自己理性的自我决定发挥作用的社会。最后,马克思本人区分了政治解放与人的解放。前者等同于各种政治自由和权利——如言论、集会、私有财产和宗教的自由。这些自由构成个人应受保护、个人活动不受他人和国家干涉的领域。然而马克思批判这些自由是资产阶级或由利己个人组成的市民社会所特有的。与这些自由相对,马克思捍卫的是人的解放,它宣扬个人有做某事的自由,或者更一般地说,拥有过某种生活的自由。这里说的不就是马克思本人在积极自由与消极自由之间作出区分,并对前者表示认同吗?!

然而从本书第二部分的讨论应该清楚可见,马克思的观点不仅不符合伯林对积极自由的描述,还会对他这一区分的合理性提出质疑。一方面,虽然马克思确实关心个人理性的自主性或自我决定,但他探讨这点的语境是把个人从来自资产阶级的压迫、阶级关系中解放出来,以及从不受人类或共同体控制的自然,从金钱、劳动分工、城乡分化和私有财产中解放出来。要想迫使马克思简单就范于积极自由的范畴,需要付出普罗克拉斯提斯式的(Procrustean)巨大努力。就伯林的区分而言,马克思显然**既**关心积极自由,**也**关心消极自由,二者都是他自由概念的组成部分。另一方面,虽然马克思确实认为,有些人对他们目前所处的社会关系及其应该如何生活感到迷惑,有些人可能被迫放弃他们的资本主义生活方式,但是他**没**有在人的真实自我与经验自我之间作出区分,也没有试图把前者强加于后者。[15]换言之,马克思不认为自由、自主性或自我决定的概念会导向自我的二分,以致使每个人理性自我的部分实际上竭力实现着遭其经验自我的部分所抗拒的状态。

因此,马克思没有走出(在伯林看来是)迈向积极自由的这危险的第一步。相反,马克思是以对个人自由的准许程度来衡量资本主义和共产主义的。在马克思那里,没有论断表明他所强烈要求的是,人们的真实自我真的想要却又受阻于经验自我的东西。马克思更是坦诚地认为,有些人可能真的想要资本主义的生活方式,但是基于他自由的伦理学来看,他们是错误的。这一想法的展开完全符合西方伦理学和社会哲学、政治哲学的传统。从这一本质上主要是客观主义的传统看,人们对自己的道德价值和生活方式很容易产生误解。因此,对顽固不化的个人强制推行客观的道德标准,是有道理的。此外,在这一传统看来,有观点认为既然强加于这些个人的是客观的和合理的东西,如果他们更加理性的话,那么这才是他们真的想要的,这种看法也并非完全不合常理。这一传统重要的不同之处在于,它通常不会认为,在人们的自我之中有一部分是更真实的,它被迫去做的正是它实际上和眼下想做的事。我认为马克思属于这一传统,而不属于某种花样迭出的传统,在它看来人们没有做他们真的想做的事。

可见,马克思不是很适合归入伯林称之为积极自由的传统。马克思所说的人的解放,实际上包括人摆脱资产阶级社会所特有的各种阻碍和限制的自由。伯林认为"这种难以置信的模拟(impersonation),是所有自我实现的政治理论的核心:把 X 是另外一种样子或至少不是现在这种样子时可能选择的东西,等同于 X 实际上寻求与选择的东西"⑯。这一看法也不符合马克思的论述。马克思可能相信他知道什么对资本家是最好的,但他不认为资本家真的想要的,就是他相信对他们而言最好的东西。由此必须指出,伯林对马克思观点的危险性认定是错误的。而且,区分积极自由与消极自由对于帮助我们理解和定性马克思的自由观,似乎也没有多大价值。最好能认识到,马克思在这个具体问题上持有统一的自由观。伯林所定性的积极自由与消极自由, 只不过是马克思自由概念的两个不同的方面和面向。伯林一开始就错误推定,既然用以定性积极自由和消极自由的两个问题在逻辑上截然不同,因此这些问题的答案必然指向两个不同的事物或概念。⑰然而这是无法推论得出的。"纽约港最大的雕像是什么?"与"法国在 1886 年赠予美国的著名的礼物是什么?"两个问题虽然在逻辑上截然不同,但它们指的是同一件事,有着相同的答案。同理,伯林的两个逻辑上截然不同的问题,不一定就指向两个不同的自由概念。一旦我们认识到上述这点,同时考虑到马克思有观点认为,导致人们无法实现伯林所谓的积极自由的诸多原因如蒙昧无知、私有财产、劳动分工,实际上要归咎于他人有意或无意的作为或不作为,那么伯林认为存在两种不同的自由概念,就变得不那么可信了。因而其实也没有理由认为,马克思的自由观无法适用麦卡勒姆关于自由提出的三位一体的关系模型。麦卡勒姆认为,自由"始终是某人(一个或多个行动者)**的**(of)**摆脱**(from)什么,**去**(to)做或不做什么、成为或不成为什么的自由"⑱。因此在马克思看来,可以认为自由事关个人(和/或共同体)摆脱各种事物——私有财产、劳动分工、金钱、强制性法律等——从而使其能够是自我决定的,具体地完成自我对象化,并与他人和谐共处。把马克思式的自由观纳入这种三位一体的论述中来理解,似乎没有什么问题。由此也就不需要伯林的区分了。可见,在当前关于积极自由与消极自由问题的讨论中,马克思会站在认同这一区分无甚裨益的那边。

四

就自由的广义性或狭义性问题而言,马克思的观点不仅与认可不同自由概念的人们大相径庭,也与坚持统一自由概念的人们截然不同。正如我们所见,马克思的自由观具有异乎寻常的包容性。在马克思看来,人的能力和天赋的发展、自主性和具体的自我对象化等诸如此类的各种特性,是实现人的自由的重要组成部分。然而当代的理解大多会拒斥这种包容的自由观。自由被视为诸多价值之一。对于自由的一种可接受的解释,必须承认它会与诸如正义、友爱、团结等其他价值相抵触或冲突。

有两条具体的反对意见，会为认为马克思的自由观宽泛得难以接受这一观点提供支持。例如有人认为，既然对人行为能力的剥夺并不构成自由的减少，那么把人的能力发展包含在对自由的理解中就是错误的。还有人为此辩护说，如果一个人背部中弹，尽管他被剥夺了行走能力，但他并不因此丧失行走的社会自由。[19]因而有人说，"'故意剥夺能力'和'干涉自由'这两个术语所指不同"，对自由的恰当理解不会指向能力。[20]

类似地，有人认为，被马克思等同于自由的自我决定或自主性，并没有反映我们通常所说的自由。试想下为了维续自己的恶习而被迫偷窃的瘾君子的情形。"这个瘾君子很少表现出或者根本没有理性的自主性，但他仍然有从事非法活动的社会自由；事实上，这正是执法人员所面临的问题，他们至少必须设法使他暂时没有这么做的自由。"[21]可见，理性自主性的丧失很可能导致（但并非构成）我们通常设想的不自由。因此从上述任何一种情形看，自由概念都必定要比马克思所认为的更加适度、包容性更低。

对于这些反驳意见，马克思可以恰当地给出三种不同回应。首先，在提出一种自由理论时，遵循日常用语的要求不是绝对重要的。马克思会说，日常用语的要求可能是多样化的，还可能是异化的。关于自由的理论应使我们超越日常语言所体现的思想水平。因此，即使日常语言暗示了一种狭隘的自由概念，我们也不必严格遵循这一概念。

其次是对上述两条反驳意见的考量。现在看来，能力是否属于自由观的组成部分这一问题可能并不重要，因为如果能力被视为是享有自由的必要条件，即使不是自由本身的必要特征，我们也仍然希望确保人们具备这些能力，这在某种意义上是正确的。[22]不过，我们确实仍然有理由把能力包含在对自由的理解中。如果自由不是被人为地概念化（并因此被狭义化）为消极自由，而是理解为一个行动者**摆脱**什么、**去做**什么或者成为什

么的三位一体的关系,那么一个人在做什么或试图成为怎样的人时所运用的能力,就是自由概念的一部分。它们不仅仅是自由的条件。自由意味着拥有和运用一定的能力。即使穆勒对自由的界定在传统上被认为是狭义的"消极"自由观的集大成者,他在阐述自己的自由观时也指出,人的能力发展以及更一般意义上的个性发展即便不是他观点的核心,也是至关重要的。因此,可以用一种略微不同的方式勾勒出上述反驳中的例证。更确切地说,假设我受缚于锁链之中,现在有人过来解开我的锁链,并告诉我可以自由离开——但是当我离开时,他朝我背后开枪,使我不能再走路。那个人只是剥夺了我的行走能力——还是同时也剥夺了我行走和离开的自由?显然他都做到了。他剥夺我行走能力的同时,也就剥夺了我的自由。在这种情形下,获得自由就是能够走开。同理,一个因枪伤致残的人可能会对一个没有伤残的人说:"你可以随意自由出入!而我被困在这轮椅上。"由此是否能推论,对任何能力的剥夺都是对自由的干涉,就不那么清楚明白了,在此也无须辨明。但是显而易见,认为获得自由包括拥有和运用某些能力的这一观点,并不像有些人要我们相信的那样不合情理。

  上述第二条反驳意见似乎也是不正确的。它认为自由完全外在于被视为自由的个人。自由是由他人或国家"赋予"一个人的。既然外在的社会环境仍然允许这个人做些事情——假定这就好比说他有自由一样——那么这个人本身就被认为是自由的,虽然他没有自主性或自我决定性。然而相反的情形是,一个瘾君子由此被强迫或强制以某些方式行事则是不自由的。仅仅因为他在其他方面是自由的,不意味着他在成瘾的情形下也是自由的或者自主性不构成自由的组成部分。其实人们还必须注意到,基于现有的反驳意见来看,受焦虑、恐惧和猜疑困扰的人因为有社会自由或政治自由而是自由的。现在看来,这样的个人当然可能有一定的社会自由,但这只是表明,拥有这些自由不足以说明这个人在其他方面也是自由的;它甚至意味着,社会自由(即政治自由)不足以使一个人获得自由!简言之,在可接受的关于人类自由的理解中,能力和自主性应该发挥合理的作用,这不是没有道理的。

最后让我们转向第三种回应,同时指出马克思自由观真正的独特之处。由此,我们可以确认他否定前述两条反驳意见的最终理由。是什么使得自由是一个广义概念还是狭义概念的问题悬而未决?为什么当代哲学家坚持从狭义上解释自由?我们已经看到,其中的原因之一是很多人对消极自由的偏好。另一个原因是担心如果允许自由扩展,它将会把其他价值囊括在内,形成价值一元论。还有一个原因是概念的清晰性。例如,伯林指出:"任何事物是什么就是什么:自由就是自由,既不是平等、公平、正义、文化,也不是人的幸福或良心的安稳。"[23]与此相关的是自由概念的内涵(meaningfulness):"自由并不只是不存在任何一种挫折;这样定义自由将扩张这个词的意义以致它含义太多或含义全无。"[24]然而正如我们所见,概念的清晰性和概念内涵可能要求把自由与其他概念关联起来。而且,伯林对积极自由与消极自由的区分似乎是不合理的。这两种回应均支持广义的自由观。但马克思之所以认为需要一种广义的自由概念,还有一个更一般的原因。

应当指出,上述每条反驳意见都假定,自由包括从事各种私人活动的某些社会权利或政治权利。因此自由被视为一个政治概念。这导致个人的才干、能力和自主性没有成为主要的关注点。相反,政治自由观聚焦于,在个人自身之间以及个人与国家之间应当如何划界。人们多少会认为,如果政治领域的安排合理,如果设定好适当的界线和屏障,那么私人领域以及整个社会都将蓬勃发展。这不过是亚当·斯密经济上看不见的手的政治版本。但马克思对此提出异议。首先,政治领域与市民或私人领域之间的分裂是异化的一个例证。因而,人们无法追问马克思关于自由(freedom or liberty)的**政治**概念。这是在追寻他所拒斥的东西。由此在一定程度上解释了马克思的自由概念与当代多数非马克思式理解之间的差异。后者认为政治领域与私人的市民领域之间理所当然存在分裂。如此一来的关键问题是：哪些行动是自由的？为保障人们能按自己的意愿行事，必须阻止来自国家和他人的哪些干涉？而在马克思看来的关键问题是：什么构成了自由生活？怎样才算获得自由？基于马克思对这些问题的回答，分配正义和政治自由的概念都变得于事无补。相反，马克思本人关切的是一种被他视为自由生活的生活方式。可见，如果马克思明确区分了他所拒斥的被视为政治概念的自由(liberty)与作为更广义概念的自由(freedom)，情况就会好很多。

因此，我们需要评论的马克思自由伦理学的一个核心特征，即马克思反对政治社会与市民社会的二分，并要求超越这种二分。马克思抨击政治领域与市民或私人领域之间的分裂，一个主要原因就在于，作为对自由的限制而被逐出前者的东西，又在后者那里找到归宿。宗教、私有财产资格、财富、出身、等级等作为无关紧要的差别，被排除在完善的政治国家或人类国家之外，[《马克思恩格斯文集》(第一卷)，人民出版社，2009 年，第 30 页。]却仍然存在并支配着人们的私人生活。马克思认为，如果这些差别和建制作为对个人自由的限制必须排除在前者之外，那它们也必须被排除于后者之外。真正自由的生活不会允许这些要素继续存在，也不允许生活自身包含这样一种分裂，使这些要素在其中能够继续表现活跃。自由的生活是一个整体，不是人的生活中孤立的一部分。它要求我们的私人性存在与公共性存在保持一致。

可见，有些令人向往的东西存在于对我们的生活保有道德一致性的需求中，存在于对这样一种社会的需求中，即社会中的人不会在一个层面上呼吁普遍利益、兄弟情谊和合作，在另一层面上又实行利己主义、地方主义和敌对状态。如果被建构的社会不仅使利己主义、贪婪、拜物教、异化遭到正式谴责，而且实际上消除了它们，那将是值得追求的。对这样一种社会的需求，既是对道德贞洁性(moral honesty)的需求，也是对道德一致性的需求。显然马克思正确地认为，市民社会或前共产主义社会的特征不是仅凭道德说教就能消除的，而是要通过社会结构的重大变革来消除。20世纪以来，人们其实越来越能接受这样一种观点，即赋予政治自由或许只是在对无从兑现这些政治自由的人们的真实状况进行嘲讽。于是，人们寻求以经济自由和个人自由补充政治自由。不同类型的自由作为权宜之策被提出。然而马克思坚信，这些权宜之策没有触动社会基本结构，由此只是治标不治本。它们仍以政治社会与市民社会之间的二分为前提。相反，马克思要求一种统一的自由观。自由是一，是一个整体。人们不是力求利用经济自由来阻挡政治自由的缺陷，而是要通过改变社会的基本条件实现对二者状况的改变。由此就不需要那种拼凑性操作了。

这一观点有两个惹人忧心的特性。首先，人们有理由担心，社会在寻求道德一致性和贞洁性的过程中会凌驾于个人之上。拥有道德一致性的世界要保持优雅，就有可能践踏个人追求的不同价值。这种担忧包含两个方面。一是在瓦解政治/市民领域之分时，个人将丧失政治领域提供的保护。这一担忧会在下文予以讨论（参见第五节）。第二个问题是，马克思寻求以上述方式把一种价值一元论强加于所有个人。如此看来，我认为首先应该指出的有趣且重要的一点是，正如马克思所认为的那样，不应把自由（freedom）仅仅视为一个政治概念，即仅仅是表征生活的一个方面的关于自由（liberty）的政治概念，而应视其为一个体现我们整个生活的概念，其中不包含任何政治与非政治领域的二分。从而使自由（freedom）——而不是自由（liberty）——作为我们（西方人）生活的基本主旨。

马克思有什么理由把这一价值提升为一切价值的终极价值呢？他的回答是，这不是**他的**一厢情愿（*his doing*），而只是他对人与社会发展的解读。正是自由、争取自由的斗争，支配着现代历史。我们不再为幸福斗争，而是为自由斗争。自由是我们首要渴望得到的，也是西方社会的主导价值。人们只要想想自由在不同哲学和运动中所起的核心作用——从马克思主义到存在主义，从宗教运动到民主的、世俗的运动，相关论据就唾手可得。革命团体，以及世界上的几乎每一个政府——甚至在正义面前——都诉诸自由为自己辩护！因此，认为自由（或解放）(liberation, emancipation)在价值的苍穹中具有优先作用和地位，这并非荒谬之见。据此，针对指责马克思的广义自由使自由变得毫无意义且会形成价值一元论的意见，作为回应完全可以争辩道，正是这种广泛包容的自由内涵可以为人们打开视野，提出新思想。不应忘记，弗洛伊德同样被指责在过于宽泛的意义上使用性的概念。但是在他那里，性概念的扩展在激发人们理解人类行为的新洞见和新思想方面同样卓有成效。因此，马克思如今的意义就在于，他提醒我们，自由即便不算是人类思想的核心，那也是西方思想的核心，同时他还为我们提供了对自由的一种分析——自由与自我发展息息相关，它不在于逃避对他人的承诺，而是存在于人与他人的基本关系中。

显然对马克思来说，自由囊括所有其他价值。政治领域与市民领域之间二分关系的崩溃，就是对这一事实的明证。自由不仅仅是一种政治价值，更是一种人的价值。不过，如果把这种自由作为马克思对自由生活的描述，还可以进一步得出两个结论。首先，对他的自由概念（至少作为众多政治概念之一）的广义性的指责不再可信。人们期望对自由生活的理解是广泛和包容的。其次，虽然马克思的自由观确实把其他一切价值都纳入其下，但它并没有抹杀其他一切价值。它不会导致有害的价值一元论，致使其中的所有多样性、差异和自发性都被消除。而毋宁说，自由是基本价值，是基准美德。所有其他价值或美德要么对自由有所贡献，要么因其可能源于自由而成为自由的组成部分。在共产主义条件下，人们会期望勇气、诚实、效率、爱、乐于助人、创造力等仍然作为价值存在。创造力可以说是人具体的自我对象化的一部分；乐于助人和爱是个人的共同关系的一部分；效率和勇气可能有助于为自由夯实必要的基础，而勇气和诚实也可能是人自我决定的组成部分。然而，其他诸如正义——至少在分配意义上的正义——的传统价值,在共产主义条件下似乎是被排斥在外的,因而根本起不到任何作用。

由此可见,如果正如伯林所认为的,马克思的自由观被认定为理性的自主性,那么认为"一个真正的目标"意味着价值和目的一元论的这种看法,就是误导人的。㉕麦克弗森(MacPherson)说得很对,伯林"把假定像(理性的自我导向——本书作者注)这样的广义所指即为'人类有且只有的那个真正的目标',归因于积极自由的学说……可能产生危险的误导,因为……它暗示了一种事实上并不存在的一元论。"㉖

不过,尽管可以(同时也是最好)以上述方式理解马克思,但我们还应注意到,马克思对于当前讨论的这点不是完全清楚明白的。的确,他发表的各种评论使人有理由对价值一元论及其强加于个人产生担忧。如下评论——抨击马克斯·施蒂纳(桑乔)的种族差别论——就是一个很好的例子:㉗

> 甚至连那些桑乔根本没有谈到的天然产生的类的差别,如种族差别等等,也都能够而且必须通过历史的发展加以消除。桑乔借此机会偷偷摸摸地看了一遍动物学,同时发现了:不仅在牛羊中间,"天生的笨蛋"是为数最多的一类,而只在完全没有头脑的水螅和织毛虫中间,也是如此。这位桑乔也许偶然听说过,动物的品种可以改良,通过异种交配能够产生完全新的、更优良的品种,既可供人们的享乐也可供它们自己的自我享乐。我们的桑乔"为什么不"从这里得出适用于人的某种结论来呢?[《马克思恩格斯全集》(第3卷),人民出版社,1960年,第498~499页。]

这段话可以理解为支持实施优生政策,以便创造"单一"的人种。毕竟,除非马克思设想的是一种极端的价值统一,否则为何"必须"消除种族差别呢？另一方面,马克思也许是在指出,如果种族差别在道德上并不重要,而且世界历史也正如他所认为的那样继续发展着,那么种族差别的消除就会是历史发展的一个"不可避免的"结果。从这个意义上说,仅仅凭借人类未来的行动进程,就必然会(即必须)消除种族差别。需要指出的是,马克思的观点——或者说他对自己观点的陈述——偶尔会使其身陷影响恶劣的一元论解读中。就此而论,马克思在个别与普遍之间始终存在张力。一种可接受的当代马克思主义伦理学必须澄清马克思那里存在的这种张力,并明确反对那些可能针对马克思的观点作出的有害的一元论解读。

马克思观点的第二个令人忧心的特性与他的如下论断有关：超越资本主义的某些结构性特征,将消除在他看来对自由造成限制或侵蚀的宗教、异化劳动、利己主义等。这些论断在此只能简要提及。尽管人们可能认同马克思的无神论,但不可否认,他并没有深入或广泛地思考过这个问题。他的观点基本上是从费尔巴哈、鲍威尔等人那里汲取的各种观点拼接而成的。他一般认为宗教会被共产主义消除,但似乎更符合他观点的说法是被超越,即被扬弃(aufgehoben)。现在还不清楚这将采取何种形式,是否会影响人们的共同关系。鉴于马克思为宗教的终结所设定的条件,人们甚至怀疑宗教是否会终结。他在《资本论》中写道："只有当实际日常生活的关系,在人们面前表现为人与人之间和人与自然之间极明白而合理的关系的时候,现实世界的宗教反映才会消失。"[《马克思恩格斯文集》(第五卷),人民出版社,2009年,第97页。]看来,如果"极明白"意味着必须有一部分人既能理解人与自然、人与人之间的关系,又能向他人证明它们是可理解的和合理的,我们或许才能承认上述情形可能发生。但就宗教的消除而言,似乎这种理解必须在所有人看来都是正确的。然而值得怀疑的是,是否所有人对这种关系的理解能力都真的能达到所需水平。如果答案是否定的话,那些无法理解这种关系的人还会寻求宗教庇护吗？由此可见,马克思似乎要么必须弱化消除宗教的条件,要么(如果他对这些条件的认识是正确的)就应该对消除宗教持更怀疑的态度。

类似地,人们可能会问,马克思是否太过乐观以致认为,消除异化劳动就会消除其他形式的异化?这里存在的一个问题是,如果异化劳动指的是人们在工业生产中所从事的劳动,那马克思肯定是过于乐观了。但如果异化劳动可以指所有(生产性)活动,那么基于"生产性活动"的含义或其包含的内容看,他也许就不算是过于乐观。马克思有时直接把人们自我对象化的所有活动都涵盖在内。有时就只包括那些创造剩余价值的活动。如果马克思认为,消除最广义的异化劳动将带来对一切形式的异化的消除,那这就是有道理的——但是如此看来,他的论断似乎也就只是一个定义问题。另一方面,如果他指的是某种更狭义的异化劳动,那么它的消除显然不一定会产生期望的效果。而且由于马克思特别强调超越私有财产和劳动分工是共产主义的核心任务,因此他所考虑的似乎就是那种更狭义的异化劳动。于是问题就变成,马克思提倡的这些手段是否可能达成他心中的目标。这是一个实证(empirical)问题。然而毫无疑问,马克思主义者必须走得更远,而不只是提倡超越以我们今天所见的那些形式存在的私有财产,这些私有财产形式与国家所有以及在其条件下可能存在的异化劳动是相容的。他们必须更仔细地界定劳动分工在什么意义上被超越或能够被超越。我们已经看到,马克思不是就字面意义而言,要废除一切形式的私有财产和劳动分工。他对二者持反对立场的主要原因在于,它们以往的形式迫使人们过着狭隘和备受制约的生活。因此,如果私有财产和劳动分工已化身为其他形式,在共产主义条件下可能实现人的自由所必需的高水平的物质生活,就不是完全不可信的。不过,只有马克思主义者阐发了马克思关于共产主义条件下可能存在的私有财产和劳动分工形式的思想,这个问题才能得到解决。简言之,我们需要更深入的思考和尝试,来确定适用于20世纪后期的非剥削性的、有利于自由的财产形式和生产方式的特征。

五

第三组对马克思主义自由至关重要的问题是就个人与他人的关系提出的。如果没有马克思所期望的个人之间利益的和谐一致，共产主义和自由王国将沦为妄想。共同体的缺失至少会带来三个后果。其一，前共产主义社会所特有的诸如国家、阶级、法院和警察等被超越的可能似乎微乎其微。其二，如果没有密切的个人认同，由政治权利、国家等为个人提供的保障就似乎不仅是必要的，而且令人向往。其三，由于马克思的自由伦理学鼓励产生具有合作气质和品格特性的人，这些人以不同于资产阶级个人的方式界定其特定的自我，因此他或多或少能合理地把权利、义务和正义原则弃置于其伦理学之外。然而如果这种内在的转变不成功或有失公允，就似乎亟须正义原则和规范发挥引导作用。那么，马克思思想的这一重要方面在多大程度上言之有理？

首先正如我们所见，马克思并不清楚这种认同的性质和范围。他不太可能认为，所有人都必须在同一程度上认同他人。当然，共产主义必定允许恋人、朋友和陌生人的存在。否则，共产主义就完全是难以置信的。即使一个人在共产主义条件下会平等地尊重所有其他人，与他们分享自己生活的私密细节，相互分享悦人的体验，但是（由于我们的局限性）我们也会更常与其中的某些人以此方式相处。他们与我们更亲近，我们也不必向他们解释一切。他们会成为我们的朋友，其他人则会成为陌生人。即使假设一个人没有选择性地如此待人，上述情形也是事实。而如果我们是有选择性的——有些人比其他人更受赏识——朋友与陌生人之间的差别就会更大。

但是，如果我们考虑到人与人之间不同程度的认同，那么仍然不确定的是，人们需要多少认同才能实现马克思的计划。当然，这种认同必须足以消除国家、消除强制，允许自我惩罚发挥作用等。这意味着，例如，假设一个共同体决定制定某种计划，而其成员中几乎没有人会利用多数其他人都将遵循该计划的事实来谋求个人利益。少数这么做的人想必也应该会进行自我惩罚。共同体成员不仅会与他人协同行动，而且会在与他人的合作中看到自己的优势。这显然需要对他人有很大程度的认同。也许马克思的意思是，它只适用于人类交往的某一层面或特定领域。他对这个问题既没有清晰的认识，也没有明确的表达。假设认同只发生在一般利益的层面上，似乎又不足以消除国家、法院等，必须有更为彻底的认同。如果有人提出认同只是针对与物质生产相关的利益而言的，则也是同样道理。太多需要国家应对的冲突、争议和分歧，并不直接与物质生产有关。马克思的观点似乎再次要求个人之间要有一种强烈而彻底的认同。这里有三个问题需要指出。

首先，超越国家、强制等所需的认同，恰恰是在一般的社会交往层面上的——而不仅仅是就朋友相处而言，还包括陌生人相处——这是最成问题的，很难产生密切的认同。特别是当人们回想起马克思所认为的，共产主义不能仅仅发生在个别国家，而必须是世界层面上的，"共产主义——它的事业——只有作为'世界历史性的'存在才有可能实现"[《马克思恩格斯文集》(第一卷)，人民出版社，2009年，第539页。]，就更是如此。然而正是在这一世界层面上，人们在追求合理和共同确定的目标时应该自愿与他人合作。

其次，马克思经常表达对人的个性的关注。[参见《马克思恩格斯全集》(第3卷)，人民出版社，1960年，第518~519页。]然而鉴于马克思的自由观似乎需要人与人之间的密切认同和自我概念的扩展，人们常常认为这种自由有埋没个性的危险。不过，得出这一结论未免太过草率。只有当个性概念必然意味着一个人逆流而行，或者以与他人相反的方式行事时,才会必然得出这一结论。显然,朋友和恋人即使体验到兴趣的同一和自我的融合,也仍然可以作为个人存在于他们的关系中。在这种情形或在共产主义条件下,一个人可能会通过付出额外的努力、取得超凡的成就或做出非凡的牺牲,来发挥他的个性。马克思正确地回应道,上述反对意见所担心的是对资产阶级个性的超越。[《马克思恩格斯文集》(第二卷),人民出版社,2009年,第47页。]也就是说,如果由此视为存在埋没个性的危险,就误解马克思主义的自由了。因而或许应该说,马克思主义的自由威胁的是可能发挥的个性**范围**。显然,它把利己主义者、资本家等排除在外。但如此看来,资本主义自然也把其他类型的个性排除在外。尚不清楚如何衡量哪种制度可能允许最大范围的个性。我认为最好还是放弃上述反对意见。

毋宁说,马克思主义的自由所带来的威胁实际上涉及的是,若要消除利益冲突而可能产生的威权后果。假设共同体制定了一个计划,而这个计划实际上是错误的、不合理的。如果不存在这种可能,那马克思就只是在玩弄文字。假定存在这种可能,那么认为这个计划是不合理的那个人(或一群人)应该怎么做?是遵从计划去做?还是可以对这个计划提出挑战?他们可以违反计划吗?如果这样做,难道结果不是利益冲突,而是利益和谐?如果共同体所要求的认同是彻底的,这似乎就会发生。

可以说,在这种情形下仍然可能存在潜在的利益和谐;分歧只是事实上的分歧。当然,在这些事情上,激动的情绪可能会高涨,但不存在利益冲突。这一回应并非完全没有道理。然而马克思过于乐观地认为,在共同体中可能找到一个将会和谐地满足共同体诸多利益的合理计划。即使承认共产主义能够解决生产问题,它也无法解决有限的和不确定的认识以及不同的期望和风险评估可能引发的问题。假设一个共同体共有利益 A、B 和 C,这些利益本质上不可能同时实现。在某种情形下,共同体中的一些人认为他们的处境以事实 w、x、y 为特征;另一些人则认为他们的处境实际上以事实 x、y 和 z 为特征。于是,前者会选择实现利益 A 的计划 M;后者会选择实现利益 B 的计划 N。双方都认为如果对方的计划被接受,那么利益 A 和 B 都不会实现。人类有限的认识导致双方都无法最终确凿地证明所处境况"真正的"性质。这就需要做出判断。基于不同的信念、体验、期望、风险评估等,这一判断把超越事实以外的境况界定为导向利益 A 抑或利益 B 的境况。当一方在捍卫计划 M 和利益 A 的实现,而另一方捍卫计划 N 和利益 B 的实现时,双方是仅仅存在事实的冲突,还是也存在利益冲突?说两者兼而有之,并非不合情理。这与当代社会的"要枪还是要黄油"之争中所出现的情境,也并非完全不同。我想,多数人都会认可这是一种存在利益冲突的情境。这一论点导致共同体的利益和谐是一回事,共同体的行动和计划与这些利益相协调则是另一回事,马克思强调的是前者。但是除非二者都实现了,否则仍然需要国家等存在。上述论点表明,马克思过于乐观以致认为二者都会实现。

因此,要么马克思那种很强意义上的共同体似乎极不可能存在,要么它所要求的利益认同会通过社会压力等强制实现。但是,在这种情形下就可能存在对真理和认识的压制,以及对个人信念和思想的束缚,而这些信念和思想等对共同体可能是有价值的。由此可见何以能从马克思的自由观,特别是从其中与共同体相关的方面得出威权主义内涵。因而,马克思主义的自由所包含的威胁与其说与中央计划相关,不如说是为了使这种中央计划不采取国家的形式,或者不再需要警察、法院、强制等,而必须对个人进行改造。马克思无疑正确地认为,极度强调那种在资产阶级社会所特有的与他人的对立中得到界定的个人是错误的;他正确地认为,需要更多地强调某种合理的社会经济规划以满足人的需要。他说得对,我们必须以更具社会意识和组织性的人,来代替资产阶级社会利己主义的个人。不过,马克思的共同体视野对社会性个人的要求还是过高了。

最后或许还要注意另一个源于消除国家、警察和法院所要求的强烈个人认同的后果。只有当人们普遍以恰当的方式行事,否则就要自我惩罚时,这些机构设置才能被消除。现在的情形很可能是,一个社会如有可能以这种自我惩罚作为手段控制有悖要求的行为,则在其中的负罪感或羞耻感必然也会相当强烈。人们必然会高度关注自身行为的性质和影响,并且是足够关注以至于如果做错就会惩罚自己。因此,另一个马克思本应提出却没有提出的问题是,共产主义所要求的认同是否需要不堪承受的罪恶感或羞耻感才能发挥作用。不是没有理由相信,如果一个人不需要内化大量的这种自控力,他可能会更自由。如果这是合理的,那么认可反社会行为——若其足够严重的话——会被由马克思观点的其他方面确认的某些权威所惩罚,也许是更为可取的。但是,这会把马克思相信共产主义会超越的那些社会特征,重新引入他的共产主义思想之中。

六

关于马克思对个人和共同体的观点,还有最后一组问题需要追问。假设就利益和谐的广泛性可能提出的任何怀疑都可以消除,我们仍然必须追问这种认同的基础何在。如果马克思主义不打算变身为唯心主义,这一认同就必须具有一定的"物质基础"。马克思认为,利益对立主要是由私有财产和劳动分工造成的。因此,消除这些障碍就成为所要求的密切认同的一个基础。随之而来的应该是消除阶级冲突、城乡分化等。马克思似乎认为,一旦消除这些建制和冲突,人们就会形成一种密切的认同,从而使其能够构筑一个共产主义社会。在此有两个问题至关重要。

首先,是否有理由认为,消除私有财产和传统的劳动分工就会终结社会中的利益对立?马克思认为,私有财产和传统的劳动分工对社会关系具有巨大的甚至是归根结底的重要意义,这无疑是正确的。但这不是问题所在。问题是消除了它们,再加上能够生产足够的产品后,是否有望消除一切具有重要社会意义的冲突,使国家、强制等可以被超越。在这一点上,前景就不那么明朗了。似乎不难想象即使在这种情形下,也可能产生寻求敌对利益的群体（我承认不能称其为阶级）。除非共产主义消除所有差异——这是不为马克思所提倡的——否则不难想象有些人会利用这些差异,作为自己与他人之间的对立性差别的基础。但在这种情形下,马克思对利益冲突问题的解决方案是不充分的。在这些情形下不会存在共同体。

其次,假设前面的论证是错误的或者缺乏说服力,废除私有财产和传统的劳动分工或许是会消除所有重大的利益冲突。仍然应该明确的是,共同体的存在——因而共产主义也一样——还要求更多。仅仅消除马克思提出的冲突和制度设置,不能确保作为共同体特征的对他人的认同。即使我们都有相似的利益,即使我们的利益不相冲突,也不意味着这些利益紧密相连,不意味着我们不再保持孤立（异化）,而是为了我们的利益保持统一和相互认同。还需要更多,才能与他人形成积极的认同。一种可能是在与资产阶级的对立和革命中找到基础所在。当然,这一因素在马克思偶尔认为具有社会主义或共产主义社会典型特征的巴黎公社中起到一定的作用。但是这一基础很难在共产主义成功确立后继续存在。

另一种可能是,马克思只是简单地假设,如果人与人之间的障碍和隔阂被消除,人对人就会有一种自然的、自发的感情,一种认同他人的倾向。这种假设似乎存在于他的这一观点中,即人类不是以善欲与恶欲之间的紧张关系为特征,而是可以说基本上是善的——恶欲显然源于受挫的欲望。卡门卡似乎在他的如下论断中采纳了这样的观点:马克思认为善"是能够协调一致地工作与合作,而恶不仅与善相冲突,而且恶与恶之间也是冲突的"[28]。因而,如果诸如私有财产等恶被消除,那么剩下的善就会"合作并形成一个和谐的体系"[29]。生活由善的动机和欲望所构成的人,是一个具有创造精神的人,并将自愿与他人合作。[30]"诸善作为其工作方式的组成部分,不需要审查,不需要刑罚,也不需要保护。"[31]

现在看来，即使这一观点有道理（我不认为如此），它也可能只是解决目前问题的部分答案。这种潜在的良善和认同他人的可能性，无法仅仅通过消除障碍来实现。善的动机和欲望并不总是有助于同样拥有这些的其他人。㉜我想帮助另一个人的愿望可能与我想信守诺言帮助第三个人的愿望相冲突。对他人自发的感情可能会伤害他们。对他人的密切认同可能淹没自己的个性。另一方面，恶的动机和意图却可能是协调一致的。肆意杀人对资产阶级和无产阶级都是有害的。安全之需不一定与他人的安全要求和需要相冲突。㉝因此没道理认为，善就是和谐的，人基本上是善的，如果消除了恶就会出现善的一片和谐。马克思追求的善和个人的积极认同，还需要一定的社会结构才能实现，这些社会结构会给予它们与共产主义相符的一种形式。然而对于这样的结构，马克思始终保持沉默。但对此问题做出某种解答却是必要的。

马克思偶有说到，共产主义者在上述每种情形下，都能看到这些问题的答案。[例如《马克思恩格斯文集》（第一卷），人民出版社，2009年，第531页。]但是还需一些不那么具体的东西。我们必须有能力向前看，而不只是日复一日地应对问题。否则怎么可能有合理的规划？我们必须了解共产主义的人得以存在的结构性根基。我们必须能够建立人的认同有赖于的这些具有积极意义的根基。扩展自我的努力、扩大自我认同的努力是崇高的。我们看到这些界限在历史上逐渐扩展——从家庭、部落到区域、国家，再到人类。因此，认为当今人们普遍比前几个世纪有更广泛的认同，我们可以并且应该有所作为来延续这一认同进程，这并非荒谬可笑。然而就目前情况看，在马克思的伦理学中，个人之间的这种积极的关系所需的基础以及社会形态不是显而易见的。它在这一思想中是而且仍然是一个至关重要的问题。

最后还有一种方式可以说明这个问题的重要性。如果这样的认同无法企及，就必须再次提出有关正义和权利以及确保社会秩序的机制问题。

后者不一定是压迫或专制的，但它们将必须存在——这与马克思的设想背道而驰。对于捍卫那些能够并且确实认同他人的人，以及反对那些与此相反的人，这种个人权利和维护社会秩序的手段就变得很重要。马克思思想的危险性（正如我们在20世纪所看到的）在于，试图把构成共产主义所特有的认同的关系强加于人这一诱惑。然而在不具备必要的社会和个人根基的情况下这么做，显然是对个人权利的侵犯。只有当人们之间存在这种认同时，权利和正义才会被超越。如果没有这种认同，也尚不存在它的根基，那么权利和正义就还没有被超越。因此，试图把密切认同的关系强加于人，就会侵犯他们的权利。据此可见，与通常指责马克思主义者在试图实现平等或正义时践踏自由相反，如果说有违道德的话，真实的情况更有可能是——为了实现自由，马克思主义者被诱以践踏正义和权利！

也许有人反驳道，我过于着力使共产主义社会对于当下的我们成为合理可信的——或至少是可以理解的。根据更激进的马克思主义拥护者以及海尔布隆纳（Heilbroner）等评论者的观点[34]，共产主义将由一个与我们完全不同的、我们无法想象的人类社会构成。因此他们可能会说，我所坚持的某些特征可能构成共产主义，但是在某些情形下，这些特征所表明的马克思观点中的问题，只不过是历史上即将终结的资产阶级阶段的残余。此外，他们可能争辩道，任何社会主义或马克思主义群体只要接受本书前两个部分提供的解释，就会仍然依附于资产阶级的社会特征。因而，他们不可能构成激进的力量。在上述理解范围内，他们所能做的最多就是，促成资产阶级的社会主义或社会主义的资本主义。[35]

这些反驳好在至少看到，任何人想象未来的能力明显都受到过去的限制和束缚。然而，针对它们必须要说的是：首先，马克思显然并不认为，共产主义与资本主义时代之间有如此根本的差异，以至于他无法列举他那个时代的共产主义工匠、巴黎公社等来说明共产主义的各个方面。其次，前文对共产主义的理解包括消灭生产资料中的私有财产，超越阶级、城乡差别以及正式的刑罚。很难想象仅仅因为保留某种形式的私有财产、劳动分工和个人惩罚，这样的理解就只是属于资产阶级的社会主义或社会主义的资本主义。㊳再次，当代社会与中世纪社会大不相同。像骑士精神和虔诚这类过去很重要的概念，如今都不那么重要了。然而我们不能由此推断，一方面，当代社会与中世纪社会完全不同，另一方面，共产主义社会相较于资产阶级社会甚至会存在更为根本的不同。㊳诚然，骑士精神已死。但是骑士精神所必需的勇气、诚实、忠贞和慷慨的价值观，却以其他形式存在着。同样，人们可能期待在共产主义条件下，它们的形式虽有不同，却是可以辨识的。但这与断言共产主义将出现完全不同的道德生活形式相去甚远。最后，如果共产主义条件下的个人及其生活几乎不可想象，那么为改变和补救当前的社会而在当下采取行动，就需要依赖一些其他基础，而不是被斥为不可能的共产主义所代表的道德生活概念。试图把这个社会变为无法想象或无法理解的，似乎没什么意义。采取行动促成这样一个社会，不过是在黑暗中的一计空拳。如果现在的行动是理性的和道德的，它就必须有某种现在可理解的和正当的目的、依据或理由。因此，上述反驳是值得怀疑的。发挥我们的想象力去构想一个更合理、更道德的未来社会，要比安于现状好得多。然而同样重要的是，切勿过分发挥想象力以致其崩塌，同时使所有行动只不过沦为对我们一无所知的某种未来的盲目信念！

236　　总之，就道德本质和道德在社会中的作用而言，马克思的伦理学为当代伦理学提供了重要的、富有启发意义的洞见。然而他的伦理学也存在显著的问题和困境。不过可以说，任何伟大思想家的作品都是如此。与以往的道德哲学家相比，马克思的伦理学仍然需要更大程度的阐明和拓展。它甚至还需要进行重要的修正。事实上，马克思的伦理学最应该被理解为解决伦理学问题的一个途径，而不是一套最终的答案。但是没有理由认为，马克思的观点不具备这样进一步阐发以及反思甚至修正的开放性。马克思最喜欢的箴言是"怀疑一切"㊳。只有完成这些额外的工作之后,马克思的伦理学才能在过去和现在的其他重要理论中获得理论地位。本研究是朝此方向迈出的一步。而且在一个更加自行其是,但也越来越多地面临由此导致的问题的时代,马克思的观点向批判性思维的复兴敞开一扇大门。对于一个曾受抽象思维和(或)道德禁令威胁的主题而言,马克思的伦理学仍然是一种强劲有力的提醒。对于那些相信需要彻底变革,却对诉诸超验性来源、直觉或权威持怀疑态度的人来说,马克思的伦理学是绝佳的一种激进伦理学——一种试图抓住事物根源从而抓住人本身的伦理学。

注 释

第一章　马克思主义、道德主义与伦理学

①我在伦理学与道德之间有所区分。"道德"是指一套实际的或理想的(即反思性)道德原则、德性、标准等,人们应该据此生活和(或)行事。"伦理学"或"道德哲学"是指一个人反思道德及其本质和基础的过程,或指这种反思的结果。在后一种情形,伦理学与(理想的)道德有所重叠——至少部分如此。它们可以说是不完全相同的,因为一个人的伦理学可能包含各种逻辑的和方法论的观点,这些观点本身并不是一个人(理想的)道德的组成部分。

②Werner Sombart, *Barun's Archiv für Sociale Gesetzgebung und Statistik*, vol.5, 1892, p.489, 引自 Robert C. Tucker, *Philosophy and Myth in Karl Marx*, Cambridge University Press, 1971, p.12.[(美)罗伯特·C.塔克:《卡尔·马克思的哲学与神话》,刘钰森、陈开华译,天津人民出版社,2018年,第3页。]其他认为马克思主义本质上是一门科学的评论者,包括克罗齐(B. Croce)、希法亭(R. Hilferding)以及考茨基(K.Kausky)。

③Lewis S. Feuer, "Ethical Theories and Historical Materialism," *Science and Society*, vol.6, 1942, p.269.

④Donald Clark Hodges,"Historical Materialism in Ethics,"*Philosophy and Phenomenological Research*,vol.23,1962,p.6.

⑤Michael Evans,*Karl Marx*,Bloomington,Indiana,Indiana University Press,1975,p.188.

⑥Jacques Barzun,*Darwin,Marx,Wagner*,Garden City,New York,Doubleday,1958,p.163.

⑦参与其中的学者名单会长达数页。参见参考文献及本书各章注释。

⑧关于伦理学探究所需条件,参见 Bertell Ollman,"Is There a Marxian Ethic?"*Science and Society*,vol.35,1971,pp.156—60。

⑨杰里米·边沁辩护的观点是,人们有道德义务做出产生最大幸福的行为;参见 Jeremy Bentham,*The Principles of Morals and Legislation*,Darien,Conn.,Hafner Publishing Co.,1970。

⑩因此,我反对塔克、奥尔曼和波普尔认为马克思因为没有悬置自己的信念,而不可能有道德理论的这种论点。另外需要注意,塔克追问的问题不是马克思是否有道德哲学或道德理论,而是马克思是否是一位道德哲学家,这一事实致使塔克的回应有失偏颇;参见 Robert C. Tucker,*Philosophy and Myth in Karl Marx*,p.15。人们不必为了辩护马克思的思想隐含道德理论,而认定他是一位道德哲学家。

⑪这不是要否认他们可能有道德理论。艾伦·伍德(Allen Wood)的论述代表了文中提到的那种观点:"无论如何,在我看来,与其说马克思支持某种特定的道德哲学,不如说马克思是个'普通人',他的道德观念几乎能得到所有道德哲学家的同意。"参见 Allen Wood,"The Marxian Critique of Justice,"*Philosophy and Public Affairs*,vol.1,1971-2,p.281。[李惠斌、李义天编:《马克思与正义理论》,中国人民大学出版社,2010年,第38页。]

⑫文中使用的"道德论者"(moralist)是指,把各种道德原则应用于具体情况的人。这与意指一个人的思想主要关注对错的"道德论者"不同。本

章注 18 还提到"道德论者"的另一种含义。

⑬本段用以表达拥有道德理论所需条件的这种阐述方式，是由本书的一位匿名评议者向我建议的。

⑭甚至有人深信，马克思无疑是在试图**避免**使用道德语言；参见 William Leon McBride, "The Concept of Justice in Marx, Engels, and Others," *Ethics*, vol.85, no.3, April, 1975, p.204。

⑮《马克思恩格斯文集》(第十卷)，人民出版社，2009 年，第 215 页。

⑯在另外一些情形或场合，马克思的观点表明他的语言必须清晰易懂：

> 我们完全同意你们的意见，德国共产主义者必须结束他们中间一直存在至今的隔离状态，建立经常的相互联系；我们也同意，亟需建立一些读书和讨论的团体。因为共产主义者首先必须清楚地认识到，不经常聚会，讨论共产主义问题，就不可能取得足够的进展。另外，你们认为必须发行一些宣传共产主义的价廉而通俗易懂的作品和小册子，这个意见我们也完全赞同。[《马克思恩格斯全集》(第 47 卷)，人民出版社，2004 年，第 373 页。]

类似地，马克思认为在《资本论》中已经"尽可能"通俗易懂地表达了对价值本质和价值量的分析。[《马克思恩格斯文集》(第五卷)，人民出版社，2009 年，第 7 页。]

⑰G.W.F. Hegel, *Philosophy of Right*, trans. T.M. Knox, New York, Oxford University Press, 1967, pp.12–13。[(德)黑格尔：《法哲学原理》，范扬、张企泰译，商务印书馆，1979 年，序言第 13~14 页。]不过，黑格尔本人的确批判了他生活于其中的社会的各个方面。

⑱这里的"道德论者"一词含义相当通俗，但不同于本章注 12 提到的

两种含义。它在此意指越俎代庖之徒,即试图违背他人意愿,以不恰当的方式或在不合适的时间把自己对义务的看法强加于人。

⑲概念与语词之间的区别可以简述如下:"异化"一词代表某种概念,即一套特定的思想、内涵等,它也可以用其他词和语言表达。例如,同一概念在德语中可以用"Entfremdung"一词表示。由此,两个不同的词就会代表同一概念。

⑳Cf. George Burgher, "Marxism and Normative Judgments," *Science and Society*, vol.23, 1959, p.253.

㉑Cf. Donald Van de Veer, "Marx's View of Justice," *Philosophy and Phenomenological Research*, vol.33, 1972–3, p.369.

㉒《马克思恩格斯文集》(第三卷),人民出版社,2009年,第8页。德语是"befleckter Moral"。

㉓例如,马克思还提到"压迫着我们的……灾难"[《马克思恩格斯文集》(第五卷),人民出版社,2009年,第9页],"对妇女劳动和儿童劳动进行资本主义剥削所造成的精神摧残"[《马克思恩格斯文集》(第五卷),人民出版社,2009年,第460页。]。

㉔《马克思恩格斯文集》(第三卷),人民出版社,2009年,第435~436页。

㉕请回顾上文pp.9–10所引的马克思著述。

㉖Cf. William K. Frankena, "Prichard and the Ethics of Virtue," in *Perspectives on Morality*, ed. K.E. Goodpaster, Notre Dame, Indiana, University of Notre Dame Press, 1976; Lon L. Fuller, *The Morality of Law*, New Haven, Connecticut, Yale University Press, 1973; revised edition. 下一段中的一些提法源自富勒(Fuller)。

㉗Cf. Allen W. Wood, "Marx on Right and Justice: A Reply to Husami," *Philosophy and Public Affairs*, vol.8, no.3, 1979, pp.280–7.

㉘Leslie Stephen, *The Science of Ethics*, New York, G.P.Putnam's Sons,

1882, pp.155, 158, 引自 William K. Frankena, *Ethics*, Englewood Cliffs, New Jersey, Prentice-Hall, 1973, p.63。

㉙William K. Frankena, "Prichard and the Ethics of Virtue,"p.150.

㉚相应的德语是指"moralische Schranken"。另参见《马克思恩格斯文集》(第五卷),人民出版社,2009年,第306~307页。这句话旨在提供文本依据,证明马克思(至少有时)在广义上使用"道德的"。这不是说,马克思在此指出的是某种"真正的"或"现实的"道德界限。

㉛此处辩护的观点还表明,一些认为马克思确实有伦理学,却又试图在其著述中寻找一种义务伦理学的人,也是错误的。他们没有认识到,马克思的伦理观具有根本不同的性质。

㉜艾伦·伍德否认马克思的自由观是道德观。他的论点是,自由(及安全、自我实现、共同体等)属于非道德的善。他提供的论证只是:"我们都知道,由良知或'道德法则'告诉我们'应该'采纳的价值或'应该'去做的事情,与那些为了满足我们的需要、欲望或对我们而言好的观念(或是对那些我们想促进其福利的其他人而言好的观念——欲求这些非道德的善不一定就是自私的欲望)而采纳的价值或做出的事情,是不一样的。这种区分是对我打算在这里使用的'道德的'善与'非道德的'善的大致划分。"参见 Karl Marx, London, Routledge & Kegan Paul, 1981, p.126.[李惠斌、李义天编:《马克思与正义理论》,第95页,个别译文有改动。]这一论证无法令人接受。一方面是因为伍德误以为,自由和共同体只是因为满足"我们的需要、欲望或对我们而言好的观念",才受到马克思的重视。而在马克思看来,重视自由是合乎理性的,但凡没有被蒙蔽的人都会重视并要求自由,对自由的重视蕴含(历史的)正当性,我们应当(尽可能地)努力实现自由的社会(对这些论断的辩护见本书第三章和第四章)。无疑,这里所说的价值包含不少(即便不是大量的)作为道德价值的构成——因而它不仅仅是一种非道德的善。另一方面,伍德的论证体现出具有误导性的模棱两可。

如果"我们的需要、欲望"是指单个人的需要、欲望等,那就显然有别于道德要求。对此,即便是马克思也会表示认同。但是又不能把马克思对自由的评价简单地还原为,因为自由能满足他(马克思)的需要、需求等这一事实。而如果"我们的需要、欲望"指的是每个人的需要和欲望,那即便是功利主义者,也会认为其关键所在属于道德问题。更何况,马克思还不是一个功利主义者。这里的要点仍然是,我们所应对的是一个道德问题,而不仅仅是一个非道德的问题。

㉝参见 Arthur W.H. Adkins,*Merit and Responsibility*,Oxford University Press,1960。否认古希腊人有某种道德理论的最新著述,还包括 William K. Frankena,*Thinking About Morality*,Ann Arbor,University of Michigan Press,1980,p.11。

㉞参见 G.E.M. Anscombe,"Modern Moral Philosophy,"*Philosophy*,vol. 33,1958,pp.1-19。还有人认为,义务伦理在观念层面上与资本主义联结在一起。如果这种看法是正确的话,谈论马克思的伦理学(从逻辑上说)就会变得毫无意义(参见 Lon L. Fuller,*The Morality of Law*,p.24)。但是,以如此狭隘的方式描述道德,无疑是错误的。这种辩护"道德"的尝试令人不敢苟同。最好是承认道德涵盖的范围更广,继而在此广阔的意义范围内表明,为何某些具体道德行为本身是不可接受的,而不是通过概念界定将其排除在考虑之外。在我看来,为了理解和评价马克思有关道德、资本主义和资产阶级社会的探讨,这正是我们必须要做的。

㉟H.L.A. Hart,"Are There Any Natural Rights?,"in *Political Philosophy*,ed. Anthony Quinton,Oxford University Press,1967,p.54.

㊱Cf. p.19.

㊲Cf. Lon L. Fuller,*The Morality of Law*,pp.6-11.

㊳*Ibid.*,p.24.

㊴《马克思恩格斯文集》(第八卷),人民出版社,2009年,第14页。另

参见《马克思恩格斯文集》(第十卷),人民出版社,2009年,第 7~10 页。

第二章 伦理学与历史唯物主义

①Eugene Kamenka, *The Ethical Foundations of Marxism*, 2nd edn, London, Routledge & Kegan Paul, 1972, p.96. Cf. Gordon Leff, *The Tyranny of Concepts*, Birmingham, Alabama, University of Alabama Press, 1969 p.205.

②《马克思恩格斯文集》(第二卷),人民出版社,2009年,第 591~592 页。

③下文所考察的对历史唯物主义的解读,一般称其为"技术决定论"。可见于 William H. Shaw, *Marx's Theory of History*, Stanford, California, Stanford University Press, 1978;及 G.A. Cohen, *Karl Marx's Theory of History: A Defense*, Princeton, New Jersey, Princeton University Press, 1978。

④Shaw, *Marx's Theory of History*, p.13; cf. Cohen, *Karl Marx's Theory of History*, pp.32–4. [(美)威廉姆·肖:《马克思的历史理论》,阮仁慧等译,重庆出版社,1989年,第 13 页;参见(英)G.A.科恩:《卡尔·马克思的历史理论——一种辩护》,段忠桥译,高等教育出版社,2008年,第 48~51 页。]

⑤构成社会经济结构的生产关系,是只包含(正如文中提到的)所有权的那类社会关系,还是也包含劳动关系或物质生产关系(例如工头与施工队的关系),对此人们有着不同的理解,比如这里考察的那些评论者之间就存在争议。支持前一种观点的,可见 G. Cohen, *Karl Marx's Theory of History*, pp.35, 92–3, 111–14。[(英)G.A. 科恩:《卡尔·马克思的历史理论——一种辩护》,第 52、113~115、135~138 页。]支持后者的,见 W. Shaw, *Marx's Theory of History*, pp.28–30。[(美)威廉姆·肖:《马克思的历史理论》,第 28~30 页。]下文的论证不会依赖这两条进路化解争议。

⑥Shaw, p.58; cf. Cohen, p.46. [(美)威廉姆·肖:《马克思的历史理论》,第 56 页;参见(英)G.A.科恩:《卡尔·马克思的历史理论——一种辩

护》,第63页。]

⑦Shaw,p.71.[(美)威廉姆·肖:《马克思的历史理论》,第69页。]

⑧*Ibid.*,p.72.[同上书,第70页。]

⑨马克思还指出,生产力包括以下内容:共同的经济[《马克思恩格斯文集》(第一卷),人民出版社,2009年,第568页],社会知识[《马克思恩格斯文集》(第八卷),人民出版社,2009年,第198页],资本[《马克思恩格斯文集》(第八卷),人民出版社,2009年,第9页]。另参见《马克思恩格斯全集》(第30卷),人民出版社,1995年,第267~277、538~539、542、167~168页;《马克思恩格斯文集》(第五卷),人民出版社,2009年,第393、443页。

⑩Shaw,p.139.[(美)威廉姆·肖:《马克思的历史理论》,第141页。]

⑪*Ibid.*,p.13;cf. Cohen,pp.32-4.[(美)威廉姆·肖:《马克思的历史理论》,第8页;参见(英)G.A.科恩:《卡尔·马克思的历史理论——一种辩护》,第48~51页。]

⑫Shaw,p.13;cf. Cohen,pp.32-4.[(美)威廉姆·肖:《马克思的历史理论》,第8页;参见(英)G.A.科恩:《卡尔·马克思的历史理论——一种辩护》,第48~51页。]

⑬特德·洪德里希(Ted Honderich)也指出,像科恩和肖所提供的这种技术决定论的理解是有缺陷的,因其没有考虑到人的判断、意志和欲望所发挥的作用。参见"Against Teleological Historical Materialism,"Inquiry,vol.25,1982。不过,洪德里希没有像我这样,把价值(包括道德的和非道德的价值)也涵盖在内。

⑭参见 Kamenka,*The Ethical Foundations of Marxism*,p.142。洪德里希坚信"一旦欲望和判断以特定的必要方式出现,我们就已然弃置马克思认为意识无关宏旨的基本立场";参见"Against Teleological Historical Materialism"。然而我的观点是,马克思并**不**认为欲望、价值和判断(即意识)与社

会发展无关。现在我要证明，有理由认为这一观点是符合马克思主义的。

⑮ Brand Blanshard, "Reflections on Economic Determinism," *Journal of Philosophy*, vol.LXIII, March 1966, p.165.

⑯《马克思恩格斯文集》（第十卷），人民出版社，2009年，第591页。

⑰此处所列不是详尽无遗的。

⑱ Cf. Martin Needleman and Carolyn Needleman, "Marx and the Problem of Causation," *Science and Society*, vol.XXXIII, 1969.

⑲ Michael Harrington, *The Twilight of Capitalism*, Simon & Schuster, 1976, pp.68-9. 本节内容受惠于哈林顿对马克思的意识形态理论和历史唯物主义的精辟论述。

⑳奥尔曼认为，生产力、生产关系与上层建筑之间的关系都可以解释为逻辑关系或概念关系；参见 Bertell Ollman, *Alienation*, Cambridge University Press, 1971。科恩、肖和艾伦·伍德试图以目的论或功能论阐明这些关系；参见 Allen Wood, *Karl Marx*, London, Routledge & Kegan Paul, 1981。洪德里希、H.B.阿克顿等人则为生产力、生产关系和上层建筑提供了一种因果论理解；参见 H.B. Acton, *The Illusion of the Epoch*, London, Routledge & Kegan Paul, 1972。

㉑《马克思恩格斯文集》（第三卷），人民出版社，2009年，第439页。

㉒ Immanuel Kant, *Critique of Practical Reason*, New York, The Library of Liberal Arts, 1956, p.100. ［（德）康德：《康德三大批判合集：注释版》（下卷），李秋零译，中国人民大学出版社，2016年，第609~610页。］

㉓《马克思恩格斯文集》（第三卷），人民出版社，2009年，第481页。

㉔请回顾在本章开头（p.24）所提到的卡门卡的论断，参见 Kamenka, *The Ethical Foundations of Marxism*, pp.96-7。

第三章　意识形态与道德证明

①《马克思恩格斯文集》(第二卷)，人民出版社，2009年，第592页。

②马克思后来写下(关于古代世界的)这段话时提出同样的观点："一旦**非真理性**在他们的世界后面产生(也就是说，一旦这一世界本身由于实际冲突而解体；而对这种唯物的发展作经验的考察，是很有意思的事情)，古代的哲学家便力图洞察真理世界或他们世界的真理，而到那时，当然发现它已非真理了。"[《马克思恩格斯全集》(第3卷)，人民出版社，1960年，第140页。]

③Brand Blanshard, "Reflections on Economic Determinism," *Journal of Philosophy*, vol.LXIII, March 1966, p.177.

④参见恩格斯：《家庭、私有制和国家的起源》，载《马克思恩格斯文集》(第四卷)，人民出版社，2009年，第13~198页。

⑤这就是本书 pp.63~7 提到的问题。

⑥William K. Frankena, *Ethics*, 2nd edn rev.; Englewood Cliffs, New Jersey, Prentice-Hall, 1973, p.109.

⑦参见"人的本质……在其现实性上……是一切社会关系的总和"。[《马克思恩格斯文集》(第一卷)，人民出版社，2009年，第501页。]

⑧Cf. Maximilien Rubel and Margaret Manale, *Marx Without Myth*, New York, Harper & Row, 1975, pp.307, 321.

⑨《马克思恩格斯文集》(第二卷)，人民出版社，2009年，第691页。

第四章　自由的伦理学

①区分元伦理学与规范伦理学，是20世纪相当普遍的一种做法。参

见 William K. Frankena, *Ethics*, 2nd edn; Englewood Cliffs, New Jersey, Prentice-Hall, 1973 的第一章和第六章。很多人倾向于把规范伦理学视为伦理学的全部。这应该是有必要警惕的一个错误,但又具有讽刺意味,因为相反的错误也普遍存在于哲学家当中。

②这些理解可以呈现为一元论和多元论形式。说资产阶级社会是自利、贪婪的等,就是对这些理解的否定性表达。

③参见第五章。

④ Bertell Ollman, *Alienation*, Cambridge University Press, 1971, p.117. [(美)伯特尔·奥尔曼:《异化》,王贵贤译,北京师范大学出版社,2011年,第143页。参见《马克思恩格斯文集》(第一卷),人民出版社,2009年,第335页——译者注。]

⑤ Eugene Kamenka, *The Ethical Foundations of Marxism*, 2nd edn rev.; London, Routledge & Kegan Paul, 1972, p.102.

⑥ Adam Schaff, *A Philosophy of Man*, New York: Dell Publishing Co., 1963, pp.112, 115. Also, Adam Schaff, *Marxism and the Human Individual*, New York, McGraw-Hill, 1970, pp.154, 156, 158.

⑦ Karl Popper, *The Open Society and its Enemies*, New York, Harper & Row, 1967, vol.II, pp.103-4.

⑧ Cf. John Stuart Mill, *On Liberty*, New York, Bobbs-Merrill, 1966, p.13.

⑨ Schaff, *A Philosophy of Man*, pp.112, 115.

⑩卡门卡就犯了这一错误。参见 Kamenka, *The Ethical Foundations of Marxism* 的第九章和第十章。

⑪ Frankena, *Ethics*, pp.62-7. 参见 William K. Frankena, "Prichard and the Ethics of Virtue," in *Perspectives on Morality*, ed. K.E. Good-paster, Notre Dame, Indiana, University of Notre Dame Press, 1976, pp.148-60。

⑫ F.H. Bradley, *Ethical Studies*, London, Oxford University Press, 1962, p.232.

⑬ *Ibid.*,pp.57,215,219,232,276–308.

⑭ Ollman,*Alienation*,p.117(强调为本书作者所加)。[(美)伯特尔·奥尔曼:《异化》,第 170 页。]另参见 Ollman,*Alienation*,pp.116,118,139。

⑮ *Ibid.*,p.117.[(美)伯特尔·奥尔曼:《异化》,第 142 页。]

⑯ Plato,*The Republic*,in *The Collected Dialogues*,ed. Edith Hamilton and Huntington Cairns,New York,Pantheon Books,1961,p.599.[参见(古希腊)柏拉图:《理想国》,郭斌和、张竹明译,商务印书馆,1986 年,第 35 页。]

⑰ H.B. Acton,*The Illusion of the Epoch*,London,Routledge & Kegan Paul,1972,p.vi.

⑱ Popper,*The Open Society and its Enemies*,vol.2,p.103.[(英)卡尔·波普尔:《开放社会及其敌人》(第二卷),郑一明等译,中国社会科学出版社,1999 年,第 171 页。]

⑲ *Ibid.*,p.105.[参见上书,第 173 页。]

⑳ George W. Dawson,"Man in the Marxian Kingdom of Freedom:A Critique,"*Archiv für Rechts und Sozialphilosophie*,vol.59,1975,p.365.

㉑ Derek P.H. Allen,"Reply to Brenkert's 'Marx & Utilitarianism',"*Canadian Journal of Philosophy*,vol.6,1976,p.520.

㉒ Ollman,*Alienation*,第四章。Kamenka,*The Ethical Foundations of Marxism*,第三、四部分。这里的论断是就卡门卡对马克思晚期思想的解读而言的。

㉓ 马克思论述中的"纯粹的"是我所强调的,而略去了对"有用性"和"人的"的强调。

㉔ Allen,"Reply to Brenkert's...,"p.523.

㉕ *Ibid.*

㉖ G.W.F. Hegel, *Philosophy of Right*, trans. T.M. Knox, London, Oxford University Press, 1967, p.45. [(德)黑格尔:《法哲学原理》,范扬、张企泰译,商务印书馆,1979年,第59页。]

㉗ *Ibid.*, p.42. [同上书,第55页。]

㉘ 我在下文将只讨论"共同体",而非"真正的共同体"。

㉙ Alien, "Reply to Brenkert's…,"p.520.

㉚ *Ibid.*

㉛ Richard Schact, *Alienation*, Garden City, New York, Doubleday, 1971, p.90.

㉜ Cf. Ollman, *Alienation*, p.109. [参见(美)伯特尔·奥尔曼:《异化》,第134页。]

㉝《马克思恩格斯文集》(第三卷),人民出版社,2009年,第155、159页。

㉞ Schacht, *Alienation*, pp.99–100.

㉟ 第五章讨论正义与自由的关系。

㊱ Charles Taylor, *Hegel*, Cambridge University Press, 1975, p.374. [(加拿大)查尔斯·泰勒:《黑格尔》,张国清、朱进东译,译林出版社,2012年,第514页。]

㊲ Frankena, *Ethics*, p.63.

㊳ Bradley, *Ethical Studies*, p.225.

第五章　资本主义与正义

① Donald Van de Veer, "Marx's View of Justice,"*Philosophy and Phenomenological Research*, vol.33, 1972–3; Ziyad I. Husami, "Marx on Distributive Justice,"*Philosophy and Public Affairs*, vol.8, 1978; Harold J. Laski, *Karl Marx*, New York, League for Industrial Democracy, 1933; A.D. Lindsay, *Karl*

Marx's Capital: An Introductory Essay, London, Geoffrey Cumberlege, 1947.

②这不仅仅是一个早期的评论。马克思在《资本论》中也有大致相同的论述。[参见《马克思恩格斯文集》(第五卷),人民出版社,2009年,第714~715页。]

③这很容易就可以在文本中找到依据。不承认这一事实,会造成许多困难和误解。关于没有严格按照他的理论承诺所展开的论述,参见《马克思恩格斯文集》(第五卷),人民出版社,2009年,第204、258、270~271、676页。

④我不排除有时马克思甚至也对此难逃其责!

⑤我认为,在对剩余价值的无尽追逐中,资本主义不会超越这一点。资本主义的本性是贪婪、贪得无厌的,但它无意自我毁灭。

⑥Derek P.H. Allen, "Is Marxism a Philosophy?" *Journal of Philosophy*, vol.71, 1974, p.603.

⑦*Ibid.*, p.604.

⑧他们可能还会追问劳动的目的——不过,在此无须探讨这点。

⑨在当前的讨论中我仍然假定,工资是应该这样被确定的。

⑩我在此假定,正当性(justification)和正义之间是有差别的。一种行为或情境可能是不正当的,却不是不正义的。参见下文 pp.159, 161。

⑪John Stuart Mill, *Principles of Political Economy*, ed. Donald Winch, Baltimore, Maryland, Penguin, 1970, p.370. [(英)约翰·穆勒:《政治经济学原理》(上卷),赵荣潜、桑炳彦等译,胡企林、朱泱校,商务印书馆,1991年,第246页。]

⑫Allen W. Wood, "The Marxian Critique of Justice," *Philosophy and Public Affairs*, vol.1, 1971-2, p.256. [(美)艾伦·伍德:《马克思对正义的批判》,林进平译,载李惠斌、李义天编:《马克思与正义理论》,第14页。]

⑬罗伯特·塔克(Robert Tucker)指出,马克思在他的所有著作中只引

用过一次这一表达。参见 Robert C. Tucker, "Marx and Distributive Justice," in *The Marxian Revolutionary Idea*, New York: W.W. Norton, 1970, p.48。[(美)罗伯特·查尔斯·塔克:《马克思主义革命观》,高岸起译,人民出版社,2012年,第71页。]塔克的论断很可能是正确的;不过,马克思在其他场合确实也有非常接近这一说法的表达。参见《马克思恩格斯全集》(第3卷),人民出版社,1960年,第638页。

⑭Husami, "Marx on Distributive Justice," p.46. [(美)齐雅德·胡萨米:《马克思论分配正义》,林进平译,载李惠斌、李义天编:《马克思与正义理论》,第59页。]

⑮*Ibid.*, p.39. [同上书,第52~53页。]

⑯为了服务于论证目的,我在此假定共产主义的正义原则属于恰当的表达。

⑰Husami, "Marx on Distributive Justice," p.57. [(美)齐雅德·胡萨米:《马克思论分配正义》,载李惠斌、李义天编:《马克思与正义理论》,第70页。]

⑱《马克思恩格斯文集》(第三卷),人民出版社,2009年,第435页。

⑲《马克思恩格斯文集》(第三卷),人民出版社,2009年,第435页。

⑳《马克思恩格斯文集》(第三卷),人民出版社,2009年,第436页。

㉑《马克思恩格斯文集》(第三卷),人民出版社,2009年,第433~434页。

㉒正如上文所见,资本主义选择了后一种正义观。

㉓《马克思恩格斯文集》(第三卷),人民出版社,2009年,第436页。

㉔参见未发表论文 Donald Van de Veer, "Doing Justice to Marx," p.13。

㉕以下追加评论与文中所述论点相关。一个资本家可能拥有巨额财富,对他人的命运以及在决定自己的前程方面手握重权,然而在马克思主义看来,仍然不能说他是自由的。他之所以不自由,是因为市场加诸其身的力量,他进行自我对象化的方式,以及他与其他人的敌对关系。不消说,

为资本家工作的无产者也不是自由的。他必须执行资本家的命令；他几乎无法控制他人的命运，对于自己的命运更是如此。他是否因而比资本家拥有更少的自由，更少马克思主义意义上的自由？这一点根本就不明确。无产者与其同胞之间的关系明显更少对抗性，能更少地为贪婪所损耗，也更关心工作条件如何。甚至可以用一种会使人联想起黑格尔的方式振振有词地争辩道，无产阶级比资产阶级拥有更大的（马克思主义意义上的）自由！但是应该强调的是，在构成资本主义的生产关系中，没有哪个成员是自由的。当他们所处的关系使其统统陷入一种虚幻的自由时，追问在资本主义条件下哪个阶级更自由，纯属无稽之谈。可见，因为资本主义对马克思主义的自由分配不公，而认为资本主义是不正义的，这是没有意义的。显而易见，包含这些关系的整个社会制度都没有体现马克思主义的自由。正是在这个层面上，马克思提出他对资本主义的批判。

㉖ Immanuel Kant, *Metaphysics of Morals*, cited in Bruce Aune, *Kant's Theory of Morals*, Princeton, New Jersey, Princeton University Press, 1979, p.141.

㉗ Bruce Aune, *Kant's Theory of Morals*, p.144.

㉘ Aristotle, *Nicomachean Ethics*, in *Introduction to Aristotle*, ed. Richard McKeon, New York, The Modern Library, 1947, p.400.［（古希腊）亚里士多德：《尼各马可伦理学》（注释导读本），邓安庆译，人民出版社，2010年，第171页。］

㉙ 参见 John Stuart Mill, *Utilitarianism*, ed. Oskar Priest, New York, Library of Liberal Arts, 1957，第五章。G.E.M. Anscombe, "Modern Moral Philosophy," *Philosophy*, vol.33, 1958。

㉚ David Hume, *An Enquiry Concerning the Principles of Morals*, in *Hume's Ethical Writings*, ed. Alasdair MacIntyre, New York, Collier Books, 1965, pp.35-9.［参见（英）休谟：《人性论》（下册），关文运译，郑之骧校，商

务印书馆,1996 年,第 528~536 页。]

㉛Ivan Babic, "Blanshard's Reduction of Marxism," *Journal of Philosophy*, vol.63, 1968, p.752.

第六章 革命道德、暴力与共产主义

①《马克思恩格斯文集》(第二卷),人民出版社,2009 年,第 580~581页。

②《马克思恩格斯文集》(第三卷),人民出版社,2009 年,第 434 页。

③《马克思恩格斯文集》(第三卷),人民出版社,2009 年,第 434 页。

④《马克思恩格斯文集》(第三卷),人民出版社,2009 年,第 602 页。

⑤《马克思恩格斯文集》(第二卷),人民出版社,2009 年,第 194 页。

⑥《马克思恩格斯全集》(第 18 卷),人民出版社,1964 年,第 179 页。

⑦《马克思恩格斯全集》(第 18 卷),人民出版社,1964 年,第 179 页。

⑧语出《马克思恩格斯全集》(第 10 卷),人民出版社,1998 年,第 333~334 页,引自 Shlomo Avineri, *The Social and Political Thought of Karl Marx*, Cambridge University Press, 1971, p.201。[(以) S. 阿维纳瑞:《马克思的社会与政治思想》,张东辉译,知识产权出版社,2016 年,第 227 页。]

⑨Cf. H.B. Acton, *The Illusion of the Epochs*, London: Routledge & Kegan Paul, 1972, pp.73,81. Maurice Comforth, *Materialism and the Dialectical Method*, New York, International Publishers, 1971, pp.53,71,82-3,101-5.

⑩Ibid., p.53.

⑪参见 Adam Schaff, "Marxist Theory on Revolution and Violence," *The Journal of the History of Ideas*, vol.34, 1973, p.268。对于和平过渡到社会主义为什么不一定要打上改良主义烙印,沙夫又提出另一个原因:"现在看来,如果如今人们基于马克思主义理论认为,只要具备适当的条件就**可能**和平过渡到社会主义,这就既没有否定暴力革命……也没有否定最终目

标(即共产主义)的重要性。……因而照理来说,我们不必与改良主义对策有什么瓜葛。"

⑫《马克思恩格斯文集》(第十卷),人民出版社,2009 年,第 458 页。

⑬《马克思恩格斯文集》(第三卷),人民出版社,2009 年,第 589 页,另参见第 570 页。

⑭《马克思恩格斯文集》(第三卷),人民出版社,2009 年,第 484 页。

⑮显然还存在其他必要条件,例如贵金属的输入、美洲的发现等。参见《马克思恩格斯文集》(第一卷),人民出版社,2009 年,第 624 页。

⑯《马克思恩格斯文集》(第三卷),人民出版社,2009 年,第 480 页。

⑰《马克思恩格斯文集》(第十卷),人民出版社,2009 年,第 184 页。

⑱参见 John Harris, "The Marxist Conception of Violence," *Philosophy and Public Affairs*, vol.3, 1973, pp.192–220。关于这个意义上的暴力的其他例子,参见《马克思恩格斯文集》(第五卷),人民出版社,2009 年,第 340、543、544、548~550 页。

⑲语出《马克思恩格斯文集》(第一卷),人民出版社,2009 年,第 572 页,引自 Bertell Ollman, *Alienation*, Cambridge University Press, 1971, p.213。[(美)伯特尔·奥尔曼:《异化》,第 260 页。]

⑳这里不仅可以看到文本中提到的那种"暴力"的不同含义,还包括在这些含义背后隐含的自由的伦理学。基于这种视野广阔的暴力观,暴力与异化之间是什么关系?如果异化就是自由的缺乏,并且暴力是对自由的否定,异化与暴力不就成了一回事?对此显然需加探讨。在关于"异化劳动"的笔记中,马克思认为,劳动的异化至少部分地表现为"不是自愿的劳动,而是强迫的**强制劳动**"。[《马克思恩格斯文集》(第一卷),人民出版社,2009 年,第 159 页。]然而,我们不能简单地把暴力(以及强迫和强制)等同于异化。异化(和自由)还包含其他方面,尽管它们可能带来强制、强迫和暴力,但它们与这些概念不是简单等同的。例如说一个人被异化,是就

其不是具体地而是抽象地对象化自身而言的。只关注大自然的货币价值而不关注其美学方面的人,是被异化的。资本主义条件下的生活的这种特性,是上述任何一种意义上的暴力都没有捕捉到的。

㉑ Robert C. Tucker,"The Marxian Revolutionary Idea,"in *The Marxian Revolutionary Idea*, New York, W.W. Norton, 1970, pp.17-18. [(美)罗伯特·查尔斯·塔克:《马克思主义革命观》,第 40 页。]

㉒ Robert C. Tucker,"The Political Theory of Classical Marxism,"in *The Marxian Revolutionary Idea*, p.61. [(美)罗伯特·查尔斯·塔克:《经典马克思主义政治理论》,载《马克思主义革命观》,第 84 页。]

㉓ Cf. Shlomo Avineri, *The Social and Political Thought of Karl Marx*, pp. 185-201. [参见(以)S. 阿维纳瑞:《马克思的社会与政治思想》,第 208~227 页。]

㉔《马克思恩格斯全集》(第 6 卷),人民出版社,1961 年,第 602 页。

㉕ Avineri, p.188. [(以)S. 阿维纳瑞:《马克思的社会与政治思想》,第 211~212 页。]

㉖ *Ibid.*, p.194. [同上书,第 219 页。]

㉗ *Ibid.*, p.190. [同上书,第 214 页。]

㉘ 对于马克思无产阶级专政概念的有趣探讨,参见 Hal Draper,"Marx and the Dictatorship of the Proletariat," *New Politics*, vol.I, 1961/2, pp. 91-104。

㉙ 应该记住,共产主义也是通过需要、利己主义和自我利益来实现的。参见《马克思恩格斯全集》(第 42 卷),人民出版社,1979 年,第 24 页。

㉚ 语出马克思,引自 Svetozar Stojanović, *Between Ideals and Reality*, New York, Oxford University Press, 1973, p.179. [参见《马克思恩格斯全集》(第 1 卷),人民出版社,1956 年,第 74 页。]

㉛ 当然,马克思在《神圣家族》中的论断似乎也证实了这一点。他在其

中写道:"**刑罚**、**强制**是和**人类**的行为方式相矛盾的。"[《马克思恩格斯全集》(第2卷),人民出版社,1957年,第229页。]

㉜《马克思恩格斯文集》(第二卷),人民出版社,2009年,第592页。

㉝伊林·费切尔在《马克思、恩格斯与未来社会》一文中,至少有一处似乎对此表达了认同。费切尔认为,随着国家政治职能的逐渐消逝,"不再存在特权阶级必须在必要时通过强制,通过不断的武力威胁,来捍卫自己的利益"。他继续写道,"从这一假设可以看出,个人犯罪的**大部分**动机将逐渐消失"(强调为本书作者所加)。参见 Irving Fetscher, "Marx, Engels, and the Future Society," *Survey*, no.38, 1961, p.103。不过,这一论述似乎与费切尔后面在第110页上的论述相矛盾;参见注34。

㉞*Ibid.*, p.110.

㉟ G.W.F. Hegel, *Hegel's Philosophy of Right*, trans. T.M. Knox, New York, Oxford University Press, 1967, p.70. [(德)黑格尔:《法哲学原理》,邓安庆译,人民出版社,2017年,第181页。]

㊱对黑格尔关于刑罚的观点有趣和有益的探讨,参见 David E. Cooper, "Hegel's Theory of Punishment," in *Hegel's Political Philosophy: Problems and Perspectives*, ed. Z.A. Pelczynski, Cambridge University Press, 1971, pp. 151-67。

㊲《马克思恩格斯文集》(第三卷),人民出版社,2009年,第444~445页。

㊳《马克思恩格斯文集》(第三卷),人民出版社,2009年,第12~13页。

㊴《马克思恩格斯文集》(第三卷),人民出版社,2009年,第165页。

㊵语出威廉·詹姆斯(William James)。引自 William K. Frankena, *Ethics*, 2nd edn; Englewood Cliffs, New Jersey, Prentice-Hall, 1973, p.70.

㊶ John Plamenatz, *Karl Marx's Philosophy of Man*, Oxford, Clarendon Press, 1975, p.273.

㊷*Ibid.*, pp.440-2.

㊸John Plamenatz, "Responsibility, Blame and Punishment," in *Philosophy, Politics and Society: Third Series*, ed. Peter Laslett and W.G. Runciman, Oxford, Basil Blackwell, 1969, p.190.

第七章　道德意蕴与伦理学结论

①这一问题在当代伦理学中的突出地位，体现出康德的影响。Kurt Baier, *The Moral Point of View*, Cornell University Press, 1958 就是一个很好的例证。这个问题在马克思那里并不突出,这反映出他与康德之间的距离。

② William K. Frankena, *Ethics*, 2nd edn; Englewood Cliffs, New Jersey, Prentice–Hall, 1973, p.112. 弗兰肯纳所指的"自由"是"不被强迫"——但不是马克思广义上使用的"自由"。

③阿尔文·戈德曼(Alvin Goldman)最近提倡"认识论的重新定位",这将使传统(分析的)认识论与心理学以及"影响知识的社会传播或束缚知识发展的情境和制度力量" 密切关联起来。伦理学的重新定位也是必要的,这是我认为必须要从对马克思的研究中得出的一个结论。参见 Alvin I. Goldman, "Epistemics: The Regulative Theory of Cognition," *Journal of Philosophy*, vol.75, 1978, pp.509–23。

④ Karl Marx, "For a Ruthless Criticism of Everything Existing," in *The Marx–Engels Reader*, ed. Robert C. Tucker, 2nd edn; New York: W.W. Norton, 1978, p.14.[《马克思恩格斯文集》(第十卷), 人民出版社, 2009 年, 第 8 页。]我使用塔克书中的译法,因为它更能说明问题。一种略有不同的译法可见 Marx–Engels *Collected Works*, New York: International Publishers, 1975, vol.3, p.143。文中提到的哲学概念出自 Leszek Kolakowski, *Toward a Marxist Humanism*, New York, Grove Press, 1968, p.186; 以及 William Leon McBride, *The Philosophy of Marx*, New York, St. Martin's Press, 1977, p.8。

⑤我指的是马克思(理想)意义上的共产主义社会,而不是今天自称为"共产主义的"社会。

⑥《马克思恩格斯文集》(第十卷),人民出版社,2009年,第487页。这一参考文献可见 Bertell Ollman, *Social and Sexual Revolution*, Boston, South End Press, 1979, pp.133, 156。

⑦语出约翰·斯图亚特·穆勒。参见 William K. Frankena, *Ethics*, pp. 105–16。

⑧这个例子在 M.M. Bober, *Karl Marx's Interpreratation of History*, New York, W.W. Norton, 1965, p.9 有提到。

⑨我认为,前几章内容已经合理地表明批判性思维与马克思观点的兼容性。只是后来那种腐化堕落的马克思主义,才坚持在思想上严守政党路线。参见 Leszek Kolakowski, "Permanent vs. Transitory Aspects of Marxism," in *Toward a Marxist Humanism*, pp.173–6。

⑩Cf. J.S. Mill, *On Liberty*, New York, Bobbs–Merrill, 1956, p.13. Isaiah Berlin, "Two Concepts of Liberty," in *Four Essays on Liberty*, London, Oxford University Press, 1969, pp.122–3. [参见(英)约翰·穆勒:《论自由》,孟凡礼译,广西师范大学出版社,2011年,第13~14页。(英)以赛亚·伯林:《两种自由概念》,载(英)以赛亚·伯林:《自由论》,胡传胜译,译林出版社,2003年,第189~191页。]

⑪*Ibid.*, pp.121–2. [(英)以赛亚·伯林:《自由论》,第189页。]

⑫*Ibid.*, p.122. [同上书,第189页。]

⑬这些描述积极自由的不同方式,可见于 Ibid.pp.131–44。[同上书,第199~215页。]

⑭*Ibid.*p.133.[同上书,第202页。]伯林之所以在文中认为积极自由是危险的,还有第二个原因。这必然与构成积极自由的目标的和谐有关,而且对于价值问题,目标的和谐也被认为是只允许一个"单一的、真正的

解决办法"。危险就在于,个体的多样性和创造性被积极自由排斥在外。这一担心会在下文得到探讨。

⑮即使以人的真实(real)需要阐发马克思的观点,马克思也不是认为人们"真的"(really)在寻求他们真实需要的东西。因此,任何关于真实需要的讨论,都不意味着伯林理解的对自我的二分。

⑯Berlin,pp.133-4.[(英)以赛亚·伯林:《自由论》,第 203 页。]

⑰*Ibid*.,pp.130-1.[同上书,第 198~200 页。]

⑱Gerald C. MacCallum, "Negative and Positive Freedom," *Philosophical Review*, vol.76, 1967, p.314.[(美)杰拉尔德·麦卡勒姆:《消极自由与积极自由》,李丽红译,刘训练校,载应奇,刘训练编:《第三种自由》,东方出版社,2006 年,第 41 页。]

⑲William A. Parent, "Some Recent Work on the Concept of Liberty," *American Philosophical Quarterly*, vol.11, 1974, p.151.

⑳*Ibid*.

㉑*Ibid*., p.152.

㉒*Ibid*., p.151.

㉓Berlin, p.125.[(英)以赛亚·伯林:《自由论》,第 193 页。]

㉔*Ibid*., p.124.[同上书,第 192 页。]

㉕*Ibid*., p.154.[同上书,第 226 页。]

㉖C.B. MacPherson, "Berlin's Division of Liberty," in *Democratic Theory*, Oxford, Clarendon Press, 1973, p.111.

㉗类似的例子可根据马克思如下论断进行讨论:未来将会存在一种文学、一种语言,而且没有城乡分化。关于马克思的语言观,参见 Bertell Ollman, *Social and Sexual Revolution*, Boston, South End Press, 1979, p.77.

㉘Eugene Kamenka, *The Ethical Foundations of Marxism*, 2nd edn rev.; London, Routledge & Kegan Paul, 1972, p.99.

㉙ *Ibid.*, p.100.

㉚ *Ibid.*, pp.113, 159.

㉛ *Ibid.*, pp.103–4.

㉜ 卡门卡坚持相反的观点; cf. *ibid.*, p.101。

㉝ *Ibid.*, p.108.

㉞ Robert L. Heilbroner, *Marxism: For and Against*, New York, W.W. Norton, 1980, pp.166–74.

㉟ *Ibid.*, pp.171–2.

㊱ *Ibid.*

㊲ *Ibid.*, pp.166–70.

㊳ Cf. David McLellan, *Karl Marx: His Life and Thought*, New York, Harper & Row, 1973, p.457.

参考文献

一、著作

1. Acton, H.B., *The Illusion of the Epoch*, London, Routledge & Kegan Paul, 1972.

2. Adams, H.P., *Karl Marx in His Earlier Writings*, New York, Atheneum, 1972.

3. Adkins, Arthur W.H., *Merit and Responsibility*, Oxford University Press, 1960.

4. Althusser, Louis, *For Marx*, New York, Vintage Books, 1970.

5. Althusser, Louis, and Balibar, Etienne, *Reading Capital*, London, New Left Books, 1970.

6. Aristotle, *Nicomachean Ethics*, in *Introduction to Aristotle*, ed. Richard McKeon, New York, The Modern Library, 1947.

7. Ash, William, *Marxism and Moral Concepts*, New York, Monthly Review Press, 1964.

8. Ash, William, *Morals and Politics: The Ethics of Revolution*, London, Routledge & Kegan Paul, 1977.

9.Aune, Bruce, *Kant's Theory of Morals*, Princeton, New Jersey, Princeton University Press, 1979.

10.Avineri, Shlomo, *The Social and Political Thought of Karl Marx*, Cambridge University Press, 1971.

11.Baier, Kurt, *The Moral Point of View*, Cornell University Press, 1958.

12.Barzun, Jacques, *Darwin, Marx, Wagner*, Garden City, New York, Doubleday, 1958.

13.Becker, Werner, *Selbstbewusstsein und Spekulation*, Freiburg, Rombach, 1972.

14.Bentham, Jeremy, *The Principles of Morals and Legislation*, Darien, Connecticut, Hafner, 1970.

15.Berlin, Isaiah, *Four Essays on Liberty*, London, Oxford University Press, 1969.

16.Bernstein, Richard J., *Praxis and Action*, Philadelphia, University of Pennsylvania, 1971.

17.Bober, M.M., *Karl Marx's Interpretation of History*, New York, W.W. Norton, 1965.

18.Bradley, F.H., *Ethical Studies*, London, Oxford University Press, 1962.

19.Buber, Martin, *Paths in Utopia*, Boston, Beacon Press, 1958.

20.Buchanan, Allen, *Marx and Justice*, Totowa, New Jersey, Littlefield, Adams, 1982.

21.Cohen, G.A., *Karl Marx's Theory of History: A Defense*, Princeton, New Jersey, Princeton University Press, 1978.

22.Cornforth, Maurice, *Materialism and the Dialectical Method*, New York, International Publishers, 1971.

23.Dahrendorf, Ralf, *Die Idee des Gerechten im Denken von Karl Marx*,

Hanover, Verlag f ü r Literatur und Zeitgeschehen, 1971.

24. Dunayevskaya, Raya, *Marxism and Freedom*, New York, Bookman Associates, 1958.

25. Dupre, Louis, *The Philosophical Foundations of Marxism*, New York, Harcourt, Brace & World, 1966.

26. Evans, Michael, *Karl Marx*, Bloomington, Indiana, Indiana University Press, 1975.

27. Feuer, Lewis S., *Marx and the Intellectuals*, Garden City, New York, Doubleday, 1969.

28. Fisk, Milton, *Ethics and Society*, New York, New York University Press, 1980.

29. Frankena, William K., *Ethics*, 2nd edn., Englewood Cliffs, New Jersey, Prentice-Hall, 1973.

30. Frankena, William K., *Thinking About Morality*, Ann Arbor, University of Michigan Press, 1980.

31. Fuller, Lon L., *The Morality of Law*, New Haven, Connecticut, Yale University Press, 1973.

32. Gould, Carol, *Marx's Social Ontology*, Cambridge, Mass., MIT Press, 1978.

33. Harrington, Michael, *The Twilight of Capitalism*, New York, Simon & Schuster, 1976.

34. Hart, H.L.A., *The Concept of Law*, Oxford University Press, 1961.

35. Hegel, G.W.F., *Philosophy of Right*, trans. T.M. Knox, New York, Oxford University Press, 1967.

36. Heilbroner, Robert L., *Marxism: For and Against*, New York, W.W. Norton, 1980.

37. Hook, Sidney, *Toward the Understanding of Karl Marx*, New York, John Day, 1933.

38. Hook, Sidney, *From Hegel to Marx*, Ann Arbor, University of Michigan Press, 1962.

39. Hume, David, *An Enquiry Concerning the Principles of Morals*, in *Hume's Ethical Writings*, ed. Alasdair MacIntyre, New York Collier Books, 1965.

40. Kamenka, Eugene, *Marxism and Ethics*, New York, St Martin's Press, 1969.

41. Kamenka, Eugene, *The Ethical Foundations of Marxism*, 2nd edn rev., London, Routledge & Kegan Paul, 1972.

42. Kant, Immanuel, *Critique of Practical Reason*, New York, Library of Liberal Arts, 1956.

43. Kant, Immanuel, *Groundwork of the Metaphysics of Morals*, New York, Harper & Row, 1964.

44. Kolakowski, Leszek, *Toward a Marxist Humanism*, New York, Grove Press, 1968.

45. Laski, Harold, *Karl Marx*, New York, League for Industrial Democracy, 1933.

46. Leff, Gordon, *The Tyranny of Concepts*, Birmingham, Alabama, University of Alabama Press, 1969.

47. Lindsay, A.D., *Karl Marx's Capital: An Introductory Essay*, London, Geoffrey Cumberlege, 1947.

48. Lobkowicz, Nicholas, ed., *Marx and the Western World*, Notre Dame, Indiana, University of Notre Dame Press, 1967.

49. Lobkowicz, Nicholas, *Theory and Practice: History of a Concept from Aristotle to Marx*, Notre Dame, Indiana, University of Notre Dame Press, 1967.

50. Lowith, Karl, *From Hegel to Nietzsche*, Garden City, New York, Anchor Books, 1967.

51. McBride, William Leon, *The Philosophy of Marx*, New York, St. Martin's Press, 1977.

52. McLellan, David, *Marx Before Marxism*, New York, Harper & Row, 1970.

53. McLellan, David, *The Thought of Karl Marx*, New York, Harper & Row, 1971.

54. McLellan, David, *Karl Marx: His Life and Thought*, New York, Harper & Row, 1973.

55. McMurty, John, *The Structure of Marx's World-View*, Princeton, New Jersey, Princeton University Press, 1978.

56. MacPherson, C.B., *Democratic Theory*, Oxford, Clarendon Press, 1973.

57. Marx, Karl, *Capital*, trans. S. Moore and E. Aveling, New York, International Publishers, 1967.

58. Marx, Karl, *A Contribution to the Critique of Political Economy*, New York, International Publishers, 1970.

59. Marx, Karl, *Grundrisse: Foundations of the Critique of Political Economy*, trans. Martin Nicolaus, New York, Vintage Books, 1973.

60. Marx, Karl, and Engels, Frederick, *Selected Works*, New York, International Publishers, 1970.

61. Marx, Karl, and Engels, Frederick, *Collected Works*, New York, International Publishers, 1975-1982.

62. Marx, Karl, and Engels, Frederick, *Selected Correspondence*, ed. S.W. Ryazanskaya, 3rd edn, revised, Moscow, Progress Publishers, 1975.

63. Mayo, Henry B., *Introduction to Marxist Theory*, New York, Oxford University Press, 1960.

64.Meszaros, Istvan, *Marx's Theory of Alienation*, London, Merlin Press, 1970.

65.Mill, John Stuart, *Utilitarianism*, ed. Oskar Priest, New York, Library of Liberal Arts, 1957.

66.Mill, John Stuart, *On Liberty*, New York, Bobbs-Merrill, 1966.

67.Mill, John Stuart, *Principles of Political Economy*, ed. Donald Winch, Baltimore, Maryland, Penguin, 1970.

68.Nielsen, Kai, and Patten, Steven, eds, *Marxism and Morality (Canadian Journal of Philosophy*, Supplementary Volume 7), Guelph, Ontario, Canadian Association for Publishing in Philosophy, 1981.

69.Ollman, Bertell, *Social and Sexual Revolution*, Boston, South End Press, 1979.

70.Ollman, Bertell, *Alienation*, Cambridge University Press, 1971.

71.Petrović, Gajo, *Marx in the Mid-Twentieth Century*, Garden City, New York, Doubleday Anchor, 1967.

72.Plamenatz, John, *Karl Marx's Philosophy of Man*, Oxford, Clarendon Press, 1975.

73.Plato, *The Republic*, in *The Collected Dialogues*, ed. Edith Hamilton and Huntington Cairns, New York, Pantheon Books, 1961.

74.Popper, Karl, *The Open Society and Its Enemies*, New York, Harper & Row, 2 vols, 1966.

75.Rotenstreich, Nathan, *Basic Problems of Marx's Philosophy*, Indianapolis, Bobbs-Merrill, 1965.

76.Rubel, Maximilien, and Manale, Margaret, *Marx Without Myth*, New York, Harper & Row, 1975.

77.Schaff, Adam, *Marxism and the Human Individual*, New York, Mc-

Graw-Hill, 1970.

78. Schaff, Adam, *A Philosophy of Man*, New York, Dell Publishing Co., 1963.

79. Schacht, Richard, *Alienation*, Garden City, New York, Doubleday, 1971.

80. Selsam, Howard, *Socialism and Ethics*, New York, International Publishers, 1943.

81. Shaw, William H., *Marx's Theory of History*, Stanford, California, Stanford University Press, 1978.

82. Singer, Peter, *Marx*, New York, Hill and Wang, 1980.

83. Somerville, John, *The Philosophy of Marxism*, New York, Random House, 1967.

84. Stephen, Leslie, *The Science of Ethics*, New York, G.p.Putnam's Sons, 1882.

85. Stojanović, Svetozar, *Between Ideals and Reality*, New York, Oxford University Press, 1973.

86. Taylor, Charles, *Hegel*, Cambridge University Press, 1975.

87. Tucker, Robert C., *The Marx-Engels Reader*, 2nd edn, New York, W.W. Norton, 1978.

88. Tucker, Robert C., *The Marxian Revolutionary Idea*, New York, W.W. Norton, 1970.

89. Tucker, Robert C., *Philosophy and Myth in Karl Marx*, Cambridge University Press, 1971.

90. Wood, Allen, *Karl Marx*, London, Routledge & Kegan Paul, 1981.

二、论文

1. Alien, Derek P.H., 'The Utilitarianism of Marx and Engels,' *American Philosophical Quarterly*, vol.10, 1973.

2. Allen, Derek P.H., 'Is Marxism a Philosophy?' *Journal of Philosophy*, vol.71, 1974.

3. Allen, Derek P.H., 'Reply to Brenkert's "Marx and Utilitarianism",' *Canadian Journal of Philosophy*, vol.6, 1976.

4. Anderson, John, 'Marxist Ethics,' *Australasian Journal of Philosophy*, vol.15, 1937.

5. Anscombe, G.E.M., 'Modern Moral Philosophy,' *Philosophy*, vol.33, 1958.

6. Babic, Ivan, 'Blanshard's Reduction of Marxism,' *Journal of Philosophy*, vol.63, 1968.

7. Blanshard, Brand, 'Reflections on Economic Determinism,' *Journal of Philosophy*, vol.LXIII, March 1966.

8. Braybrooke, D., 'Diagnosis and Remedy in Marx's Doctrine of Alienation,' *Social Research*, vol.25, 1958.

9. Brenkert, George G., 'Marxism and Utilitarianism,' *Canadian Journal of Philosophy*, vol.5, 1975.

10. Brenkert, George G., 'Marx, Engels, and the Relativity of Morals,' *Studies in Soviet Thought*, vol.17, 1977.

11. Brenkert, George G., 'Freedom and Private Property in Marx,' *Philosophy and Public Affairs*, vol.8, 1979.

12. Brenkert, George G., 'Marx's Critique of Utilitarianism,' in *Marx and Morality*, ed. Kai Nielsen and Steven Pattern, *Canadian Journal of Philosophy*,

Supplementary Volume 7, 1981.

13. Buchanan, Allen, 'Exploitation, Alienation and Injustice,' *Canadian Journal of Philosophy*, vol.9, 1979.

14. Burgher, George, 'Marxism and Normative Judgments,' *Science and Society*, vol.23, 1959.

15. Cohen, G.A., 'Marx's Dialectic of Labor,' *Philosophy and Public Affairs*, vol.3, 1974.

16. Cooper, David E., 'Hegel's Theory of Punishment,' in *Hegel's Political Philosophy: Problems and Perspectives*, ed. Z.A. Pelczynski, Cambridge University Press, 1971.

17. Dawson, George W., 'Man in the Marxian Kingdom of Freedom: A Critique,' *Archiv für Rechts und Sozialphilosophie*, vol.59, 1975.

18. Draper, Hal, 'Marx and the Dictatorship of the Proletariat,' *New Politics*, vol.I, 1961–2.

19. Drucker, H. M., 'Marx's Concept of Ideology,' *Philosophy*, vol.47, 1972.

20. Easton, Loyd D., 'Alienation and Empiricism in Marx's Thought,' *Social Research*, vol.37, 1970.

21. Easton, Loyd D., 'Marx and Individual Freedom,' *The Philosophical Forum*, vol.12, 1981.

22. Fetscher, Irving, 'Marx, Engels, and the Future Society,' *Survey*, no. 38, 1961.

23. Feuer, Lewis S., 'Ethical Theories and Historical Materialism,' *Science and Society*, vol.6, 1942.

24. Frankena, William K., 'Prichard and the Ethics of Virtue,' in *Perspectives on Morality*, ed. K.E. Goodpaster, Notre Dame, Indiana, University of Notre Dame Press, 1976.

25.Fried, Marlene Gerber, 'Marxism and Justice,' *Journal of Philosophy*, 71, 1974.

26.Fuchs, Wolfgang W., 'The Question of Marxist Ethics,' *The Philosophical Forum*, vol.7, 1977.

27.Goldman, Alvin I., 'Epistemics: The Regulative Theory of Cognition,' *Journal of Philosophy*, vol.75, 1978.

28.Gregor, A. James, 'Marxism and Ethics: A Methodological Inquiry,' *Philosophy and Phenomenological Research*, vol.28, 1968.

29.Harris, John, 'The Marxist Conception of Violence,' *Philosophy and Public Affairs*, vol.3, 1973.

30.Hart, H.L.A., 'Are There Any Natural Rights?,' in *Political Philosophy*, ed. Anthony Quinton, Oxford University Press, 1967.

31.Hodges, Donald Clark, 'Historical Materialism in Ethics,' *Philosophy and Phenomenological Research*, vol.23, 1962.

32.Hodges, Donald Clark, 'Marx's Concept of Egoistic Man,' *Praxis*, vol.4, 1968.

33.Honderich, Ted, 'Against Teleological Historical Materialism,' *Inquiry*, vol.25, 1982.

34.Husami, Ziyad I., 'Marx on Distributive Justice,' *Philosophy and Public Affairs*, vol.8, 1978.

35.Kline, George L., 'Was Marx an Ethical Humanist?' *Studies in Soviet Thought*, vol.9, 1969.

36.Kolakowski, Leszek, 'Karl Marx and the Classical Definition of Truth,' in *Toward a Marxist Humanism*, trans. J. Z. Peel, New York, Grove Press, 1968.

37.Lichtman, Richard, 'Marx's Theory of Ideology,' *Social Revolution*, vol.23, 1962.

38.McBride, William, 'The Concept of Justice in Marx, Engels, and Others,' *Ethics*, vol.85, 1975.

39.MacCallum, Gerald C., 'Negative and Positive Freedom,' *Philosophical Review*, vol.76, 1967.

40.Markovic, Mihailo, 'Marxist Humanism and Ethics,' *Inquiry*, vol.6, 1963.

41.Megill, Kenneth A., 'The Community in Marx's Philosophy,' *Philosophy and Phenomenological Research*, vol.30, 1969-70.

42.Meyers, David B., 'Ethics and Political Economy in Marx,' *The Philosophical Forum*, vol.7, 1977.

43.Nasser, Alan G., 'Marx's Ethical Anthropology,' *Philosophy and Phenomenological Research*, vol.35, 1975.

44.Needleman, Martin, and Needleman, Carolyn, 'Marx and the Problem of Causation,' *Science and Society*, vol.XXXIII, 1969.

45.Nielsen, Kai, 'On Human Needs and Moral Appraisals,' *Inquiry*, vol.6, 1963.

46.Nielsen, Kai, 'Alienation and Self-Realization,' *Philosophy*, vol.48, 1973.

47.Nielsen, Kai, 'Marxism, Ideology, and Moral Philosophy,' *Social Theory and Practice*, vol.6, 1980.

48.Ollman, Bertell, 'Is There a Marxian Ethic?' *Science and Society*, vol.35, 1971.

49.Parent, William A., 'Some Recent Work on the Concept of Liberty,' *American Philosophical Quarterly*, vol.11, 1974.

50.Plamenatz, John, 'Responsibility, Blame, and Punishment,' in *Philosophy, Politics, and Society: Third Series*, ed. Peter Laslett and W.G. Runciman, Oxford, Basil Blackwell, 1969.

51.Schaff, Adam, 'Marxist Dialectics and the Principle of Contradiction,'

Journal of Philosophy, vol.57, 1960.

52.Schaff, Adam, 'Marxist Theory on Revolution and Violence,' *The Journal of the History of Ideas*, vol.34, 1973.

53.Selsam, Howard, 'The Ethics of the Communist Manifesto,' *Science and Society*, vol.12, 1948.

54.Somerville, John, 'Marxist Ethics, Determinism, and Freedom,' *Philosophy and Phenomenological Research*, vol.28, 1967.

55.Van de Veer, Donald, 'Doing Justice to Marx,' unpublished paper.

56.Van de Veer, Donald, 'Marx's View of Justice,' *Philosophy and Phenomenological Research*, vol.33, 1972–3.

57.Wood, Allen, 'The Marxian Critique of Justice,' *Philosophy and Public Affairs*, vol.1, 1972.

58.Wood, Allen W., 'Marx on Right and Justice: A Reply to Husami,' *Philosophy and Public Affairs*, vol.8, no.3, 1979.

索 引

(本索引所标注的页码为原书页码,即本译本正文所标注的页边码)

aesthetics(美学),107,108,109,198

alienation(异化)(alienated)(异化的),14,190,191,207,220,222,226-7,248

America(美国),166

antiquity(古代),33

Aristotle(亚里士多德),19,52,76,159,214

arts,the(艺术),45,115

authority(权威),104,122,186,192,193

Avineri,Shlomo(什洛莫·阿维纳瑞),ix

Berlin,Isaiah(以赛亚·伯林),214,215,216,217,218,221,225

Bernstein,Richard(理查德·伯恩施坦),ix

Bradley(布拉德雷),F. H.,92

class(阶级),31,32,64,66,72,100,125,149,174,175,177-8,179-80,214-15;class struggle(阶级斗争),138,142,168,169,211;ruling class(统治阶级),62,63,71,181

coercion(强迫),87-8,97,103,144,147,148,160,164,165,169,170,185,187,196,215

commodity(商品),133,134,147

communism(共产主义),Marx's conception of(马克思的共产主义观),4,16,53,77,97,99,100,101-2,118-22,122-6,129,153,164,165,185-99,228-9,235

community(共同体),100,103,116-22,122-6,126-8,195,227-30,232

creativity(创造力),52,91,198

crime(犯罪),188,189,190,191

Darwin(达尔文),Charles,169,170

democracy(民主),104,122,180

determinism(决定论)(and ethics)(与伦理学),25,27-30,48,49,50,51-4

dialectics(辩证法)(dialectical)(辩证的),28,32,36,41,70,81,167,181

dictatorship of the bourgeoisie(资产阶级专政),180

dictatorship of the proletariat(无产阶级专政),164,180,185

division of labor(劳动分工),31,49,50,64-5,97,100,123,146,204,227,232

Engels,Frederick(弗里德里希·恩格斯),ix,38,165,168

England(英国),166

ethics of duty(义务伦理学),17-21,89,240

ethics of virtue(美德伦理学),17-21,89,129,203

exchange-value(交换价值),71,105,106,115,133,134,135,141,143

exploitation(剥削),145,163

fetishism of commodities(商品拜物教),49

Feuerbach,Ludwig(路德维希·费尔巴哈),13,57,226

Freud,Sigmund(西格蒙德·弗洛伊德),224

forces of production(生产力),25,26,31-7,64,72,99,153,159,162,177,178-9,212,242

France(法国),175

Frankena,William(威廉·弗兰肯纳),80

freedom(自由),xi,ch. 4 passim(第四章各处),145,146,148,149,150,155,157,173,176,178,185,195,198,203,204,214-19,219-27;freedom as self-determination(作为自我决定的自由),87-89,90-102,102-5,116,126,129,157,158,159,203,215,216,219,221;bourgeois freedom(资产阶级的自由),87-8,89,94,98,129,145,146,156,158

Gandhi,Mohandas(莫罕达斯·甘地),165,181

Golden Rule,the(金科玉律),110

Germany(德国),173,175,178

guilt(罪责),20,76,231

Hegel(黑格尔),G. W. F.,4,13,59,60,61,91,96-7,112,115,124,188-9,209,210,247

Heilbroner,Robert(罗伯特·海尔布隆纳),234

historical materialism(历史唯物主义),ch. 2 passim(第二章各处),91,203,213;see also forces of production(另见生产力);means of production(生产资料);mode of production(生产方式);relations of production(生产关系)

Holland(荷兰),166

Honderich, Ted(特德·洪德里希), 242

Hume, David(大卫·休谟), 162

idealism(唯心主义), 58, 62

ideology(意识形态), 27, 28, 29, 39, 40, 48, ch. 3 passim(第三章各处), 150, 154, 157, 206, 216

India(印度), 75

inevitability(不可避免性), 51

justice(正义), 124, ch. 5 passim(第五章各处), 234

justification(证明／正当性), moral(道德证明), ch. 3 passim(第三章各处), 159–60, 163, 172, 210–11

Kamenka, Eugene(尤金·卡门卡), 5, 6, 104, 233

Kant, Immanuel(伊曼努尔·康德), 6, 13, 52, 53, 80, 129, 158, 159, 160, 209, 210

King, Martin Luther(马丁·路德·金), 165, 181

labor-power(劳动力), 26, 35, 36, 38, 42, 134, 135, 136, 137, 141, 145, 146, 147

liberty(自由), 223; see also(另见) freedom

Lenin(列宁), V. I., 165

Luther, Martin(马丁·路德), 203

MacCallum, Gerald(杰拉尔德·麦卡勒姆), 218

McLlellan, David(戴维·麦克莱伦), ix

MacPherson(麦克弗森),C. B.,225

means of production(生产资料),26

meta-ethics(元伦理学),x,8,82,85

Mill,John Stuart(约翰·斯图亚特·穆勒),6,13,52,89,148,214,220

mode of production(生产方式),23,28,32-37,38-46,67,79,154,156,157,178,187,211

money(货币),35,71,110,112,113,115,219

moral theory(道德理论)(ethics)(伦理学),6-8,20,73,85

moralism(道德主义)(moralists)(道德论者),7,10-15,82,172

morality(道德),17-21,23,24,27,35,47,54,55,62,63,66,73,74,76,77,78,82,92,129,198,208,234,235

necessary labor(必要劳动),134,135,138,143

needs(需要),37,42,46,48,49,60,63,74,91,93,99,113,117,150,152,153,156,210

normative ethics(规范伦理学),x,8,82,85,90,132

objectification(对象化),60,90-2,129

Ollman,Bertell(伯特尔·奥尔曼),95,104,120,238

Paris Commune,the(巴黎公社),121,194,233,235

Plato(柏拉图),9,92,96,159,214

Popper,Karl(卡尔·波普尔),102-3,238

Poverty(贫困),142,177,190

praxis(实践),22,43,48,60,61,70,72,156

private property(私有财产/私有制),99,107,109,110,115,123,124,

155,162,204,219,226,232;see also communism(另见共产主义)

profit(利润),123,134,135,141

proletariat(无产者),40,160,162,169,174-6,177,179,180,197

punishment(刑罚/惩罚),164,185-99,230,231

reality(现实/现实性),11,14,58-62,77,114,139

relations of production(生产关系),25-7,31-7,133,142,153,155,159,177,241

relativism(相对主义),ethical(伦理相对主义),63,67-8,74,81-2

religion(宗教),10,12,27,41,92,226

revolution(革命),21,121,164,165,166,167-85,186

rights(权利/法),8,89,158,160,161,188-9,222,228,234;see ethics of duty(见义务伦理学)

Rousseau,Jean-Jacques(让－雅克·卢梭),165

Russia(俄国),168

Schacht,Richard(理查德·沙赫特),120

Schaff,Adam(亚当·沙夫),89

science(科学),3,4,5,18,20,31,35,56,81,111,121,138,146,210

self-determination(自我决定),see freedom(见自由)

self-objectification(自我对象化),88,90-3,94-102,103,113,114,122,129

self-realization(自我实现),86-7,89-90,95,104,130

Selsam,Howard(霍华德·塞尔萨姆),5,6

sexism(性别歧视),207

Smith,Adam(亚当·斯密),94-5,222

Spencer, Herbert(赫伯特·斯宾塞),170

Spinoza, Benedictus de(巴鲁赫·德·斯宾诺莎),52

state(国家),23,27,31,65,66,88,92,100,118,125,169,174,180,192,193,227,231

superstructure(上层建筑),25,27-8,29,39,42,47

surplus labor(剩余劳动),135,137,141,143,146

surplus value(剩余价值),36,38,46,47,132,135,137,146

technological determinism(技术决定论),28,31-37;see historical materialism(见历史唯物主义)

terrorism(恐怖主义),166,179,183

theory: and practice(理论与实践),5,22,53,172,210

Thoreau, Henry D.(亨利·D. 梭罗),181

truth(真理),14,57-8,114

Tucker, Robert C.(罗伯特·C. 塔克),238

use-value(使用价值),38,106,133,134,135,143,147,155

utilitarianism(功利主义),8,177

violence(暴力),148,164,165,166,168,169-72,176,178,179,181,183,184,185,187,196,248

wage labor(雇佣劳动),115,139,140

Wood, Allen(艾伦·伍德),238,240